电力交易知识
题库及解答

张蓝宇　刘翔斌　周　旭　万　灿　张明敏
刘　行　李　杨　周　涛　肖　聪　彭文彬 ｜ 编著

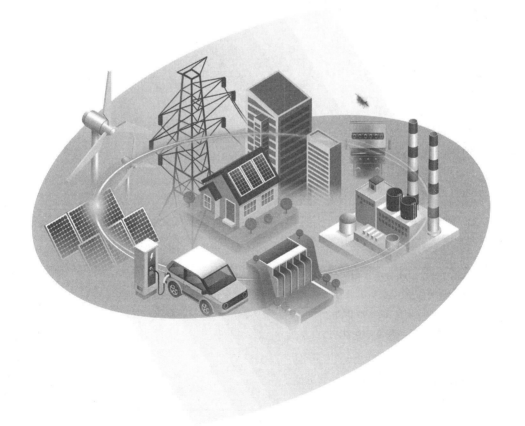

中国电力出版社
CHINA ELECTRIC POWER PRESS

内容提要

随着电力市场改革的不断深入和国家对于能源转型、新型能源体系建设的持续探索，电力市场规模逐步扩大，市场化程度逐渐深入，提升电力交易工作人员的业务水平和工作技能显得尤为重要。本书从电力市场基础理论与电力系统基础知识入手，以电力市场基本知识与电力市场相关政策为主线，从电力市场基础、电力市场服务、电力中长期市场、电力现货市场、电力辅助服务市场、市场合同、信息披露、电力市场技术支持系统及应用、合规建设、电力市场政策解析等方面，系统整理和编制了电力交易员竞赛相关题库，突出实用性、针对性、系统性和操作性。

本书可作为电力交易员竞赛培训教材，也可以作为电力交易市场主体岗位培训和技能考核的参考资料。

图书在版编目（CIP）数据

电力交易知识题库及解答/张蓝宇等编著. --北京：中国电力出版社，2024.7. --ISBN 978-7-5198-8995-1

Ⅰ.F426.61

中国国家版本馆 CIP 数据核字第 2024FD3251 号

出版发行：中国电力出版社
地　　址：北京市东城区北京站西街 19 号（邮政编码 100005）
网　　址：http://www.cepp.sgcc.com.cn
责任编辑：张冉昕（010-63412364）
责任校对：黄　蓓　王海南　郝军燕
装帧设计：赵丽媛
责任印制：石　雷

印　　刷：三河市万龙印装有限公司
版　　次：2024 年 7 月第一版
印　　次：2024 年 7 月北京第一次印刷
开　　本：787 毫米×1092 毫米　16 开本
印　　张：18.75
字　　数：439 千字
印　　数：0001—2000 册
定　　价：90.00 元

前　言

2024 年 1 月 31 日，中华人民共和国人力资源和社会保障部、国家能源局根据《中华人民共和国劳动法》共同制定了电力交易员国家职业标准，赋予 4-11-01-02 的职业编码。这对千千万万与编者一样从事电力交易工作的人员来说，是令人激动的历史性时刻，电力交易从业者正式有了职业"身份证"。

随着电力市场化改革加速推进，2023 年国内市场化交易电量占比从 2016 年不到 17%快速上升到 2023 年超过 61%，市场在资源配置中的决定性作用越发突显，电力市场建设方兴未艾，越来越多的高知人才投入电力市场这片"蓝海"，同时也对电力交易从业者提出了较高的专业要求，培养和选拔一批在市场、业务、经营等多方面技能精湛的电力交易专业人才队伍迫在眉睫。近两年，中国电力企业联合会、国家电网有限公司、部分省级运营机构相继开展了不同规模的电力交易专业竞赛，对从业人员职业技能提升具有积极作用。但编者注意到，当前国内没有专门针对电力交易专业的，且具有普遍适用性的专业题库汇编，无法从一本书中掌握职业所需的相关知识点。因此，编者对照国家职业标准，紧密结合电力交易工作实际，充分吸纳近期电力体制改革和电力市场建设的一系列政策文件精神，广泛查阅相关专业书籍与习题，从电力市场基础、电力市场服务、电力中长期市场、电力现货市场、电力辅助服务市场、市场合同、信息披露、电力市场技术支持系统及应用、合规建设、电力市场政策解析十个章节进行系统性编撰，既适用于系统性学习，也可作为入门指导书籍。

全书由张蓝宇、刘翔斌编著，另由数十名多年从事电力交易的专业人员共同撰稿。其中，第一章由张蓝宇、刘翔斌、刘行、张明敏编写，第二章由刘翔斌、周涛编写，第三章由张蓝宇、周旭、张明敏、肖聪编写，第四章由张蓝宇、周旭编写，第五章由周旭编写，第六章由刘翔斌、彭文彬编写，第七章至第九章由万灿编写，第十章由李杨编写。本书编写过程中得到了李艺波、颜忠、周鹏、陈向群、罗朝春等人的垂注和指导，得到了北京电力交易中心、江西电力交易中心、山西电力交易中心、河北电力交易中心的鼎力相助。

在此一并致以诚挚的感谢！

限于作者的经验和写作水平，书中难免存在纰漏之处，恳请广大读者批评指正。

编　者

2024 年 3 月

主要依据

本书在编写过程中遵循以下规定和办法，具体实施过程中宜按最新标准执行。

1.《碳排放权交易管理办法》（中华人民共和国生态环境部令 第 19 号）

2.《全额保障性收购可再生能源电量监管办法》（中华人民共和国国家发展和改革委员会令 第 15 号）

3.《电力市场监管办法》（中华人民共和国国家发展和改革委员会令 第 18 号）

4.《中共中央 国务院关于进一步深化电力体制改革的若干意见》（中发〔2015〕9 号）

5.《国家发展改革委 国家能源局关于改善电力运行调节促进清洁能源多发满发的指导意见》（发改运行〔2015〕518 号）

6.《国家发展改革委 财政部关于完善电力应急机制做好电力需求侧管理城市综合试点工作的通知》（发改运行〔2015〕703 号）

7.《国家发展改革委 国家能源局关于积极推进电力市场化交易 进一步完善交易机制的通知》（发改运行〔2018〕1027 号）

8.《国家发展改革委 国家能源局关于印发电力体制改革配套文件的通知》（发改经体〔2015〕2752 号），文件包括：《关于推进输配电价改革的实施意见》《关于推进电力市场建设的实施意见》《关于电力交易机构组建和规范运行的实施意见》《关于有序放开发用电计划的实施意见》《关于推进售电侧改革的实施意见》《关于加强和规范燃煤自备电厂监督管理的指导意见》

9.《国家发展改革委办公厅 国家能源局综合司关于开展电力现货市场建设试点工作的通知》（发改办能源〔2017〕1453 号）

10.《国家发展改革委 国家能源局关于积极推进风电、光伏发电无补贴平价上网有关工作的通知》（发改能源〔2019〕19 号）

11.《国家发展改革委 国家能源局关于印发〈输配电定价成本监审办法〉的通知》（发改价格规〔2019〕897 号），简写为《输配电定价成本监审办法》（发改价格规〔2019〕897 号）

12.《国家发展改革委办公厅 国家能源局综合司印发〈关于深化电力现货市场建设试点工作的意见〉的通知》（发改办能源规〔2019〕828 号），简写为《关于深化电力现货市场

建设试点工作的意见》（发改办能源规〔2019〕828 号）

13.《国家能源局关于印发〈电力业务许可证监督管理办法〉的通知》（国能发资质〔2020〕69 号），简写为《电力业务许可证监督管理办法》（国能发资质〔2020〕69 号）

14.《国家发展改革委办公厅 国家能源局综合司关于做好电力现货市场试点连续试结算相关工作的通知》（发改办能源规〔2020〕245 号）

15.《国家发展改革委 国家能源局关于印发〈电力中长期交易基本规则〉的通知》（发改能源规〔2020〕889 号），简写为《电力中长期交易基本规则》（发改能源规〔2020〕889 号）

16.《国家发展改革委关于进一步完善分时电价机制的通知》（发改价格〔2021〕1093 号）

17.《国家发展改革委 国家能源局 财政部 自然资源部 生态环境部 住房和城乡建设部 农业农村部 中国气象局 国家林业和草原局关于印发〈"十四五"可再生能源发展规划〉的通知》（发改能源〔2021〕1445 号），简写为《"十四五"可再生能源发展规划》（发改能源〔2021〕1445 号）

18.《国务院关于印发〈2030 年前碳达峰行动方案〉的通知》（国发〔2021〕23 号），简写为《2030 年前碳达峰行动方案》（国发〔2021〕23 号）

19.《国家发展改革委关于进一步深化燃煤发电上网电价市场化改革的通知》（发改价格〔2021〕1439 号）

20.《国家能源局关于印发〈电力辅助服务管理办法〉的通知》（国能发监管规〔2021〕61 号），简写为《电力辅助服务管理办法》（国能发监管规〔2021〕61 号）

21.《国家发展改革委 国家能源局关于印发〈售电公司管理办法〉的通知》（发改体改规〔2021〕1595 号），简写为《售电公司管理办法》（发改体改规〔2021〕1595 号）

22.《国家发展改革委办公厅关于组织开展电网企业代理购电工作有关事项的通知》（发改办价格〔2021〕809 号）

23.《国家发展改革委关于进一步完善抽水蓄能价格形成机制的意见》（发改价格〔2021〕633 号）

24.《国家发展改革委关于印发〈跨省跨区专项工程输电价格定价办法〉的通知》（发改价格规〔2021〕1455 号），简写为《跨省跨区专项工程输电价格定价办法》（发改价格规〔2021〕1455 号）

25.《国家发展改革委关于进一步完善分时电价机制的通知》（发改价格〔2021〕1093 号）

26.《国家发展改革委关于进一步完善煤炭市场价格形成机制的通知》（发改价格〔2022〕303 号）

27.《国家发展改革委 国家能源局关于印发〈"十四五"现代能源体系规划〉的通知》（发改能源〔2022〕210 号），简写为《"十四五"现代能源体系规划》（发改能源〔2022〕210 号）

28.《国家发展改革委 国家能源局印发关于完善能源绿色低碳转型体制机制和政策措施的意见》（发改能源〔2022〕206 号）

29.《国家发展改革委 国家能源局关于印发〈以沙漠、戈壁、荒漠地区为重点的大型风电光伏基地规划布局方案〉的通知》(发改基础〔2022〕195 号),简写为《以沙漠、戈壁、荒漠地区为重点的大型风电光伏基地规划布局方案》(发改基础〔2022〕195 号)

30.《国家发展改革委办公厅 国家能源局综合司关于进一步推动新型储能参与电力市场和调度运用的通知》(发改办运行〔2022〕475 号)

31.《国家发展改革委 国家能源局关于加快建设全国统一电力市场体系的指导意见》(发改体改〔2022〕118 号)

32.《国家发展改革委 国家能源局关于做好 2023 年电力中长期合同签订履约工作的通知》(发改运行〔2022〕1861 号)

33.《国务院办公厅转发国家发展改革委 国家能源局关于促进新时代新能源高质量发展的实施方案》(国办函〔2022〕39 号)

34.《国家发展改革委办公厅 国家能源局关于加快推进电力现货市场建设工作的通知》(发改办体改〔2022〕129 号)

35.《国家发展改革委 国家统计局 国家能源局关于进一步做好新增可再生能源消费不纳入能源消费总量控制有关工作的通知》(发改运行〔2022〕1258 号)

36.《国家发展改革委 国家能源局关于做好 2024 年电力中长期合同签订履约工作的通知》(发改运行〔2023〕1662 号)

37.《国家发展改革委办公厅 国家能源局关于进一步做好电力现货市场建设试点工作的通知》(发改办体改〔2023〕813 号)

38.《国家发展改革委关于第三监管周期省级电网输配电价及有关事项的通知》(发改价格〔2023〕526 号)

39.《国家发展改革委 国家能源局关于建立煤电容量电价机制的通知》(发改价格〔2023〕1501 号)

40.《国家发展改革委 国家能源局关于印发〈电力负荷管理办法(2023 年版)〉的通知》(发改运行规〔2023〕1261 号),简写为《电力负荷管理办法(2023 年版)》(发改运行规〔2023〕1261 号)

41.《国家发展改革委 财政部 国家能源局关于做好可再生能源绿色电力证书全覆盖工作促进可再生能源电力消费的通知》(发改能源〔2023〕1044 号)

42.《国家发展改革委等部门关于印发〈电力需求侧管理办法(2023 年版)〉的通知》(发改运行规〔2023〕1283 号),简写为《电力需求侧管理办法(2023 年版)》(发改运行规〔2023〕1283 号)

43.《国家发展改革委等部门关于加强新能源汽车与电网融合互动的实施意见》(发改能源〔2023〕1721 号)

44.《国家能源局关于印发〈发电机组进入及退出商业运营办法〉的通知》(国能发监管规〔2023〕48 号),简写为《发电机组进入及退出商业运营办法》(国能发监管规

〔2023〕48 号）

45.《国家发展改革委 国家能源局关于印发〈电力现货市场基本规则（试行）〉的通知》（发改能源规〔2023〕1217 号），简写为《电力现货市场基本规则（试行）》（发改能源规〔2023〕1217 号）

46.《国家发展改革委 国家统计局 国家能源局关于加强绿色电力证书与节能降碳政策衔接大力促进非化石能源消费的通知》（发改环资〔2024〕113 号）

47.《国家能源局关于印发〈电力市场信息披露基本规则〉的通知》（国能发监管〔2024〕9 号），简写为《电力市场信息披露基本规则》（国能发监管〔2024〕9 号）

48.《国家能源局华中监管局关于印发〈华中省间电力调峰及备用辅助服务市场运营规则〉的通知》（华中监能市场〔2022〕229 号），简写为《华中省间电力调峰及备用辅助服务市场运营规则》（华中监能市场〔2022〕229 号）

49.《北京电力交易中心有限公司关于印发〈北京电力交易中心电力交易大厅服务管理规定（试行）〉的通知》（京电交综〔2018〕9 号），简写为《北京电力交易中心电力交易大厅服务管理规定（试行）》（京电交综〔2018〕9 号）

50.《北京电力交易中心有限公司关于印发〈北京电力交易中心交易大厅运营管理规定（试行）〉的通知》（京电交综〔2018〕43 号），简写为《北京电力交易中心电力交易大厅服务管理规定（试行）》（京电交综〔2018〕43 号)

51.《北京电力交易中心关于印发〈售电公司市场注册及运营服务规范指引〉的通知》（京电交市〔2022〕25 号），简写为《售电公司市场注册及运营服务规范指引》（京电交市〔2022〕25 号）

52.《关于印发〈北京电力交易中心跨区跨省电力中长期交易实施细则（修订稿）〉的通知》（京电交市〔2022〕26 号），简写为《北京电力交易中心跨区跨省电力中长期交易实施细则（修订稿）》（京电交市〔2022〕26 号）

53.《北京电力交易中心有限公司关于绿色电力证书交易实施细则（试行）的请示》（京电交市〔2022〕49 号），简写为《绿色电力证书交易实施细则（试行）》（京电交市〔2022〕49 号）

54.《北京电力交易中心有限公司关于印发〈统一电力交易服务热线运营管理办法（试行）〉的通知》（京电交市〔2022〕50 号），简写为《统一电力交易服务热线运营管理办法（试行）》（京电交市〔2022〕50 号）

55.《北京电力交易中心有限公司关于印发〈新型储能主体注册规范指引（试行）〉的通知》（京电交市〔2022〕73 号），简写为《新型储能主体注册规范指引（试行）》（京电交市〔2022〕73 号）

56.《北京电力交易中心有限公司关于电力交易机构推进完善全国统一电力市场建设的有关工作意见》（京电交市〔2023〕4 号）

57.《北京电力交易中心有限公司关于印发〈北京电力交易中心绿色电力交易实施细则

（修订稿）的通知》（京电交市〔2023〕44 号），简写为《北京电力交易中心绿色电力交易实施细则（修订稿)》（京电交市〔2023〕44 号）

58.《北京电力交易中心有限公司关于发布〈北京电力交易中心可再生能源电力超额消纳量交易规则（试行)〉的通知》

59.《湖南省发展和改革委员会关于印发〈湖南省新型储能容量市场化交易试点方案〉的通知》（湘发改能源〔2020〕1051 号），简写为《湖南省新型储能容量市场化交易试点方案》（湘发改能源〔2020〕1051 号）

60.《国家能源局湖南监管办公室 湖南省发展和改革委员会 湖南省能源局关于印发〈湖南省电力辅助服务市场交易规则（2023 版)〉的通知》（湘能监市场〔2023〕21 号），简写为《湖南省电力辅助服务市场交易规则（2023 版)》（湘能监市场〔2023〕21 号）

61.《湖南省发展和改革委员会关于印发〈湖南省电力需求响应实施办法〉和〈湖南省电力可中断负荷管理办法〉的通知》，简写为《湖南省电力需求响应实施办法》（湘发改运行规〔2023〕372 号）和《湖南省电力可中断负荷管理办法》（湘发改运行规〔2023〕372 号）

62.《湖南省发展和改革委员会关于贯彻落实煤电容量电价机制有关事项的通知》（湘发改价调〔2023〕878 号）

63.《国家电网有限公司关于印发〈电力交易机构市场服务"八项承诺"〉的通知》（国家电网交易〔2018〕581 号），简写为《电力交易机构市场服务"八项承诺"》（国家电网交易〔2018〕581 号）

64.《国家电网有限公司关于印发〈省间电力现货交易规则（试行)〉的通知》（国家电网调〔2021〕592 号），简写为《省间电力现货交易规则（试行)》（国家电网调〔2021〕592 号）

65.《国家电网有限公司关于加快全国统一电力市场体系的实施意见》（国家电网体改〔2022〕717 号）

66.《国家电网有限公司关于推进绿电绿证市场建设助力能源消费绿色低碳转型的通知》（国家电网交易〔2022〕710 号）

67.《国家电网有限公司关于进一步服务电力零售市场建设与规范运营的通知》（国家电网交易〔2023〕306 号）

68.《电力交易平台术语》（Q/GDW 10821—2021）

69.《新型电力系统与新型能源体系》

注：由于印发文件名称过长，在书中引用相应文件时会造成题目冗长、重点模糊的情况，因此在本书中使用简写形式，便于读者理解。

目　　录

第一章　电力市场基础

一、不定项选择题

1. 商品的价格越高需求量越低，价格越低需求量越高，这种相互依存的负相关关系，被称为（　　）。

A. 价格规律　　　　B. 供给规律　　　　C. 需求规律　　　　D. 价值规律

答案：C

2. 商品的需求量越高价格越高，需求量越低价格越低，这种相互依存的正比关系，被称为（　　）。

A. 供给规律　　　　B. 价格规律　　　　C. 价值规律　　　　D. 需求规律

答案：A

3. （　　）水平是由电能价值决定的基础价格和由供求关系规律决定的供求价格组成。

A. 利润　　　　　　B. 电价　　　　　　C. 成本　　　　　　D. 管理

答案：B

4. 电力市场的载体是（　　）。

A. 配电商　　　　　B. 输配电网　　　　C. 电力库　　　　　D. 通信设备

答案：B

5. 电力市场与普通商品市场相比具有显著的特殊性，归根到底就在于电力商品与其他一般商品的差异性。电能与其他商品最本质差异在于其（　　）。

A. 成本属性　　　　B. 自然属性　　　　C. 社会属性　　　　D. 传输属性

答案：BC

6. 市场实现对资源优化配置的重要杠杆是（　　）。

A. 价格机制　　　　B. 供求机制　　　　C. 竞争机制　　　　D. 市场机制

答案：A

7. 英国电力市场电价构成包括（　　）。

A. 平衡市场确定的电量电价和不平衡电价

B. 双边合同确定的电量电价和不平衡电价

C. 双边合同确定的电量电价和平衡市场确定的电量电价

D. 双边合同确定的电量电价、平衡市场确定的电量电价和不平衡电价

答案：D

8. 欧盟内部能源电力市场包括（　　　）。

A. 日前（DA）市场　　　　　　　　　B. 日内（ID）市场

C. 平衡市场　　　　　　　　　　　　D. 远期市场

答案：ABCD

9. 美国 PJM 采用的节点边际电价包括（　　　）。

A. 系统电能价格和输电阻塞价格　　　B. 输电阻塞价格和网损价格

C. 系统电能价格和网损价格　　　　　D. 系统电能价格、输电阻塞价格和网损价格

答案：D

10. 美国 ERCOT 市场三部制报价包括（　　　）。

A. 启动报价　　　B. 最低出力报价　　　C. 最高出力报价　　　D. 电力出力报价

答案：ABD

11. 在辅助服务费用分摊中遵循"谁收益，谁承担"原则的是（　　　）。

A. PJM 电力市场　　　　　　　　　　B. 澳大利亚电力市场

C. 英国电力市场　　　　　　　　　　D. 北欧电力市场

答案：D

12. 美国得克萨斯电力市场中辅助服务出清的性质是（　　　）。

A. 实物 + 金融性质　　　B. 实物性质　　　C. 金融性质　　　D. 以上均不正确

答案：B

13. 由于政府的特许经营，可能形成的一种市场类型是（　　　）。

A. 完全垄断市场　　　B. 完全竞争市场　　　C. 垄断竞争市场　　　D. 寡头垄断市场

答案：A

14. 下列选项中不属于电力金融交易的是（　　　）。

A. 期权交易　　　　　B. 辅助服务交易　　　C. 期货交易　　　　D. 差价合同交易

答案：B

15. 电力资源配置的三种作用力是（　　　）。

A. 市场价格　　　　　B. 企业管理　　　　　C. 政府指令　　　　D. 发电资源

答案：ABC

16. 北欧电力交易所股东包括（　　　）。

A. 德国电网公司　　　　　　　　　　B. 英国电网公司

C. 北欧和波罗的海电网公司　　　　　D. 泛欧洲证券交易所

答案：CD

🔖 17. 欧洲批发能源市场的完整性和透明度法规 REMIT 的目标是（　　）。

A. 市场整合的信心　　　　　　　　　B. 公平体现供求竞争性交互的市场价格

C. 确保没有人从市场中不正当获利　　D. 建立统一欧洲电力市场

答案：ABC

🔖 18.（　　）是欧盟电网管理代码的欧盟市场耦合的设置标准。

A.《电网容量分配和阻塞管理导则》（CACM 法规）

B. 北欧电力交易所（Nord Pool）标准

C. 欧洲批发能源市场的完整性和透明度法规 REMIT

D. 国家监管机构（NGA）法规

答案：A

🔖 19. 北欧电力市场的主要市场特征包括（　　）。

A. 市场流动性　　　　　　　　　　　B. 组合招标，自行调度

C. 市场区域间可用传输容量的隐性拍卖　　D. 价格透明度

答案：ABCD

🔖 20. 社会福利为生产者剩余和消费者剩余之（　　）。

A. 和　　　　　　　　B. 差　　　　　　　　C. 积　　　　　　　　D. 商

答案：A

🔖 21. 影响价格弹性的因素包括（　　）。

A. 商品的可替代性

B. 商品用途的广泛性

C. 对消费者的重要程度

D. 商品的消费支出在消费者预算总支出中所占的比重

答案：ABCD

🔖 22. 需求弹性为（　　），说明市场富于弹性。

A. 大于等于 1　　　　B. 大于 1　　　　　C. 等于 1　　　　　D. 小于 1

答案：B

🔖 23. 垄断市场的三级价格歧视中，一级价格歧视是指（　　）。

A. 垄断厂商对同一种产品在不同的市场上/消费群体收取不同的价格

B. 垄断厂商对同一种产品在不同的市场上/消费群体收取相同的价格

C. 垄断厂商要求对不同的消费数量段规定不同的价格

D. 垄断厂商对每一单位产品都按消费者所愿意支付的最高价格出售

答案：D

🖊 24. 不同市场的经济效益由高到低排序为（　　　）。

A. 完全竞争＞寡头＞垄断竞争＞垄断　　　　B. 完全竞争＞垄断＞垄断竞争＞寡头

C. 完全竞争＞垄断竞争＞寡头＞垄断　　　　D. 寡头＞垄断竞争＞垄断＞完全竞争

答案：C

🖊 25. 与完全竞争市场相比，垄断市场通常将引起（　　　）。

A. 高价格和高产量　　B. 高价格和低产量　　C. 低价格和低产量　　D. 低价格和高产量

答案：B

🖊 26. 形成完全垄断的原因是（　　　）。

A. 政府的特许经营　　　　　　　　　　B. 专利权独家垄断

C. 固定资产投资规模过大　　　　　　　D. 对行业重要资源的垄断占有

E. 限制新企业进入该行业市场

答案：ABCDE

🖊 27. 下列不属于垄断竞争市场特征的是（　　　）。

A. 企业生产有差别的同种产品，产品彼此之间都是非常接近的替代品

B. 生产同种产品的企业数量非常多

C. 企业的生产规模较小，进入和退出市场比较容易

D. 市场内从事交易活动的参与者可以完整地掌握市场信息

答案：D

🖊 28. （　　　）电价是指电力生产企业向电网经营企业输送电能的结算价格。

A. 输配　　　　　　　B. 上网　　　　　　　C. 销售　　　　　　　D. 峰谷

答案：B

🖊 29. （　　　）是根据生产单位产品的产量或产值所需耗用的电量、预测期生产的产品产量或产值来测算预测期用电量的方法。

A. 电力弹性系数法　　B. 回归分析法　　　　C. 单耗法　　　　　　D. 时间序列法

答案：C

🖊 30. 下列可以作为大宗商品进行交易的有（　　　）。

A. 金属　　　　　　　B. 稻谷、小麦　　　　C. 天然气、石油　　　D. 电力

答案：ABCD

🖊 31. 以下属于电力金融市场的是（　　　）。

A. 电力期货　　　　　B. 电力期权　　　　　C. 金融输电权　　　　D. 现货交易

答案：ABC

32. 根据预测发电报价曲线和系统负荷的预测值求解市场均衡点，进而导出电价的预测值。这种预测电价的方法是（　　　）。

A. 市场均衡分析法　　B. 神经网络法　　　　C. 模糊建模法　　　　D. 运行仿真法

答案：A

33. 边际成本是指（　　　）。

A. 企业多生产一单位产量引起的总成本的变动

B. 企业增加单位产品销售所获得的总收入增量

C. 企业在短期内平均每生产一单位产品所消耗的全部成本

D. 企业在短期内平均每生产一单位产品所消耗的可变成本

答案：A

34. 上升的电价会激励发电公司投资建设新电厂，发电容量将增加，直至（　　　）的最佳点为止。

A. 电价等于发电短期边际成本　　　　　　　B. 电价略高于发电短期边际成本

C. 电价等于发电长期边际成本　　　　　　　D. 电价略高于发电长期边际成本

答案：C

35. 下列关于完全竞争市场的叙述中正确的是（　　　）。

A. 任何一个市场成员所占的市场份额都微不足道

B. 不同企业的同类产品之间在性能、价格等方面有差异

C. 无论企业向市场提供多少数量的商品，平均年收益和边际收益都不随着数量变动而变动

D. 企业不会在平均成本的最低点上进行生产，市场价格往往高于边际成本，资源得不到最好的利用

E. 生产者与消费者对市场信息都能充分了解

答案：ACE

36. 下面选项中影响电力需求的主要因素包括（　　　）。

A. 电价　　　　　　　B. 电力投资　　　　　C. 供电电压等级

D. 替代能源　　　　　E. 需求侧管理

答案：ABDE

37. 用短期边际成本法进行输电定价，输电成本包括（　　　）。

A. 网损　　　　　　　B. 电网固定资产折旧　　　　　　　　C. 系统约束成本

D. 维护成本　　　　　E. 系统扩展成本

答案：ACD

38. 金融输电权一般包括的要素是（　　）。

A. 注入节点　　　　B. 流出节点　　　　C. 功率　　　　D. 时间段

答案：ABCD

39. （　　）是指一个人的行为或企业的行为使其他人或企业的经济利益受损。

A. 负外部性　　　　B. 正外部性　　　　C. 负相关　　　　D. 正相关

答案：A

40. 英国中长期市场交易电量占总电量的（　　）以上，日前市场、日内市场和平衡机制交易电量大约占总电量的（　　）。

A. 75%，10%　　　B. 85%，10%　　　C. 75%，15%　　　D. 85%，15%

答案：D

41. 假设某商品市场需求函数为 $D=30-2P$，供给函数为 $S=3P+10$，均衡价格和均衡产量各为（　　）。

A. $P=4$　　　　B. $P=6$　　　　C. $Q=20$　　　　D. $Q=22$

答案：AD

42. 假如消费函数 $c=100+0.8y$（其中 c 为均衡消费，y 为均衡收入），投资 $i=50$，则（　　）。

A. 均衡收入为 750　　B. 均衡收入为 700　　C. 均衡消费为 700　　D. 均衡储蓄为 50

答案：ACD

43. 北欧电力市场简写为（　　）。

A. PJM　　　　B. ISO-NE　　　　C. CAISO　　　　D. Nord Pool

答案：D

44. 在英国的 BETTA 模式中，再调度是通过（　　）来实现。

A. 日内市场中的二次报价　　　　B. 日前市场中的安全校核
C. 现货市场中的平衡机制　　　　D. 通道容量的隐式拍卖

答案：C

45. 下列电力市场中有金融输电权（FTR）的是（　　）。

A. 英国电力库模式　　　　B. 美国 PJM 电力市场
C. 新加坡电力市场　　　　D. 中国电力市场

答案：B

46. 在给定的极短时段内向用户提供电能的边际成本，该电价不仅随时间变化，而且区分节点位置、事故和可靠性电价。这种电价是（　　）。

A. 边际电价　　　　B. 上网电价　　　　C. 调节电价　　　　D. 实时电价

答案：D

47. 在电力市场上，发电企业常用的竞争战略是（   ）。

A. 成本领先战略　　　　B. 重点集中式战略　　　　C. 差别化战略　　　　D. 补缺者战略

答案：ABCD

48. 按照 HHI 指数的定义，当 $1000 \leq HHI < 1800$，市场属于（   ）。

A. 低寡占市场　　　　B. 中寡占市场　　　　C. 高寡占市场　　　　D. 竞争型市场

答案：A

49. 在美国 PJM 市场中，某发电商在日前市场中标电量为 20MWh，所在节点日前出清价格为 30 美元/MWh，实时市场中发电量为 30MWh，实时出清价格为 40 美元/MWh，则该发电商的市场收益为（   ）美元。

A. 600　　　　　　B. 900　　　　　　C. 1000　　　　　　D. 1200

答案：C

50. 已知产量为 500 时，平均成本为 2 元，当产量增加到 550 时，平均成本等于 2.5 元。在这一产量变化范围内，边际成本（   ）。

A. 随着产量的增加而增加，并小于平均成本

B. 随着产量的增加而减少，并大于平均成本

C. 随着产量的增加而减少，并小于平均成本

D. 随着产量的增加而增加，并大于平均成本

答案：D

51. 某厂商生产 5 件衣服的总成本为 1500 元，其中厂房和机器折旧为 500 元，工人工资及原材料费用为 1000 元，那么平均可变成本为（   ）元。

A. 100　　　　　　B. 200　　　　　　C. 300　　　　　　D. 500

答案：B

52. 集中式电力市场的代表国家有（   ）。

A. 美国　　　　　　B. 英国　　　　　　C. 北欧　　　　　　D. 澳大利亚

答案：AD

53. 电力市场中的交易类型通常包括（   ）。

A. 现货交易　　　　B. 辅助服务　　　　C. 中长期交易　　　　D. 期货交易

答案：ABCD

54. 关于期货交易正确的说法是（   ）。

A. 属于契约交易　　　　　　　　　　B. 期货交易不在交易所公开进行

C. 期货合同可以不进行实物交割　　　　D. 期货交易有信用风险

答案：AC

⚙ 55. 电力期货市场的风险主要表现在（   ）。

A. 交易者的投机行为　　　　　　　　B. 市场信息不对称

C. 市场不完全引发市场失灵　　　　　D. 市场门槛过高

答案：BC

⚙ 56. 零售市场用户的权利和责任包括（   ）。

A. 履行与售电公司签订的零售合约

B. 在合约有效期内依据合约获取相关方履行合约的信息，审核确认本企业的结算结果并及时反馈意见

C. 按照市场规则和零售合约承担辅助服务、偏差考核、违约等相关责任

D. 向电网企业支付电费并获取增值税专用发票

答案：ABCD

⚙ 57. 批发市场用户的权利和责任包括（   ）。

A. 在交易平台上填制合约结算方式、价格等信息，将合约上传至交易平台备案，在合约有效期内依据合约获取相关方履行合约的信息，在预结算单据结果公示后审核确认本企业结算结果并反馈意见

B. 按照市场规则承担辅助服务、偏差考核、违约等相关责任

C. 向电网企业支付电费并获取增值税专用发票

D. 拥有配电网运营权的售电公司可向用户收取电费并开具增值税专用发票，向电网企业支付购电费、输电费，并代收政府性基金及政策性交叉补贴，归集至电网企业

答案：ABC

⚙ 58. 以下对部分电力市场改革试点省份的现货与辅助服务市场出清模式的描述，正确的是（   ）。

A. 以广东电力市场为代表，先进行调频辅助服务市场出清，再开展电能量市场出清，机组在调频市场的出清结果作为电能量市场的边界条件

B. 以甘肃电力市场为代表，先进行电能量市场出清，再开展调频辅助服务市场出清，电能量市场出清结果的机组组合作为调频市场的基础

C. 以浙江电力市场为代表，电能量市场与调频辅助服务市场联合出清，机组参与调频市场的结果作为机组参与实时市场的边界条件

D. 以山西电力市场为代表，电能量市场与调频辅助服务市场联合出清，机组参与调频市场的结果作为机组参与实时市场的边界条件

答案：ABC

⚙ 59. 在电力市场中，考虑网络安全约束的机组组合的优化目标是（   ）。

A. 系统成本最小   B. 社会福利最大   C. 系统能耗最低   D. 购电成本最小

答案：BD

60. 以下关于集中式市场出清说法错误的是（   ）。

A. 市场出清充分考虑了电力系统安全运行约束

B. 市场出清价格受系统负荷影响

C. 出现阻塞时，不同地点的市场价格可能不同

D. 节点电价只反映系统供需平衡情况

答案：D

61. 经济调度中，节点功率平衡约束的拉格朗日乘子的经济学含义是（   ）。

A. 节点增加单位负荷需求，导致最大生产成本的增加量

B. 节点增加单位负荷需求，导致线路潮流阻塞程度的增加量

C. 节点增加单位负荷需求，导致机组出力的增加量

D. 节点增加单位负荷需求，导致最小生产成本的增加量

答案：D

62. 大型火电发电机组成本函数的动态约束主要有（   ）。

A. 启停成本   B. 最低技术出力   C. 最大爬坡速率   D. 最小运行时间

E. 最小停运时间

答案：ABCDE

63. 对于发电厂来说，燃料成本不属于（   ）。

A. 固定成本   B. 核定成本   C. 平均成本   D. 变动成本

答案：ABC

64. 我国电力市场运行中存在的一大主要问题是现货市场需逐步由（   ）模式向（   ）模式转变。

A. 单边，多边   B. 单边，双边   C. 双边，单边   D. 多边，单边

答案：B

65. 现代电力系统的主要特点为（   ）。

A. 电源构成、负荷成分等方面发生很大的变化

B. 在运行管理上实现了高度自动化

C. 高压直流输电和柔性交流输电技术得到了广泛应用

D. 电力生产逐步市场化

答案：ABCD

66. 2022 年，我国煤炭产量最多的三个省区是（   ）。

A. 山西　　　　　　　B. 内蒙古　　　　　C. 贵州　　　　　　D. 陕西

答案：ABD

🕐 67. 火力发电厂的三大系统包括（　　）。

A. 燃烧系统　　　　　B. 废物处理系统　　　C. 汽水系统　　　　D. 电气系统

答案：ACD

🕐 68. 水轮机的最低水头（　　）。

A. 表明水轮机利用水流单位机械能量的多少

B. 是指保证水轮机发出额定出力的最低水头

C. 是指保证水轮机安全稳定运行的最低工作水头

D. 以上答案都不是

答案：C

🕐 69. 径流式水电站是（　　）。

A. 年调节电站　　　　B. 季调节电站　　　　C. 周调节电站　　　D. 无调节电站

答案：D

🕐 70. 风能的主要优点包括（　　）。

A. 能量巨大　　　　　B. 分布广泛　　　　　C. 地区差异小　　　D. 没有污染

答案：ABD

🕐 71. 传统电力系统主力电源是（　　）。

A. 水电　　　　　　　B. 火电　　　　　　　C. 风电　　　　　　D. 核电

答案：B

🕐 72. 组成传统电力系统的主要元件是（　　）。

A. 电源、电阻、电感、电容　　　　　　　　B. 发电机、变压器、线路、用电设备

C. 发电厂、变电站、变压器、线路　　　　　D. 发电机、变压器、线路、开关

答案：B

🕐 73. 1MWh 等于（　　）电能。

A. 1000kWh　　　　　B. 10 万 kWh　　　　C. 0.1 万 kWh　　　D. 1000 度

答案：ACD

🕐 74. 发电利用小时数等于（　　）。

A. 实际发电量/发电设备平均容量　　　　　B. 发电设备平均容量/实际发电量

C. 实际上网电量/发电设备平均容量　　　　D. 发电设备平均容量/实际上网电量

答案：A

75. 用电负荷曲线有着明显的高峰低谷现象，通过划分峰谷时段来确定（　　）促使用户自觉地调整用电方式，通过用户对电价的响应来达到削峰填谷的目的。

A. 季节电价 　　　　B. 分时电价 　　　　C. 实时电价 　　　　D. 阶梯电价

答案：B

76. 一般情况下在同一电力系统中，要保证任一瞬间的（　　）都在全网统一范围内。

A. 电压 　　　　B. 频率 　　　　C. 波形 　　　　D. 电流

答案：B

77. 最佳的备用容量必定是系统（　　）相互协调的结果。

A. 稳定性和安全性 　　B. 随机性和经济性 　　C. 灵活性和经济性 　　D. 可靠性和经济性

答案：D

78. （　　）主要反映发电厂的固定成本，与发电厂类型、投资费用、还贷利率和折旧方式等相关。

A. 容量电价 　　　　B. 电量电价 　　　　C. 销售电价 　　　　D. 输配电价

答案：A

79. 电力供需的实时平衡特性要求装机容量必须满足（　　）。

A. 最小负荷需求

B. 最大负荷需求及必要的负荷备用容量

C. 平均负荷需求

D. 中位负荷需求

答案：B

80. 自动发电控制的作用在于解决（　　）。

A. 快速负荷波动问题

B. 负荷大幅度波动问题

C. 计划性的负荷波动问题

D. 难以预测的较小程度发电变化问题

答案：AD

81. 国调及分中心主要负责电网（　　）kV 以上主网调度运行，指挥直调范围内电网的运行、操作和故障处置。

A. 500 　　　　B. 330 　　　　C. 220 　　　　D. 750

答案：A

82. 在无功功率不足的条件下，以下说法中正确的是（　　）。

A. 采取调整变压器分接头的办法来提高电压

B. 调整发电机机端电压来提高电压

C. 投入并联电容来提高电压

D. 调整调相机机端电压来提高电压

答案：BCD

83. N-1 安全分析的目的是（ ）。

A. 分析系统中某台设备停运对系统安全性的影响

B. 分析系统中所有设备停运对系统安全性的影响

C. 分析系统中任意一台设备停运对系统安全性的影响

D. 分析系统中两台设备停运对系统安全性的影响

答案：C

84. 根据用电设备的重要性和对供电可靠性的要求，通常将电力负荷分为（ ）。

A. 一级负荷   B. 二级负荷   C. 三级负荷   D. 四级负荷

答案：ABC

85. 研究推进保障优先发电政策执行，重点考虑（ ）等清洁能源的保障性收购。

A. 核电   B. 水电   C. 风电   D. 太阳能发电

答案：ABCD

86. 正常蓄水位是指水库在正常运用情况下，为满足兴利部门要求，允许充蓄并能保持的（ ），又称正常高水位或设计蓄水位。

A. 正常水位   B. 最高水位   C. 平均水位   D. 最低水位

答案：B

87. 调度机构综合（ ）等因素，基于历史相似日预测母线负荷。

A. 气象因素   B. 节假日影响   C. 工作日类型   D. 机组状态

答案：ABCD

88. 发生（ ）等事故后，应立即调出系统备用，尽快恢复系统频率，控制联络线输送功率在规定范围内。事故发生后 30min 以内，系统备用应恢复正常。

A. 机组跳闸   B. 线路断流   C. 直流闭锁   D. 计划计算失败

答案：AC

89. 抽水蓄能是在电力系统中应用最为广泛的一种储能和调峰技术，主要应用包括调频、调相、（ ）。

A. 调峰填谷   B. 提供系统的备用容量

C. 黑启动   D. 紧急事故备用

答案：ABCD

90. 以下属于国家电网公司经营区域±800kV 特高压直流工程的是（ ）。

A. 向家坝—上海   B. 锦屏—苏南   C. 哈密南—郑州   D. 准东—皖南

答案：ABC

91. 当出现（ ）时，电力调度机构设置必开机组。

A. 系统安全约束　　　　　　　　　　　B. 电压支撑要求

C. 保供电、保供热、保民生　　　　　　D. 相关单位要求

答案：ABC

⚙ 92. 确定电力系统备用容量主要考虑（　　　　）。

A. 发电成本　　　　B. 发电机组故障　　　C. 用电设备故障　　　D. 电力需求增加

答案：BD

⚙ 93. 下列属于电力工业特点的是（　　　　）。

A. 电能可以大规模储存　　　　　　　　B. 技术密集型

C. 发电输电配电必须一体化经营　　　　D. 资产专用性强

答案：BD

⚙ 94. 以下属于全国性联网获得效益的是（　　　　）。

A. 大规模开发利用西部的水电和煤炭资源　　B. 各地域电网形成互补效益

C. 东西部时差效益　　　　　　　　　　D. 南北部温差效益

答案：ABCD

⚙ 95. 调频厂的选择依据包括（　　　　）。

A. 调整容量足够大　　　　　　　　　　B. 调整速度足够快

C. 调整范围内的经济性能较好　　　　　D. 调整时不引起系统内部工作困难

答案：ABCD

⚙ 96. 电力系统中谐波对电网产生的影响包括（　　　　）。

A. 设备发热，产生噪声　　　　　　　　B. 引起附加损耗

C. 电感电容发生谐振，放大谐波　　　　D. 产生干扰

答案：ABCD

⚙ 97. 电力系统中性点接地方式包括（　　　　）。

A. 中性点不接地　　　　　　　　　　　B. 中性点经消弧线圈接地

C. 中性点直接接地　　　　　　　　　　D. 中性点经电阻接地

答案：ABCD

⚙ 98. 电力系统参数中的运行参数包括（　　　　）。

A. 电压　　　　　　B. 电流　　　　　　C. 功率　　　　　　D. 电阻

答案：ABC

⚙ 99. 调度 D5000 系统平台主要包括的应用是（　　　　）。

A. 实时监控与预警类应用　　　　　　　B. 调度管理类应用

C. 调度计划类应用　　　　　　　　　　D. 安全校核类应用

答案：ABCD

⚙ 100. 调度在线安全稳定分析由（　　）构成。

A. 静态稳定分析　　　　B. 暂态稳定分析　　　C. 动态稳定分析　　　D. 电压稳定分析

答案：ABCD

⚙ 101. 属于电力系统常规电压调整的措施包括（　　）。

A. 改变变压器变比调压　　　　　　　　B. 改变发电机端电压调压

C. 无功补偿设备调压　　　　　　　　　D. 改变线路的参数调压

答案：ABCD

⚙ 102. 输电线路等效电路中消耗有功功率的是（　　）。

A. 电抗　　　　　　　B. 电阻　　　　　　　C. 电纳　　　　　　　D. 电导

答案：BD

⚙ 103. 电力系统内电压下降的原因包括（　　）。

A. 负荷急剧增加　　　　　　　　　　　B. 负荷急剧减少

C. 无功电源的突然切除　　　　　　　　D. 无功电源的突然投入

答案：AC

⚙ 104. 串联电容器和并联电容器调压的差别是（　　）。

A. 串联电容器增加了系统无功注入　　　B. 并联电容器增加了系统无功注入

C. 串联电容器改变了线路参数　　　　　D. 并联电容器改变了线路参数

答案：BC

⚙ 105. 常用的潮流计算方法包括（　　）。

A. 牛顿-拉夫逊法　　B. P-Q 快速分解法　C. 最优因子法　　　D. 隐式积分法

答案：ABC

⚙ 106. 下列属于物理储能的是（　　）。

A. 压缩空气储能　　　B. 抽水蓄能　　　　　C. 气态氢　　　　　　D. 飞轮储能

答案：ABD

⚙ 107. 具有市场力的发电企业（　　）。

A. 可以通过控制产量来控制电价　　　　B. 最大化产量实现效益最大化

C. 不允许报价　　　　　　　　　　　　D. 必然行使市场力

答案：A

⚙ 108. 水电厂的一般厂用电等级选择（　　）。

A. 380V　　　　　　　B. 380V 和 6kV　　　C. 380V 和 10kV　　D. 6kV

答案：A

⚙ 109. 单机容量在 200MW 及以上的火电厂的电气主接线中，一般（　　）。

A. 设发电机电压母线，并采用单母线接线

B. 不设发电机电压母线，全部机组采用单元接线

C. 不设发电机电压母线，而采用发电机—变压器扩大单元接线

D. 设发电机电压母线，并采用单母线分段接线

答案：B

⚙ 110. 电气主接线是指（　　）。

A. 发电机或变电站一、二次设备间的连接关系

B. 发电机或变电站重要设备的连接关系

C. 发电机或变电站的一次设备按照设计要求连接而成的电路

D. 发电机或变电站的一次设备按照运行方式要求连接而成的电路

答案：D

⚙ 111. 当地区海拔超过厂家规定值时，不考虑其他条件，电气设备允许最高工作电压将（　　）。

A. 下降　　　　　　　B. 上升　　　　　　　C. 不变　　　　　　　D. 可能上升也可能下降

答案：A

⚙ 112. 气体全封闭组合电器中 SF_6 的主要作用是（　　）。

A. 绝缘和灭弧　　　　B. 绝缘和散热　　　　C. 灭弧和散热　　　　D. 导热和散热

答案：A

⚙ 113. 下列关于导体稳定温升的说法中正确的是（　　）。

A. 与电流的平方成正比，与导体材料的电阻成反比

B. 与电流的平方成正比，与导体材料的电阻成正比

C. 与电流的平方成反比，与导体材料的电阻成反比

D. 与电流的平方成反比，与导体材料的电阻成正比

答案：A

⚙ 114. 利用灭弧介质灭弧的原理是（　　）。

A. 降温，进而抑制电弧　　　　　　　　B. 增强去游离能力

C. 加快弧隙电压恢复速度　　　　　　　D. 加快离子扩散和复合

答案：B

⚙ 115. 300MW 汽轮发电机组的厂用电压分为两级，分别是（　　）。

A. 10kV 和 6kV　　　　B. 6kV 和 380V　　　　C. 10kV 和 380V　　　　D. 6kV 和 380V

答案：B

⏲ 116. 下列选项中不属于单母线接地优点的是（　　　）。

A. 便于扩建　　　　　B. 可靠性高　　　　　C. 接线简单　　　　　D. 投资少

答案：B

⏲ 117. 能源转型背景下，我国电力系统在下列哪些方面正发生深刻的变化。（　　　）

A. 电源结构　　　　　B. 电网形态　　　　　C. 市场主体　　　　　D. 成本构成

答案：ABCD

⏲ 118. 分布式电源一般以（　　　）等形式接入电网，具体包括太阳能、天然气、生物质能、风能、水能、氢能、地热能、海洋能、资源综合利用发电（含煤矿瓦斯发电）等类型。

A. 同步发电机　　　　B. 异步发电机　　　　C. 变流器　　　　　D. 整流器

答案：ABC

⏲ 119. 电化学储能设备主要分为（　　　）三类。

A. 电源侧　　　　　　B. 电网侧　　　　　　C. 用户侧　　　　　D. 售电侧

答案：ABC

⏲ 120. 储能按照能量转换机制主要分为（　　　）三类。

A. 物理储能　　　　　B. 化学储能　　　　　C. 电化学储能　　　　D. 电磁储能

答案：ACD

⏲ 121. 虚拟电厂是将（　　　）有机结合，通过配套的调控技术和通信技术实现各类分布式能源整合调控的载体。

A. 发电机组　　　　　B. 可控负荷　　　　　C. 分布式储能设施　　D. 售电公司

答案：ABC

⏲ 122. 发展分布式发电的领域包括（　　　）。

A. 各类企业、工业园区、经济开发区　　　B. 政府机关和事业单位的建筑物或设施

C. 城市居民小区、住宅楼　　　　　　　　D. 农村地区村庄和乡镇

答案：ABCD

⏲ 123. 分布式发电遵循的基本原则包括（　　　）。

A. 因地制宜　　　　　B. 清洁高效　　　　　C. 分散布局　　　　　D. 就近利用

答案：ABCD

⏲ 124. 虚拟电厂主要采用的技术手段包括（　　　）。

A. 数字化技术　　　　B. 控制技术　　　　　C. 物联网技术　　　　D. 信息通信技术

答案：ABCD

125. 负荷聚合商的主要盈利模式包括（　　　）等。

A. 削峰　　　　　　B. 填谷　　　　　　C. 辅助服务　　　　D. 现货交易

答案：ABCD

126. 虚拟电厂是将（　　　）、可控负荷和分布式储能设施有机结合。

A. 负荷聚合商　　B. 风电　　　　　　C. 光伏　　　　　　D. 分布式发电机组

答案：D

127. 下列不属于分布式电源主要采用的运营模式的是（　　　）。

A. 自发自用　　　B. 安全运行　　　　C. 电网调节　　　　D. 余量上网

答案：B

128. （　　　）能够很好地协调大电网与分布式电源的技术矛盾。

A. 微电网　　　　　　　　　　　　　B. 拥有独立电网的售电公司

C. 负荷聚合商　　　　　　　　　　　D. 虚拟电厂

答案：A

129. 2021年起，对新备案集中式光伏电站、工商业分布式光伏项目和新核准陆上风电项目，实行平价上网，上网电价按（　　　）执行。

A. 风电、光伏指导价　　　　　　　　B. 当地燃煤发电基准价

C. 指导价+竞争性配置　　　　　　　D. 当地市场交易平均价

答案：B

130. 大规模储能技术具有的重要作用包括（　　　）。

A. 平滑间歇性电源功率波动　　　　　B. 减小负荷峰谷差，提高设备利用率

C. 增加备用容量，提高电网安全稳定性　D. 加大电网峰谷差

答案：ABC

131. 电力系统应具备有功功率备用容量，包括（　　　）。

A. 负荷备用　　　B. 事故备用　　　　C. 检修备用　　　　D. 机组备用

答案：ABC

132. 新能源的随机性、波动性，决定了新能源并网规模越大，协调平衡调节需求越大。研究表明，当系统新能源电量占比达到10%时，系统调节需求将随新能源占比提高而（　　　），为保障电力系统安全稳定运行，需要大量的调节和储能电源。

A. 陡增　　　　　　B. 陡降　　　　　　C. 缓慢增长　　　　D. 缓慢下降

答案：A

133. 虚拟电厂的发展一般包括（　　）三个阶段。

A. 邀约型虚拟电厂

B. 响应型虚拟电厂

C. 市场型虚拟电厂

D. 跨空间自主调度型虚拟电厂

答案：ACD

134. 电力系统静态稳定计算分析包括（　　），其目的是确定电力系统的稳定性和输电断面（线路）的输送功率极限，检验在给定方式下的稳定储备。

A. 静态功角稳定计算分析

B. 静态电压稳定计算分析

C. 静态频率稳定计算分析

D. 静态有功稳定计算分析

答案：AB

135. 分布式发电机组接入配电网的积极作用包括（　　）。

A. 弥补大电网在安全稳定性方面的不足

B. 操作控制相对简单

C. 减少、延缓大型集中发电厂与输配电系统投资

D. 就近供电

答案：ABCD

136.（　　）和（　　）是目前实现分布式电源并网最具创造力和吸引力的形式。

A. 储能装置　　　　B. 配电网　　　　C. 虚拟电厂　　　　D. 微网

答案：CD

137. 根据《以沙漠、戈壁、荒漠地区为重点的大型风电光伏基地规划布局方案》（发改基础〔2022〕195 号），"十四五""十五五"时期规划建设风光基地总装机分别约为（　　）kW。

A. 2.5 亿，3 亿　　　B. 2 亿，2.55 亿　　　C. 2 亿，3 亿　　　D. 2.55 亿，3 亿

答案：B

138. 与现有电力系统相比，新型电力系统在内部电气特征上将（　　）转变。

A. 由高碳电力系统向深度低碳或零碳电力系统

B. 由以机械电磁系统为主向以电力电子器件为主

C. 由确定性可控连续电源向不确定性随机波动电源

D. 由高转动惯量系统向弱转动惯量系统

答案：ABCD

139. 根据《国家发展改革委办公厅 国家能源局综合司关于进一步推动新型储能参与电力市场和调度运用的通知》（发改办运行〔2022〕475 号），独立储能电站向电网送电的，其相应（　　）不承担输配电价和政府性基金及附加。

A. 充电电量　　　　B. 放电电量　　　　C. 充电电量和放电电量　　　　D. 储能电量

答案：A

🔘 140. 根据《国家发展改革委办公厅 国家能源局综合司关于进一步推动新型储能参与电力市场和调度运用的通知》（发改办运行〔2022〕475号），鼓励独立储能按照辅助服务市场规则或辅助服务管理细则，提供有功平衡服务、无功平衡服务和事故应急及恢复服务等辅助服务，以及在电网事故时提供（　　）。

A. 稳定切机服务　　　B. 爬坡服务　　　C. 快速无功响应服务　D. 快速有功响应服务

答案：D

🔘 141. 根据《国家发展改革委办公厅 国家能源局综合司关于进一步推动新型储能参与电力市场和调度运用的通知》（发改办运行〔2022〕475号），要坚持以（　　）为主优化储能调度运行。

A. 政府主导方式　　　B. 市场化方式　　　C. 用户自主方式　　　D. 电网统一调度方式

答案：B

🔘 142. 根据《国家发展改革委办公厅 国家能源局综合司关于进一步推动新型储能参与电力市场和调度运用的通知》（发改办运行〔2022〕475号），根据各地实际情况，鼓励进一步拉大电力中长期市场、现货市场上下限价格，引导主动配置（　　）新型储能，增加（　　）储能获取收益渠道。

A. 用户侧，用户侧　　B. 电网侧，电网侧　　C. 用户侧，电网侧　　D. 电网侧，用户侧

答案：A

🔘 143. 根据《国家发展改革委办公厅 国家能源局综合司关于进一步推动新型储能参与电力市场和调度运用的通知》（发改办运行〔2022〕475号），鼓励用户采用储能技术减少自身（　　）用电需求，减少接入电力系统的增容投资。

A. 尖峰　　　　　　　B. 高峰　　　　　　　C. 平段　　　　　　　D. 低谷

答案：B

🔘 144. 根据《国家发展改革委办公厅 国家能源局综合司关于进一步推动新型储能参与电力市场和调度运用的通知》（发改办运行〔2022〕475号），研究建立电网侧独立储能电站（　　），逐步推动电站参与电力市场。

A. 节点电价机制　　　B. 容量电价机制　　　C. 容量成本回收机制　D. 容量保障机制

答案：B

🔘 145. 电力需求侧管理的实施手段以（　　）为中心。

A. 引导手段　　　　　B. 技术手段　　　　　C. 经济手段　　　　　D. 政策手段

答案：C

🔘 146. 碳捕捉和封存（CCS）是将工业和有关能源产业产生的CO_2分离出来，并用各种方

法储存以避免其排放到大气中的一种技术。碳捕捉技术主要包括（　　）。

A. 吸收分离法　　　　　B. 吸附分离法　　　　　C. 膜分离法　　　　　D. 冷凝法

答案： ABCD

147. 根据《湖南省新型储能容量市场化交易试点方案》（湘发改能源〔2020〕1051号），容量市场交易方式包括（　　）。

A. 挂牌交易　　　　　B. 滚动撮合　　　　　C. 集中竞价　　　　　D. 双边协商

答案： ACD

148. 根据《"十四五"现代能源体系规划》（发改能源〔2022〕210号），全面推进风电和太阳能发电大规模开发和高质量发展，优先就地就近开发利用，加快负荷中心及周边地区（　　）建设，推广应用低风速风电技术。

A. 分散式风电　　　　　B. 分布式光伏　　　　　C. 用户侧储能　　　　　D. 分散式光伏

答案： AB

149. 分布式能源是利用小型设备向用户提供能源供应的新型能源利用方式，包括（　　）。

A. 冷热电联产　　　　　　　　　　　　B. 分布式可再生能源

C. 储能　　　　　　　　　　　　　　　D. 燃料电池

答案： ABCD

150. 根据《电力需求侧管理办法（2023年版）》（发改运行规〔2023〕1283号），在面临重大自然灾害和突发事件时，电网企业应根据不同情形执行（　　）等。

A. 事故限电序位表　　　　　　　　　　B. 国家大面积停电事件应急预案

C. 黑启动预案　　　　　　　　　　　　D. 稳定切负荷预案

答案： ABC

151. 根据《电力负荷管理办法（2023年版）》（发改运行规〔2023〕1261号），（　　）是负荷管理的重要实施主体。

A. 电网企业　　　　　　　　　　　　　B. 电力用户

C. 售电公司　　　　　　　　　　　　　D. 电力需求侧管理服务机构

答案： ABD

152. 根据《电力负荷管理办法（2023年版）》（发改运行规〔2023〕1261号），电力负荷管理中心根据各地电力运行主管部门委托通过新型电力负荷管理系统开展经营主体资格审核、（　　）等工作。

A. 响应邀约　　　　　B. 过程监测　　　　　C. 效果评估　　　　　D. 信息披露

答案： ABCD

153. 根据《电力负荷管理办法（2023 年版)》（发改运行规〔2023〕1261 号），负荷聚合商、虚拟电厂应接入新型电力负荷管理系统，确保负荷资源的（　　），电网企业为第三方经营主体提供数据支撑和技术服务。

A. 统一响应　　　　　B. 统一管理　　　　　C. 统一调控　　　　　D. 统一服务

答案：BCD

154. 按（　　）划分可以将负荷预测划分为最大负荷预测、最小负荷预测、高峰负荷预测等。

A. 预测周期　　　　　B. 行业类别　　　　　C. 负荷功能　　　　　D. 负荷特性

答案：D

155. 任何电力部门对用户的能源使用状况加以改变，使电力负荷曲线的形状发生改变的措施称为电力（　　）管理。

A. 需求侧　　　　　B. 交易　　　　　C. 可靠性　　　　　D. 负荷

答案：A

156. 下列选项中属于需求侧管理措施的是（　　）。

A. 削峰、填谷　　　　　B. 可中断负荷　　　　　C. 战略性负荷增长　　　　D. 负荷频率控制

E. 节能

答案：ABCD

157. 下列选项中属于需求侧管理手段的是（　　）。

A. 分时电价　　　　　　　　　　　B. 调整用户负荷曲线的形状

C. 加大宣传推广的力度　　　　　　D. 财政援助

E. 制定政策法规

答案：ABCDE

二、填空题

1. 交流联络线的电压等级应与主网（　　）一级电压等级一致。

答案：最高

2. 电力系统事故备用容量为最大发电负荷的（　　）%左右，但不小于系统一台最大机组或馈入最大容量直流的单极容量。

答案：10

3. 电力系统应具备足够的调节能力，常规电厂（火电、水电、核电等）应具备必需的（　　）、（　　）和（　　）能力，新能源场站应提高调节能力。

答案：调峰　调频　调压

💬 4. 电力系统受到小扰动后，不发生功角非周期性失步，自动恢复到起始运行状态的能力称为（　　）。

答案：静态功角稳定

💬 5. "两个细则"是指电力（　　）、电力（　　）。

答案：并网运行管理实施细则　辅助服务管理实施细则

💬 6. 电价是电力（　　）的表现。

答案：商品价值

💬 7. 现行全国统一垃圾发电标杆电价为（　　）元/kWh。

答案：0.65

💬 8. 国内现行的两部制电价由（　　）和（　　）构成。

答案：容量（基本）电价　电量（电度）电价

💬 9. 目前我国两部制电价主要是在销售环节对（　　）用户实行。

答案：大工业

💬 10. 我国生产的汽轮发电机转速均为（　　）r/min。

答案：3000

💬 11. 特高压直流工程的特点是（　　）、（　　）、中途无落地点。

答案：大容量　远距离

💬 12. 我国规定的电网额定频率为（　　）Hz。

答案：50

💬 13. 单极系统的接线方式有（　　）和（　　）两种。

答案：对单极大地回线方式　单极金属回线方式

💬 14. 特高压直流输电是指（　　）及以上电压等级的直流输电及相关技术。

答案：±800kV

💬 15. 电网调度通过自动发电控制 AGC 功能可保证电网的（　　）。

答案：频率

💬 16. 我国特高压等级是指交流（　　）、直流（　　）以上。

答案：1000kV　±800kV

💬 17. 电力系统的频率主要决定于（　　）。

答案：有功功率的平衡

💬 18. 二次调频是指并网主体通过自动功率控制技术，包括（　　）和（　　）等，跟踪调度指令，满足系统频率调节要求的服务。

答案：AGC　APC

💬 19. 一次调频调整的是（　　）、（　　）的负荷变动引起的频率偏移。

答案：周期较短　幅度较小

💬 20. 网损是指电能在电网传输过程中发生的损耗，按输电设备类型可分为（　　）损耗与（　　）损耗。一般而言，网损特指较高电压等级的（　　）损耗。

答案：线路　变压器　输电网

💬 21. 机组启动费用分为热态启动费用、温态启动费用及冷态启动费用，三者之间的大小关系为（　　）＞（　　）＞（　　）。

答案：冷态启动费用　温态启动费用　热态启动费用

💬 22. 按照每台机组的可用发电容量支付机组一定的费用，该费用是机组的（　　）。

答案：容量收益

💬 23. 机组铭牌容量为600MW，最大可调出力为640MW，系统分配至其旋转备用容量100MW，则其参与市场竞争，市场有约束出清后可能中标（　　）MW。

答案：500

💬 24. 100MW机组的年发电量为500000MWh，则该机组的年度利用小时数是（　　）h。

答案：5000

💬 25. 电力系统经消弧线圈接地时，应采用的补偿方式为（　　）。

答案：过补偿

💬 26. 电力系统牛顿－拉夫逊法潮流计算采用的数学模型是（　　）。

答案：节点电压方程

💬 27. 一台并网运行的同步发电机，若功率因数是超前的，则该发电机此时运行于（　　）状态。

答案：欠励

💬 28. 根据《中华人民共和国电力法》和《电网调度管理条例》，调度机构赋有（　　），负责对电网运行进行组织、指挥、指导和协调，依法依规落实电力市场交易结果，保障电网安全、稳定和优质、经济运行。

答案：电网生产指挥权

💬 29. 线路首末两端电压相角差增大，则线路传输的有功功率（　　）。

答案：增大

💬 30. 衡量电能质量的指标有（　　）、（　　）和（　　）。

答案：电压幅值　频率　波形

💬 31. 电能一经上网输送，功率和路径由（　　）决定。

答案：物理规律

💬 32. 中断供电将在政治、经济上造成较大损失的电力负荷是（　　）。

答案：二级负荷

💬 33. 电力系统交流线路 N-1 故障在全部交流线路故障中的占比超过 97%，从故障类型来看，（　　）故障在全部故障中的占比接近或超过 90%。

答案：单相短路

💬 34. 通过手动或自动地操作调频器使发电机组的频率特性平行地上下移动，从而使负荷变动引起的频率偏移保持在允许的范围内，这属于频率的（　　）次调整。

答案：二

💬 35. 根据《关于有序放开发用电计划的实施意见》，对水电比重大的地区，直接交易应区分（　　）、（　　）电量。

答案：丰水期　枯水期

💬 36. PJM 市场采用基于（　　）的定价机制。

答案：节点边际电价（或 LMP）

💬 37. 在充分竞争的电力市场环境下，（　　）决定市场价格。

答案：边际机组

💬 38. PJM 的主要职能包括（　　）、（　　）、（　　）。

答案：系统运行　市场运营　电网规划

💬 39. PJM 实时市场包括（　　）、（　　）、（　　）和非旋转备用等四个市场。

答案：电能　调频　旋转备用

💬 40. 北欧四国之所以能形成统一电力市场，与其电源的互补性密切相关。挪威绝大部分为（　　），瑞典和芬兰的（　　）占主导地位，丹麦则有高比例的（　　）。

答案：水电　核电　风电

💬 41. （　　）是以可靠性装机容量为交易标的的市场。

答案：容量市场

💬 42. （　　）交易实质是对于电力这个商品或其使用权的买卖。

答案：期权

💬 43. 边际成本曲线与平均成本曲线的相交点是（　　）。

答案： 平均成本曲线的最低点

💬 44. 边际电价出清的原则是以（　　）交易的成交电价作为出清电价。

答案： 最后一笔

💬 45. 市场化用户当其电力需求价格曲线的斜率为零（价格为常数）时，其价格弹性为（　　）。

答案： 无穷

💬 46. 北欧电力交易所受（　　）监管。

答案： 挪威水资源和能源局

💬 47. 北欧电力交易所核心职能，对用户为（　　）；对其他市场参与者为（　　）。

答案： 商业电力交易所　市场耦合运营商

💬 48. 电力市场发展程度依次为孤岛市场、（　　）、（　　）输电权拍卖、（　　）输电权拍卖、区域价格耦合市场、（　　）。

答案： 双边交易市场　长期　日常　一体化市场

💬 49. 北欧电力市场采用（　　）来整体促进安全供电和部门的长期效率。

答案： 市场化改革

💬 50. 供给曲线和需求曲线分别表示的是每一价格下的（　　）和（　　）。

答案： 供给量　需求量

💬 51. 供给曲线正倾斜，即价格与供给量之间同向变动，这一特征被称为"（　　）"。

答案： 供给法则

💬 52. 需求曲线向右下方倾斜，即需求量与价格反向变动，这一关系被称为"（　　）"。

答案： 需求法则或需求定律

💬 53. 恩格尔定律：在一个家庭或国家中，食物支出在收入中所占的比例随着收入的增加而（　　）。

答案： 减少

💬 54. 在一定条件下，任何的帕累托有效配置都可以通过一套竞争性的市场价格以及某个恰当的收入分配状态来实现，这是福利经济学第（　　）定理。

答案： 二

💬 55. 美国加州电力市场提出的综合模式结合了单纯 Pool 模式和（　　）模式的优点。

答案： 双边市场

💬 56. 交易单元是参与交易的基本单位，分为（　　　）和（　　　）。

答案： 买方单元　卖方单元

💬 57. 实行"厂网分开、竞价上网"，输电和配电仍然是垄断经营。这种电力经营模式属于（　　　）。

答案： 发电竞争模式

💬 58. 市场中只有几家大企业提供行业的大部分产品，这几家企业在行业总产量中占较大的市场份额，可在很大程度上影响市场的价格，一家企业的供给行为会对其他企业的生产和收益产生较大的影响。这种市场属于（　　　）。

答案： 寡头垄断市场

💬 59. 英国 1989 年第一次电力市场改革采用的电力市场模式是（　　　）。

答案： Pool 模式

💬 60. 在完全竞争市场中，卖方立即交货买方当场付钱的市场类型是（　　　）。

答案： 现货市场

💬 61. 具有市场力的机组一般可以通过（　　　）、（　　　）操作市场价格。

答案： 提高报价　物理持留

💬 62. 某机器原来生产产品 A，利润收入为 300 元，现在改为生产产品 B，所花费的人工、材料费为 1000 元，则生产产品 B 的机会成本是（　　　）。

答案： 300 元

💬 63. 假定某商品的价格从 3 美元降到 2 美元，需求量将从 9 单位增加到 11 单位，则该商品卖者的总收益将（　　　）。

答案： 减少

💬 64. （　　　）是指在发电企业与购电方进行上网电能结算的价格。

答案： 上网电价

💬 65. 需求弹性是指在一定时期内商品需求量的相对变动对于该商品价格相对变动的（　　　）。

答案： 反应程度

💬 66. 需求弹性为（　　　）时出现的非管制垄断商是市场力持有者的典型代表，此类发电商可以按照其意愿任意定制电价。

答案： 0

💬 67. 在电力市场批发竞争模式中，电能批发价格是由（　　　）相互作用的结果。

答案： 电力供应与需求

💬 **68.** 输电权交易是指对输电权进行（　　）、（　　）的行为。

答案： 买卖　转让

💬 **69.** 输电权市场包括（　　）、（　　）。

答案： 物理输电权　金融输电权

💬 **70.** 物理输电权是指通过拍卖获得（　　）。

答案： 输电线路使用权

💬 **71.** 电力期货市场的风险主要表现在市场信息不对称、市场不完全引发的（　　）。

答案： 市场失灵

💬 **72.** 电力批发市场中的电价能体现发电成本、（　　）信息。

答案： 市场供需状况

💬 **73.** 容量市场在实际实施时，需要考虑容量价格形成机制、市场的时段划分、（　　）的惩罚方法等问题。

答案： 对于不履行义务者

💬 **74.** 完整电力市场的构成应包括（　　）、（　　）、容量市场、输电权市场。

答案： 电能市场　辅助服务市场

💬 **75.** 在对电力市场研究中，选择一种能同时体现系统安全、市场经济效益最优和电能质量的工具是非常重要的，（　　）满足了这一要求。

答案： 最优潮流

💬 **76.** 电力零售市场在国内一般指零售用户自主选择（　　）进行购电的电力市场。

答案： 售电公司

💬 **77.** （　　）是对现有的输电份额进行交易的市场，既有物理性质的，也有金融性质的。

答案： 输电权市场

💬 **78.** 电力批发市场是指发电企业和（　　）以及发电企业和（　　）之间进行电力交易的市场。

答案： 电力批发用户　售电公司

💬 **79.** 电力系统运行约束是（　　）约束、（　　）约束和（　　）约束的统称。

答案： 负荷　运行限额　安全

💬 **80.** 我国电力市场改革经历了若干阶段，目前阶段的特征为（　　）、（　　）。

答案： 管住中间　放开两头

💬 81. 实现能源资源的优化配置有两种手段，分别是（　　）和（　　）手段。

答案： 计划　市场

💬 82. 在完全竞争市场上，企业的（　　）收益和（　　）收益都等于市场价格。

答案： 平均　边际

💬 83. 现阶段，电力批发市场采用（　　）与（　　）相结合的市场架构。

答案： 电能量市场　辅助服务市场

💬 84. 市场结构包括完全竞争、垄断性竞争、寡头垄断、（　　）市场。

答案： 完全垄断

💬 85. 实行厂网分开，输电和配电垄断经营，发电公司只能将电能卖给电网公司。这种电力市场模式属于（　　）。

答案： 单一买方模式

💬 86. （　　）指发电企业与电力用户在现货市场和中长期交易市场中以电能量为交易标的物的电费。

答案： 电能电费

💬 87. 在电力市场竞争合理的情况下，现货价格反映平衡电能的（　　）。

答案： 微增成本

💬 88. 发电商在提供备用服务时会产生的成本有运行成本、（　　）。

答案： 机会成本

💬 89. 电力市场统一出清模式下，中标机组报价一般（　　）边际机组的报价。

答案： 小于

💬 90. 省间电力现货中，国调中心在（　　）日编制 D 日的 96 时段直调系统发输电预计划（D 日为运行日）。

答案： D−2

💬 91. 省间现货市场运行时，省内发电企业实际发电出力（　　）省间电力现货交易电力时，省间电力现货交易电力不变。

答案： 低于

💬 92. 省间电力现货市场成员包括（　　）、（　　）、售电公司、（　　）及市场运营机构。

答案： 发电企业　电网企业　电力用户

💬 93. 现货市场主要利用（　　）及（　　）负荷预测，用于支撑出清计算。

答案： 短期　超短期

💬 94. 电能输送不能超过电网最大送电能力，否则会导致设备损坏、电网失去稳定甚至崩溃，因此电力现货交割必须时刻满足（　　）。

答案： 电网安全约束

💬 95. 电力市场中统一出清电价与节点电价相比忽略了（　　）。

答案： 输电线路阻塞

💬 96. 不考虑固定成本的电能量市场中，边际发电成本低于市场价格的机组将产生（　　）。

答案： 盈利

💬 97. 京电指数 BPX 是由北京电力交易中心提出的（　　）综合指数，以（　　）年省间电力市场总市值分月平均值为基准值，按月计算省间电力市场形势变化。

答案： 省间电力市场　2016

💬 98. 在能源金融交易中，金融交易一般采用（　　），即市场参与者按照大宗商品合同当前市值的一定百分比缴纳保证金，而不需要支付合同的全款就可以进行交易。

答案： 保证金交易制度

💬 99. 容量电价机制将容量短缺引起的电价飙升的风险分摊给了（　　）。

答案： 消费者

💬 100.《"十四五"可再生能源发展规划》（发改能源〔2021〕1445 号）中提到，2025 年，可再生能源消费总量达到（　　）吨标准煤左右。"十四五"期间，可再生能源在一次能源消费增量中占比超过（　　）。

答案： 10 亿　50%

💬 101. 根据《国家发展改革委办公厅 国家能源局综合司关于进一步推动新型储能参与电力市场和调度运用的通知》（发改办运行〔2022〕475 号），随着市场建设逐步成熟，鼓励探索同一储能主体可以按照部分容量（　　）、部分容量（　　）两种方式同时参与市场的模式。

答案： 独立　联合

💬 102. 根据《国家发展改革委办公厅 国家能源局综合司关于进一步推动新型储能参与电力市场和调度运用的通知》（发改办运行〔2022〕475 号），各地要建立完善储能项目平等参与市场的交易机制，明确储能作为独立市场主体的（　　）和注册、交易、结算规则。

答案： 准入标准

💬 103. 根据《国家发展改革委办公厅 国家能源局综合司关于进一步推动新型储能参与电力市场和调度运用的通知》（发改办运行〔2022〕475 号），储能项目要完善站内技术支持系统，向电网企业上传实时充放电功率、荷电状态等运行信息，参与电力市场和调度运行的项目还需具备（　　）的能力。

答案： 接受调度指令

💬 104. 根据《国家发展改革委办公厅 国家能源局综合司关于进一步推动新型储能参与电力市场和调度运用的通知》（发改办运行〔2022〕475 号），电力企业要建立（　　），实现独立储能电站荷电状态全面监控和充放电精准调控。

答案： 技术支持平台

💬 105. 根据《国家发展改革委办公厅 国家能源局综合司关于进一步推动新型储能参与电力市场和调度运用的通知》（发改办运行〔2022〕475 号），各地要抓紧修订完善本地区适应储能参与的并网运行、辅助服务管理实施细则，推动储能在（　　）、优化电能质量等方面发挥积极作用。

答案： 削峰填谷

💬 106. 根据《国家发展改革委办公厅 国家能源局综合司关于进一步推动新型储能参与电力市场和调度运用的通知》（发改办运行〔2022〕475 号），新型储能项目主要设备应通过具有相应资质机构的检测认证，（　　）应符合电网安全运行相关技术要求。

答案： 涉网设备

💬 107. 根据《国家发展改革委办公厅 国家能源局综合司关于进一步推动新型储能参与电力市场和调度运用的通知》（发改办运行〔2022〕475 号），各地要探索将电网替代型储能设施成本收益纳入（　　）。

答案： 输配电价回收

💬 108. 分布式发电在投资、设计、建设、运营等各个环节均依法实行（　　）、（　　）的市场竞争机制。

答案： 开放　公平

💬 109. 分布式发电运行方式主要为用户端（　　）为主，多余电量上网。

答案： 自发自用

💬 110. 负荷类虚拟电厂是指虚拟电厂运营商聚合其绑定的具备（　　）的市场化电力用户（包括电动汽车、可调节负荷等），作为一个整体组建虚拟电厂。

答案： 负荷调节能力

💬 111. 天然气分布式能源是指利用天然气为燃料，通过冷热电三联供等方式实现能源的梯级利用，综合能源利用效率达到（　　）%以上，并在负荷中心就近实现能源供应及现代能源供应方式。

答案： 70

💬 112. 我国碳市场交易在（   ）开展登记、结算。

答案： 武汉

💬 113. 根据《电力需求侧管理办法（2023 年版）》（发改运行规〔2023〕1261 号），各类经营性电力用户均可参与需求响应，有序引导具备响应能力的（   ）电力用户参与需求响应。

答案： 非经营性

💬 114. 根据《电力需求侧管理办法（2023 年版）》（发改运行规〔2023〕1261 号），各省级电力运行主管部门应指导电网企业根据需求响应的资源类型、负荷特征、响应速率、响应可靠性等关键参数，形成（   ）、（   ）的需求响应资源清单。

答案： 可用　可控

💬 115. 根据《电力需求侧管理办法（2023 年版）》（发改运行规〔2023〕1283 号），根据"谁提供、谁获利，谁受益、谁承担"的原则，支持具备条件的地区，通过实施（   ）、拉大现货市场限价区间等手段提高经济激励水平。

答案： 尖峰电价

💬 116. 根据《电力需求侧管理办法（2023 年版）》（发改运行规〔2023〕1283 号），支持以县域或村镇为单位，充分利用当地水、风、光、生物质、地热等可再生能源资源，因地制宜建设（   ）绿色低碳综合能源网络，提高乡村用能的绿电比例。

答案： 分布式

💬 117. 根据《电力需求侧管理办法（2023 年版）》（发改运行规〔2023〕1283 号），支持工业企业、产业园区、具备条件的乡村地区等开展绿色低碳微电网和（   ）一体化建设。

答案： 源网荷储

💬 118. 根据《电力需求侧管理办法（2023 年版）》（发改运行规〔2023〕1283 号），实施电能替代新增电力电量在电网企业（   ）节约指标完成情况考核中予以合理扣除。

答案： 年度电力电量

💬 119. 根据《电力负荷管理办法（2023 年版）》（发改运行规〔2023〕1261 号），电力供应紧张期间，燃煤自备电厂、应急备用发电机组应严格按电力调度机构要求（   ）。

答案： 应开尽开、应发尽发

💬 120. 根据《电力负荷管理办法（2023 年版）》（发改运行规〔2023〕1261 号），不得将（   ）接入新型电力负荷管理系统，不得私自迁移、更改、破坏接线，影响系统正常运行。

答案： 保安负荷

三、判断题

❓ 1. 抽水蓄能电站通常在电力系统中承担基荷。（　　）

答案：错

❓ 2. 火力发电厂的三大主力设备包括汽轮发电机、锅炉、汽轮机。（　　）

答案：对

❓ 3. 光伏发电的优点是资源充足、寿命长、清洁、安全。（　　）

答案：对

❓ 4. 风能的缺点是密度低、不稳定、地区差异大、能量小。（　　）

答案：错

❓ 5. 变压器按作用分为升压变压器和降压变压器。（　　）

答案：对

❓ 6. 调度员模拟培训系统锻炼了调度员在正常状态下的操作能力和事故状态下的快速反应能力，也可用作电网调度运行人员分析电网运行的工具。（　　）

答案：对

❓ 7. 在电力系统中，调度通过自动电压控制系统来下发指令，控制不同发电厂的多个发电机有功输出，以响应负荷变化，达到实时平衡。（　　）

答案：错

❓ 8. 原则上，发电机组调试及试验计划应按照日前发电计划执行。（　　）

答案：对

❓ 9. 电网实时运行中，当系统发生事故或紧急情况时，调度机构应按照收益第一的原则处理。（　　）

答案：错

❓ 10. 在输电线路中，电压等级越高，网损率越大。（　　）

答案：错

❓ 11. 低负荷需求时期，发电商之间的竞争变强。（　　）

答案：对

❓ 12. 电力系统峰谷差是人们生产与生活用电规律所决定的。（　　）

答案：对

❓ 13. 对一个月到一年的负荷预测属于短期负荷预测。（　　）

答案：错

❓ 14. 燃机启动速度快、调节幅度大，因此在电网中可以承担带基荷和紧急事故备用的角色。（   ）

答案： 错

❓ 15. 在多电压等级电磁环网中，改变变压器的变比主要改变无功功率分布。（   ）

答案： 对

❓ 16. 我国第一批现货试运行省份中，部分地区允许出清价格为负。（   ）

答案： 对

❓ 17. 备用一般分为旋转备用和非旋转备用，正旋转备用是指并网运行的发电机组可发最大有功功率与当前运行有功功率的差值。（   ）

答案： 对

❓ 18. 拥有配电网运营权的售电公司可以不服从电力调度管理。（   ）

答案： 错

❓ 19. 断路器套管出现裂纹时，绝缘强度降低。（   ）

答案： 对

❓ 20. 隔离开关有一定灭弧能力。（   ）

答案： 错

❓ 21. 我国电力市场总体架构主要呈现客体互补性、时间继起性、空间交替性三方面的显著特征。（   ）

答案： 对

❓ 22. 检修计划是指未来发电及输变电设备检修的计划，根据编制范围分为年度检修计划、月度检修计划、日前检修计划和临时检修计划。（   ）

答案： 对

❓ 23. 调度机构是电网运行的指挥中心，根本职责是依法行使生产指挥权，电网调度工作要坚持"公平第一、预防为主"的方针，统一调度、分级管理，认真研究社会主义市场经济条件下电网运行管理的新情况，不断完善电网调度管理的措施，保证电网整体最佳效益的实现。（   ）

答案： 错

❓ 24. 基态潮流校核和静态安全分析均采用交流潮流模型开展系统安全校核。（   ）

答案： 对

❓ 25. 基尔霍夫第一定律，即在任何一个集总参数电路中任何时刻，沿任一回路所有支路电压的矢量和恒等于零。（   ）

答案： 错

❓ 26. 欧洲统一市场遵循平衡市场价格、短期市场价格、输电定价三个基本定价原则。
（　　）
答案： 对

❓ 27. 在电力系统运行中，为了满足电力用户需求、保障系统安全，供给者需要以一定的成本提供一系列保障电网安全和服务用户需求的产品和服务，这些产品和服务都应该成为电力市场中的商品。（　　）
答案： 对

❓ 28. 电力系统的特性决定了电力市场中的所有商品必须采用集中的交易。（　　）
答案： 错

❓ 29. 从交易周期来看，欧洲电力市场包括中长期市场、日前市场、日内市场和实时市场。（　　）
答案： 对

❓ 30. 市场类型可分为完全竞争、相对竞争、寡头和垄断四种类型。（　　）
答案： 错

❓ 31. 机会成本是指生产者所放弃的使用相同的生产要素在其他生产用途中所能获得的最高收入。（　　）
答案： 对

❓ 32. 电力是一种特殊的商品，既具有一般商品属性，也具有特殊商品属性。（　　）
答案： 对

❓ 33. 电力现货市场由经济原理和物理原理共同决定，分别对应电力的特殊商品属性和一般商品属性。（　　）
答案： 错

❓ 34. 开展电力现货市场是为了充分发挥市场在资源配置中的决定性作用，准确发现电力的时间价值和空间价值。（　　）
答案： 对

❓ 35. 基于边际价格的定价机制仅限于电能量市场中采用。（　　）
答案： 错

❓ 36. 市场成员作为参与市场的经济主体，只能承担一个角色，具体能够承担的角色范围依据电力市场规则规定。（　　）

答案：错

❓ 37. 日前市场会提前一天开展次日 24 小时的电能交易，由电力交易机构负责集中组织。（　　）

答案：对

❓ 38. 提供辅助服务的发电商可以在电能量市场中出售其已用于辅助服务的容量。（　　）

答案：错

❓ 39. PJM、CAISO、Nord Pool 的电价机制均为节点边际电价，由系统电能价格、输电阻塞价格和网损价格组成。（　　）

答案：错

❓ 40. PJM 的日前市场和实时市场采用双结算系统，日前市场出清结果用于结算，日前可靠性机组组合用于日前计划，实时市场出清结果用于结算和调度执行。（　　）

答案：对

❓ 41. 从交易品种上看，电力交易已形成电能量交易、辅助服务交易、合同交易（部分省份与电能量交易合并开展，部分省单独开展）等多交易品种。（　　）

答案：对

❓ 42. 从经济学上来说，电网是电力市场中实现社会福利最大化的工具。电网集供电与价格发现于一体，具有实现电力价值的功能。（　　）

答案：对

❓ 43. 我国中长期市场覆盖多年、年度、月度、月内交易，发挥了规避风险、保障收益的"压舱石"作用，并逐步向分时段、带曲线连续运营转变。（　　）

答案：对

❓ 44. 我国电力市场目标正由以往提高电力行业运行效率的单一目标向"保安全、促转型、提效率"的多元目标转变。（　　）

答案：对

❓ 45. 电力的特殊商品属性是指电力必须时刻保持供需平衡，潮流按照物理规律分布，满足电网安全约束。（　　）

答案：对

❓ 46. 现货市场为电网调度运行提供市场化手段，资源优化配置、供需平衡、新能源消纳等通过现货市场在日前、日内和实时调度解决。（　　）

答案：对

❓ 47. 基于边际价格定价是目前国内外市场主要采用的方式。（　　）

答案： 对

❓ 48. 在任何情况下，节点电价都不会高于最高报价或低于最低报价。（　　）

答案： 错

❓ 49. 电力现货市场以竞价出清的组织方式促进了电量交易的充分竞争，实现了电力资源的高效、优化配置。（　　）

答案： 对

❓ 50. 北欧电力交易所是欧洲电网系统运营商。（　　）

答案： 错

❓ 51. 输电能力的有效管理是所有市场运作的一个关键成功因素。（　　）

答案： 对

❓ 52. 北欧电力市场平衡责任体通过不同的市场模块来实现自我平衡组合调整。（　　）

答案： 对

❓ 53. 一个统一的欧盟电网监管机构（NGA）负责监管北欧电力市场。（　　）

答案： 错

❓ 54. 需求是指有购买能力的需要。（　　）

答案： 对

❓ 55. 供给曲线和需求曲线的交点对应的是均衡价格，或者叫市场出清价格。（　　）

答案： 对

❓ 56. 市场机制是指在一个自由市场里能使价格的变化一致达到出清（即供给量与需求量相等）的趋势。（　　）

答案： 对

❓ 57. 消费者剩余相当于实际价格高于生产意愿的收益。（　　）

答案： 错

❓ 58. 当市场均衡时，购售单价一致，供需数量平衡，社会福利最小。（　　）

答案： 错

❓ 59. 沉没成本指已经支付且无法收回的成本。（　　）

答案： 对

❓ 60. 随着大规模新能源电力接入电网，电力系统需要在随机波动的负荷需求与随机波动的电源之间实现能量的供需平衡。（　　）

答案：对

❓ 61. 在新能源、需求侧快速发展的新型电力系统中仍然采用传统经济调度理论和分时竞价模式。（　　）

答案：错

❓ 62. 合同路径法属于边际成本定价方法。（　　）

答案：错

❓ 63. 如果没有灵活有效的电力市场供求调节机制，电力交易双方就难以实现有效的市场均衡，所以说供求机制是外因，市场均衡是本质。（　　）

答案：错

❓ 64. 实际的 Power Pool 往往不是一个完全竞争市场，而是更接近于寡头垄断市场，少数几个规模较大的发电厂商可能拥有较强的市场力，因此，发电厂商可以不按边际成本报价，而是采用一定的竞价策略，从而获得更高的利润。（　　）

答案：对

❓ 65. 输电成本包括电网资产、电网扩建费用和阻塞成本。（　　）

答案：错

❓ 66. 旋转备用容量即热备用容量，是运转中所有发电机组的最大出力大于系统当时发电负荷的余额部分。（　　）

答案：对

❓ 67. 停电损失是指故障停电或计划停电给发电企业造成的全部经济损失。（　　）

答案：错

❓ 68. 在电力市场环境下，获得最大的经济利益是各个公司所追求的目标。因此，在电力市场环境中，电力系统的安全性就降低了。（　　）

答案：错

❓ 69. 在新英格兰电力市场的运行备用市场中，在 10min 旋转备用投标不成功的机组，不可以再参加 10min 非旋转备用市场的投标。（　　）

答案：错

❓ 70. 运营信息指发电企业、售电公司定期向市场公开的企业财务状况和市场履约情况。（　　）

答案：错

❓ 71. 英国在开启电力市场化进程后，前期超过 80% 的电能交易都是通过远期差价合同来进行的。（　　）

答案： 对

❓ 72. 经济学中讨论的成本一般都为经济成本或机会成本。（   ）
答案： 对

❓ 73. 在理想的市场中，当产品的价格按照边际成本确定时，社会可以实现最优，即可以实现社会福利最大化。（   ）
答案： 对

❓ 74. 对一台发电机组而言，在大部分的出力范围内，发电成本会随着出力的增加而下降，在出力达到额定容量附近时，成本开始上升，达到额定容量后急剧增加，甚至可能垂直上升。（   ）
答案： 对

❓ 75. 在长期平均成本曲线下降的阶段，行业是规模经济的，意味着规模越大，平均成本越低；而在长期平均成本上升的阶段，行业是规模不经济的，意味着规模越大，平均成本越高。（   ）
答案： 对

❓ 76. 在完全竞争的情况下，边际收益等于价格，也等于边际成本。（   ）
答案： 对

❓ 77. 分布式电源在国内是指不直接与高压输电系统相连的接入 35kV 及以下电压等级的电源。（   ）
答案： 对

❓ 78. 在国内，分布式光伏发电上网模式主要有自发自用、余电上网与全额上网三种模式。（   ）
答案： 对

❓ 79.《国家发展改革委 国家能源局关于积极推进风电、光伏发电无补贴平价上网有关工作的通知》（发改能源〔2019〕19 号）中，对纳入国家有关试点示范中的分布式市场化交易试点项目，交易电量仅执行风电、光伏发电项目接网及消纳所涉及电压等级的配电网输配电价，免交未涉及的上一电压等级的输电费。（   ）
答案： 对

❓ 80. 分布式发电包含以各个电压等级接入电网的风能、太阳能等新能源发电。（   ）
答案： 错

❓ 81. 作为负荷聚合商，主要通过统一调度参与需求侧响应，从而显著缩小峰谷差。（   ）

答案：错

② 82. 兆瓦-公里法输电成本分摊既要考虑输送功率大小又要考虑输送距离。（   ）

答案：对

② 83. 电力用户拥有储能，或者电力用户参加特定时段的需求侧响应，由此产生的偏差电量，由电网公司承担。（   ）

答案：错

② 84. 鼓励以配建形势存在的新型储能项目，通过技术改造满足同等技术条件和安全标准时，可选择转为独立储能。（   ）

答案：对

② 85. 鼓励涉及风光水火储多能互补一体化项目的储能，通过技术改造满足同等技术条件和安全标准时，可选择转为独立储能。（   ）

答案：错

② 86. 电力实物市场包含电力生产、传输等环节相关的自然资源、基础设施、市场制度和市场参与者，同时也包含实体商品的交易、交割及结算等。（   ）

答案：对

② 87. 推动电力来源清洁化和终端能源消费电气化，适应新能源电力发展需要，制定新型电力系统发展战略和总体规划，鼓励各类企业等主体积极参与新型电力系统建设。（   ）

答案：对

② 88. 建设全国统一电力市场是构建新型电力系统和实现"双碳"目标的重要抓手。（   ）

答案：对

② 89. 在电力现货市场中，现货价格可以反映电力供需情况。影响现货市场价格的因素有很多，输配电价发生变化不会影响现货市场价格。（   ）

答案：对

② 90. 在电力中长期交易过程中，双边交易的成交价格由政府定价决定。（   ）

答案：错

② 91. 旋转备用不属于辅助服务。（   ）

答案：错

② 92. 市场集中度是用于判断整个市场中市场力水平的指标，一般通过 HHI 指数或者 Top-m 份额反映。（   ）

答案：对

❓ 93. 在国内，一般来说市场交易平台的建设、运营和管理，市场交易组织，提供结算依据和服务都属于电力交易机构的市场功能。（　　）

答案： 对

❓ 94. 生物质能的原始能量来源于太阳，所以从广义上讲，生物质能是太阳能的一种表现形式。（　　）

答案： 对

❓ 95. 市场上有许多买者与卖者、用于销售的物品大多是相同的、企业可以自由进入或退出市场都是完全竞争市场的特征。（　　）

答案： 对

❓ 96. Top-4 指标小于 80%，表明市场竞争较为充分。（　　）

答案： 错

❓ 97. 电力市场理论主要属于宏观经济学。（　　）

答案： 错

❓ 98. 在电力市场批发竞争模式下，售电企业会面临电能批发价格突增的风险。（　　）

答案： 对

❓ 99. 电力零售市场在国内一般指零售用户自主选择售电公司进行购电的电力市场。（　　）

答案： 对

❓ 100. 在国内，电力批发用户指根据相关文件规定独立参与市场交易的用电企业。（　　）

答案： 对

❓ 101. 市场力是指市场主体操纵市场价格，使之偏离市场充分竞争情况下所应达到的价格水平的能力。（　　）

答案： 对

❓ 102. 在现货市场申报前，各发电企业的中长期日结算电量须分解为交割日的分时电量结算曲线。（　　）

答案： 对

❓ 103. 在电力批发市场中，买卖方可以对合同进行二次销售。（　　）

答案： 对

❓ 104. 电力大用户直接参与批发市场交易，或在零售市场向售电公司购电，且在同一时

期可以多种方式购电。（   ）

答案： 错

❓ 105. 在实时市场出清结束至实际运行期间内，电力调度机构可根据电网实际运行情况对机组的实时中标出力进行调整，以满足系统电力平衡和电网安全。（   ）

答案： 对

❓ 106. 电力需求侧管理的手段主要包括经济手段、技术手段、行政手段、引导手段等。（   ）

答案： 对

❓ 107. 市场主体接受电力监管机构、政府部门、电网公司的监督。（   ）

答案： 错

❓ 108. 根据《关于电力交易机构组建和规范运行的实施意见》，电力市场管理委员会由电网企业、发电企业、售电企业、监管机构等派委员组成。（   ）

答案： 错

✔️ 109. 市场交易价格可以通过双方自主协商、挂牌交易、市场集中竞价、政府定价方式确定。（   ）

答案： 错

❓ 110. 根据《关于印发〈北京电力交易中心跨区跨省电力中长期交易实施细则（修订稿）〉的通知》（京电交市〔2022〕26 号），北京电力交易中心应建立市场注册管理工作制度，由市场管理委员会审议通过后，向国家发展改革委、国家能源局报备后执行。（   ）

答案： 对

❓ 111. 分布式电源并网电压等级可根据装机容量进行初步选择，最终并网电压等级应根据电网条件，通过技术经济比选论证确定。若高低两级电压均具备接入条件，优先采用高电压等级接入。（   ）

答案： 错

❓ 112. 批发电力市场可以按电力交易标的分类，一般包括实物电能量市场、电力金融（衍生品）市场、发电容量市场、输电权市场、辅助服务市场等。（   ）

答案： 对

❓ 113. 电力市场与普通商品市场相比具有显著的特殊性，归根到底就在于电力商品与其他一般商品的差异性。电能与其他商品最本质差异在于其自然属性和社会属性。（   ）

答案： 对

❓ 114. 我国现阶段电力现货市场的作用和意义仅有发现价格、激励响应。（   ）

答案：错

❓ 115. 新型电力系统是传统电力系统的跨越升级，从供给侧看，新能源将逐步成为装机和电量主体。（　　）
答案：对

❓ 116. 对于未来电力供应短缺的地方可以探索建立容量市场，对于燃煤机组利用小时严重偏低的省份，可以建立容量补偿机制。（　　）
答案：对

❓ 117. 微网包括微能源网和微电网，是能源互联网的基本单元。（　　）
答案：对

❓ 118. 欧洲日前市场采用的定价机制是节点边际电价。（　　）
答案：错

❓ 119. HHI 指数是衡量市场集中度的一种指标，一般情况下，HHI 指数大于 1000 时，说明市场集中度较高。（　　）
答案：错

❓ 120. 电力市场体系建设的出发点是清洁高效。（　　）
答案：对

❓ 121. 电力市场建设和运行过程中，要充分发挥和加强政府机构的市场监管作用。（　　）
答案：对

❓ 122. 根据《电力需求侧管理办法（2023 年版）》（发改运行规〔2023〕1283 号），鼓励通过市场化手段，遴选具备条件的需求响应主体提供系统应急备用服务，签署中长期合约并明确根据电网运行需要优先调用。（　　）
答案：对

❓ 123. 根据《电力需求侧管理办法（2023 年版）》（发改运行规〔2023〕1283 号），省级电力负荷管理中心受电力运行主管部门委托组织开展需求响应交易与执行，电力交易机构和电力调度机构按职责分工协同开展相关工作。（　　）
答案：对

❓ 124. 根据《电力需求侧管理办法（2023 年版）》（发改运行规〔2023〕1283 号），支持取得突破的低碳零碳负碳关键技术开展产业化示范应用，推动绿电与终端冷热水气等集成耦合利用，宣传推广典型案例，推动全社会生产生活用电方式绿色转型。（　　）
答案：对

❓ 125. 根据《电力需求侧管理办法（2023 年版）》（发改运行规〔2023〕1283 号），鼓励社会资本积极参与电能替代项目投资、建设和运营，探索多方共赢的市场化项目运作模式。（　　）

答案：对

❓ 126. 根据《电力需求侧管理办法（2023 年版）》（发改运行规〔2023〕1283 号），严格保障居民、农业、重要公用事业和公益性服务等用电，优先保障年度用电量规模排名靠前的企业用电。（　　）

答案：错

❓ 127. 根据《电力需求侧管理办法（2023 年版）》（发改运行规〔2023〕1283 号），地方可按规定结合实际安排资金支持电力需求侧管理有关工作。鼓励将电力需求侧管理纳入绿色金融、碳金融等的支持范畴。（　　）

答案：对

❓ 128. 根据《电力负荷管理办法（2023 年版）》（发改运行规〔2023〕1261 号），有序用电一经启动，电网企业根据电力供需状况制订每周有序用电执行计划，报备电力运行主管部门，并通知用户执行，直至电力运行主管部门发布有序用电终止执行信息。（　　）

答案：错

四、计算题

🕐 1. 已知某一时期内某商品的需求函数为 $Q_x^d = 10 - P$，供给函数为 $Q_x^s = -2 + P$。

（1）求均衡价格和均衡产量。

（2）假定供给函数不变（$Q_x^s = -2 + P$），由于收入水平提高，需求函数变为 $Q_x^d = 12 - P$，求出相应的均衡价格和均衡产量。

（3）假定需求函数不变（$Q_x^d = 10 - P$），由于生产技术水平提高，使供给函数变为 $Q_x^d = -1 + P$，求出相应的均衡价格和均衡产量。

答案：（1）由 $10 - P = -2 + P$ 得 $P = 6$，$Q = 4$，则均衡价格为 6 元，均衡产量为 4。

（2）由 $12 - P = -2 + P$ 得 $P = 7$，$Q = 5$，则均衡价格为 7 元，均衡产量为 5。

（3）由 $-1 + P = 10 - P$ 得 $P = 5.5$，$Q = 4.5$，则均衡价格为 5.5 元，均衡产量为 4.5。

🕐 2. 假定一群消费者对某类装饰品的反需求函数如图 1-1 所示：$P = -10Q + 2000$ 元，其中 Q 代表消费者需求，P 是该产品的单价。

（1）求当价格 $P = 1000$ 元/单位产量时，计算消费量、总消费者剩余、生产者的收入以及净消费者剩余。

（2）当价格 $P = 1000$ 元/单位产量时，消费者群体对该产品的需求价格弹性是多少？

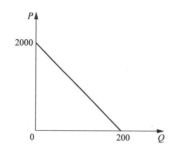

图 1-1　消费者对某类装饰品的反需求函数

答案：（1）消费量：由 $P = -10Q + 2000 = 1000$ 得 $Q = 100$。

总消费者剩余为 $100 \times (2000 - 1000)/2 + 100 \times 1000 = 150000$ 元。

净消费者剩余为 $100 \times (2000 - 1000)/2 = 50000$ 元。

生产者收入为 $100 \times 1000 = 100000$ 元。

图形解析如图 1-2 所示。

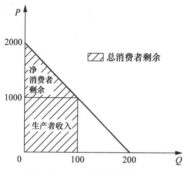

图 1-2　图形解析

（2）需求价格弹性等于需求相对变化与价格相对变化之间的比率，即

$$E = -\frac{\mathrm{d}Q/Q}{\mathrm{d}P/P} = -\frac{P\mathrm{d}Q}{Q\mathrm{d}P}$$

于是

$$E = -\frac{P\mathrm{d}Q}{Q\mathrm{d}P} = -P/[(2000-P)/10] \times \mathrm{d}[(2000-P)/10]/\mathrm{d}P = P/(2000-P)$$

所以当 $P = 1000$ 时，$E = 1000/(2000-1000) = 1$。

3. 针对某一给定时段，集中电能市场运营商接收到的发电报价见表 1-1。

表 1-1　　　　　　　　各公司发电报价

公司	数量（MWh）	价格（元/MWh）
甲	100	12.5
	100	14.0
	50	18.0

续表

公司	数量（MWh）	价格（元/MWh）
丙	200	10.5
	200	13.0
	100	15.0
乙	50	13.5
	50	14.5
	50	15.5

（1）假设这是一个单边市场，也就是负荷不进行报价，直接用负荷预测值代替。针对875MWh的负荷预测值，计算对应的市场价格，以及各公司的生产数量及其各自的收入情况。

（2）假设负荷需求可以用反需求函数来表示，具体数学表达形式：$D = L - 4.0P$。其中 D 是负荷需求，L 是负荷预测值，P 是市场价格。计算这一需求价格灵敏度关系对（1）中市场价格的影响。

答案：（1）对单边发电侧报价依次由低到高排序，满足 875MWh 负荷需求时，市场价格为 18 元/MWh。具体成交情况见表 1-2。

表 1-2　　　　　　成　交　情　况

负荷预测（MWh）	价格（元/MWh）	甲生产量（MWh）	甲的收入（元）	乙生产量（MWh）	乙的收入（元）	丙生产量（MWh）	丙的收入（元）
875	18	225	4050	150	2700	500	9000

（2）若 $D = L - 4.0P$，$L = 875$ 时，$D = 875 - 4.0P$。依次对（1）中发电报价从低到高计算负荷需求，当 $P = 15.5$ 时，$D = 875 - 4 \times 15.5 = 813 < 850$，即市场价格 15.5 元/MWh 是负荷侧可接受的最高发电报价。

🔹 4. 为了促使用户将需求从高峰时段转移到低谷时段，垂直一体化公用事业经常会采用峰谷电价办法。表 1-3 列出了电力与照明公司就峰谷电价体制所做实验得到的数据。根据实验 1、2 的结果，估计基准情况下高峰时段、低谷时段电能的需求弹性并解释其经济意义。

表 1-3　　　　　　实　验　数　据

项目	高峰价格 P_1（元/kWh）	低谷价格 P_2（元/kWh）	平均高峰需求 Q_1（kWh）	平均低谷需求 Q_2（kWh）
基准情况	0.08	0.06	1000	500
实验 1	0.08	0.05	992	505
实验 2	0.09	0.06	988	510

答案：（1）高峰时段电能的需求弹性

$$E = -\frac{\mathrm{d}Q/Q}{\mathrm{d}P/P} = -\frac{(988-1000)/1000}{(0.09-0.08)/0.08} = 0.096$$

说明用电高峰时，电价每提高 1%，即提高 0.08 × 1% = 0.0008 元，用电需求将下降 0.096%，即下降 1000×0.096% = 0.96kWh。

（2）低谷时段电能的需求弹性

$$E = -\frac{\mathrm{d}Q/Q}{\mathrm{d}P/P} = -\frac{(505-500)/500}{(0.05-0.06)/0.06} = 0.06$$

说明用电低谷时，电价每提高 1%，即提高 0.06×1% = 0.0006 元，用电需求将下降 0.06%，即下降 500×0.06% = 0.3kWh。

🕐 5. 假设在一典型的三节点系统中，节点 1 是装机 600MW、报价为 320 元/MWh 的机组 1，节点 2 是装机 350MW、报价为 380 元/MWh 的机组 2，节点 3 是 450MW 的负荷，三个节点之间阻抗相等。若 1、3 节点间线路传输极限为 200MW，其他线路无限制，那么节点 3 的电价为多少？各机组出力分别为多少？

答案： 设机组 1 新增出力为 X，机组 2 新增出力为 Y，则 2/3X +1/3Y = 0；$X+Y$ =1；得出 X = -1，Y = 2。所以节点 3 电价为 $-320+2×380$ = 440 元/MWh。

设机组 1 出力 a，机组 2 出力 b，则 2/3a +1/3b = 200；$a+b$ = 450；得出 a =150，b =300。所以机组 1 出力为 1500MW，机组 2 出力为 300MW。

🕐 6. 一条 110kV 架空线路长 100km，导线型号为 LGJ-150，水平排列，导线间距为 4m。线路每千米参数为：$R_0 = 0.21\Omega/\mathrm{km}$，$X_0 = 0.416\Omega/\mathrm{km}$，$B_0 = 2.74×10^{-6}\mathrm{S/km}$。

（1）计算线路全长参数，画出等值电路图。

（2）线路产生的容性无功功率是多少（小数点后保留 1 位）？

答案：（1）计算线路全长参数

$$R = 0.21×100 = 21\Omega$$

$$X = 0.416×100 = 41.6\Omega$$

$$B = 2.74×10^{-6}×100 = 2.74×10^{-4}\mathrm{S}$$

画出电力线路的等值电路，如图 1-3 所示。

图 1-3　电力线路的等值电路图

（2）线路产生的容性无功功率

$$Q_\mathrm{C} = U^2 B = 110^2 × 2.74×10^{-4} = 3.3\mathrm{Mvar}$$

🕐 7. 电力网络接线如图 1-4 所示，计算网络参数并画出网络等值电路（选取变压器的高压侧为电压基本级，小数点后保留 3 位）。其中 $R_0 = 0.078\Omega/\mathrm{km}$，$X_0 = 0.396\Omega/\mathrm{km}$，$B_0 =$

2.91×10^{-6} S/km。变压器的型号 SFPL-31.5MVA，$P_k = 286$kW，$U_k\% = 14.2$，$P_0 = 83.7$kW，$I_0\% = 2$。

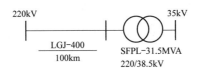

图 1-4　电力网络接线图

答案：（1）计算线路参数（220kV 电压等级）

$$R_L = 0.078 \times 100 = 7.8\Omega$$

$$X_L = 0.396 \times 100 = 39.6\Omega$$

$$R_T = \frac{P_k U_{N1}^2}{1000 S_N^2} = \frac{286 \times 220^2}{1000 \times 31.5^2} = 13.951\Omega$$

$$B_L = 2.91 \times 10^{-6} \times 100 = 2.91 \times 10^{-4} S$$

$$\frac{1}{2}B_L = 1.455 \times 10^{-4} S$$

（2）计算变压器归算到高压侧的参数（U_N 取变压器高压侧额定电压）

$$X_T = \frac{U_K\% U_{N1}^2}{100 S_N} = \frac{14.2 \times 220^2}{100 \times 31.5} = 218.184\Omega$$

$$G_T = \frac{P_0}{1000 U_{N1}^2} = \frac{83.7}{1000 \times 220^2} = 1.729 \times 10^{-6} S$$

$$B_T = \frac{I_0\% S_N}{100 U_{N1}^2} = \frac{2 \times 31.5}{100 \times 220^2} = 13.017 \times 10^{-6} S$$

（3）画出电力网络的等值电路，如图 1-5 所示。

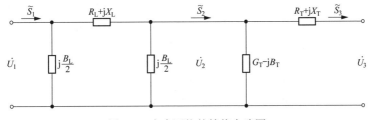

图 1-5　电力网络的等值电路图

⊕ 8. 有一小型的双母线系统，两母线间存在三根输电线。假设该电力系统的运行必须遵守 N-1 安全标准，并且仅受输电线路热极限的约束,请根据上述条件回答以下问题：

（1）只有两条额定热容量为 300MW 的线路投运，两母线间的最大电力传输能力是多少？

（2）所有三条输电线路均投运，有两条线路的额定热容量恒定为 300MW，第三条线路的额定热容量为 200MW，两母线间的最大电力传输能力是多少？

（3）所有三条输电线路均投运，每条线路的额定热容量始终等于 300MW。然而在事故条件下，它们可承受 10%的过负荷，并维持 20min。位于下游母线上的发电机组能够以 2MW/min 的速度增加出力，两母线间的最大电力传输能力是多少？

答案：（1）只有两条额定热容量为 300MW 的线路，最大电力传输 =（2−1）×300 = 300MW。

（2）有两条线路为热容量 300MW、第三条为 200MW，这三条线路容量分别编号为 A、B、C。

根据题意，只有三种组合：B 和 C、A 和 C、A 和 B。

如果 A 停运剩余，300 + 200 = 500MW；

如果 B 停运剩余，300 + 200 = 500MW；

如果 C 停运剩余，300 + 300 = 600MW；

取三组最小，最大电力传输能力为 500MW。

（3）如果有一台机组发生故障，在后来的 20min 之内可承受 10%的过负荷，两台机组的过负荷能力 = 300 ×10% × 2 = 60MW。

同时下游母线以2MW/min速度增加出力，在这 20min 内增加的总出力为2×20 = 40MW，在过负荷能力范围内。

一共为 600 + 40 = 640MW。

因此，在事故条件下，两母线间的最大电力传输能力为 640MW。

五、简答题

1. 简述电力市场的含义以及基本特征。

答案：（1）电力市场的含义：电力市场包括广义和狭义两种定义，广义的电力市场是电力生产、传输、使用和销售关系的总和。狭义的电力市场是指竞争性的电力市场，即电能生产者和使用者通过协商、竞价等方式就电能及其相关产品进行交易，通过市场竞争确定价格和数量的机制。

（2）电力市场的基本特征：开放性、竞争性、网络性、协调性是电力市场的基本特征。与普通的商品市场相比，电力市场具有网络性和协调性。

2. 电能与其他商品的差异性主要体现在哪些方面？

答案：（1）电能无法大规模储存，电力生产与消费是实时平衡的。

（2）电力负荷随时间是不断变化的。

（3）电力负荷的价格弹性很小，即随时间变化的用电成本无法传导到用户。

（4）电能必须通过输配电网络输送到电力用户。

3. 什么是边际成本？边际成本定价的特点是什么？

答案：边际成本是指生产者每增加或减少一个单位产品而使总成本变动的数值。其特点是具有良好的经济信号，对变动成本的回收效果较好；但无法回收固定成本，常出现收支不平衡。

4. 怎样理解经济学中的机会成本？

答案： 机会成本是指：① 把某资源投入某一特定用途以后，所放弃的在其他用途中所能得到的最大利益。② 在稀缺性的世界中选择一种东西意味着要放弃其他东西。③ 一项选择的机会成本也就是所放弃的物品或劳务的价值。

5. 简述北欧电力市场对建设统一中国电力市场的启示。

答案：（1）统一电力市场需要顶层设计。

（2）总体采用两级电力市场框架，一级是全国市场，二级是省级市场。

（3）国家级层面合作和省级控制相结合。

（4）依靠电网规约协调市场和电网运行。在确保电网安全的基础上，欧盟制定了一系列支撑统一电力市场建设的导则和规约，为跨国交易奠定安全基础。

（5）统一的全国电力市场可根据电价区域的利益顺序和国家可用输电量，确保电力从低价格区域流向高价格区域。

6. 什么叫试运行电量？其结算价格有什么规定？

答案： 试运行电量是指新投产机组在试运行期间的上网电量，试运行电量的价格由购销双方商定，原则上只弥补发电单位变动成本，其调试运行期上网电价按照当地燃煤发电机组脱硫标杆上网电价的一定比例执行。其中水电按 50% 执行，火电、核电按 80% 执行。

7.《电力系统安全稳定导则》中电力系统承受大扰动能力的安全稳定标准分哪几级？

答案： 电力系统承受大扰动能力的安全稳定标准可分为三级。第一级标准：保持稳定运行和电网的正常供电。第二级标准：保持稳定运行，但允许损失部分负荷。第三级标准：当系统不能保持稳定运行时，必须防止系统崩溃并尽量减少负荷损失。

8. 事故处理的任务是什么？

答案： 事故处理的任务：尽速限制事故发展，消除事故根源，解除对人身和设备安全的威胁，用一切可能的办法保持对用户的正常供电；尽速恢复已停电用户的供电，尤其是发电厂和重要变电站的自用电和重要用户的保安用电；调整系统运行方式，使其尽快恢复正常。

9. 什么是电网运行的三道防线？

答案： 第一道防线：快速可靠的继电保护、有效的预防性控制措施，确保电网在发生常见的单一故障时保持电网稳定运行和电网的正常供电。

第二道防线：采用稳定控制装置及切机、切负荷等紧急控制措施，确保电网在发生概率较低的严重故障时能继续保持稳定运行。

第三道防线：设置失步解列、频率及电压紧急控制装置，当电网遇到概率很低的多重严重事故而稳定破坏时，依靠这些装置防止事故扩大，防止大面积停电。

10. 大电流接地系统中，只要出现不对称故障，就有零序分量出现。请判断该说法是否正确，为什么？

答案：错误。两相短路（不接地）不会出现零序分量。据边界条件，$I_a = 0$，$I_b = -I_c$，$U_b = U_c$，转化为对称分量，则 $I_a = I_{a1} + I_{a2} + I_{a0}$，$I_{a0} = 1/3（I_a+I_b+I_c）= 0$。

11. 什么是受端系统？受端系统在电网中的作用是什么？如何加强受端系统安全稳定水平？

答案：（1）受端系统是指以负荷集中地区为中心，包括区内和邻近电厂在内，在较密集的电力网络将负荷和这些电源连接在一起的电力系统。

（2）受端系统是整个电力系统的重要组成部分，应作为实现合理电网结构的一个关键环节予以加强，从根本上提高整个电力系统的安全稳定水平。

（3）加强受端系统安全稳定水平的要点如下：

1）加强受端系统内部最高一级电压的网络联系。

2）为加强受端系统的电压支持和运行的灵活性，在受端系统应接有足够容量的电厂。

3）受端系统要有足够的无功补偿容量。

4）枢纽变电站的规模要同受端系统的规模相适应。

5）受端系统发电厂运行方式改变，不应影响正常受电能力。

12. 什么是静态安全分析？

答案： 电力系统静态安全分析指应用 N-1 原则，逐个无故障断开线路、变压器等元件，检查其他元件是否因此过负荷和电网低电压，用以检验电网结构强度和运行方式是否满足安全运行要求。

13. 什么是电力系统暂态稳定？

答案： 电力系统暂态稳定是指在电力系统受到大干扰后，各同步电机保持同步运行并过渡到新的或恢复到原来稳态运行方式的能力。通常指保持第一或第二个振荡周期不失步。

14. 根据电网调度规程规定，当无功缺乏时，提高电压应在高峰负荷到来前完成，为什么？

答案： 这样可以防止高峰负荷时电压的过分下降。如系统电压已经下降后再采取调压措施，电压往往调不上去或效果不好。一是此时发电机的定子电流可能已经过负荷，运行人员调整发电机励磁电流比较困难；二是线路充电无功及电容器无功与电压平方成正比，先提高电压可使无功增加。

15. 什么是电磁环网？有何弊病？电磁环网开环有何好处？

答案： 电磁环网是指不同电压等级运行的电力网，通过变压器电磁回路的连接而构成的环网。

电磁环网的弊病：① 易造成系统热稳定破坏；② 易造成系统动稳定破坏；③ 不利于超高压电网的经济运行；④ 需装设高压线路因故障停运后的连锁切机、切负荷等安全自动装置，但安全自动装置的拒动和误动将影响电网的安全运行。

电磁环网开环的好处：① 提高输送能力和电网安全稳定水平；② 限制短路容量；③ 简化继电保护和安全自动装置；④ 提高经济性。

16. 限制短路电流有哪些措施？

答案： 限制短路电流的措施：① 电网分层分区运行；② 合理规划电源接入系统方式；③ 使用直流联网；④ 优化电网开机方式；⑤ 拉停开关、线路；⑥ 变电站采用母线分列运行；⑦ 采用高阻抗变压器；⑧ 装设限流电抗器或专门的限流装置。

17. 完全竞争市场有哪些特征？

答案：（1）市场内有众多的买方和卖方。

（2）市场内每一个厂商生产的商品是无差异的。

（3）所有的经济资源可以在各市场主体间自由流动。

（4）市场内从事交易活动的参与者可以平等、完整地掌握市场信息。

18. 简要阐述火力发电厂的工作原理。

答案： 火力发电是利用燃烧燃料（煤、石油及其制品、天然气等）所得到的热能发电。火力发电的发电机组有两种主要形式：利用锅炉产生高温高压蒸汽冲动汽轮机旋转带动发电机发电，称为汽轮发电机组；燃料进入燃气轮机将热能直接转换为机械能驱动发电机发电，称为燃气轮机发电机组。火力发电厂通常是指以汽轮发电机组为主的发电厂。

19. 简要阐述水力发电厂的工作原理，以及水力发电厂按水库调节性能如何进行分类？

答案： 水力发电是将高处的河水（或湖水、江水）通过导流引到下游形成落差推动水轮机旋转带动发电机发电。以水轮发电机组发电的发电厂称为水力发电厂。

水力发电厂按水库调节性能分为：① 径流式水电厂——无水库，基本上来多少水发多少电的水电厂；② 日调节式水电厂——水库很小，水库的调节周期为一昼夜，将一昼夜天然径流通过水库调节发电的水电厂；③ 年调节式水电厂——对一年内各月的天然径流进行优化分配、调节，将丰水期多余的水量存入水库，保证枯水期放水发电的水电厂；④ 多年调节式水电厂——将不均匀的多年天然来水量进行优化分配、调节，多年调节的水库容量较大，将丰水年的多余水量存入水库，补充枯水年份的水量不足，以保证电厂的可调出力。

20. 按照电力市场中参与者之间的竞争模式，可如何划分电力市场？

答案： 按照电力市场中参与者之间的竞争模式，可将电力市场划分为单边市场和双边市场。单边市场指进行单向交易模式（通称强制电力库，如英国的 Pool 模式）的电力市场，其主要特点为单边交易、强制进场。双边市场指采用双边交易与平衡机制的市场，其主要特点为交易自由、责任自负，市场主体具有自由选择交易对象、交易场所、交易方式的权利。

21. 简述"电-碳"市场的相互关系。

答案：（1）两个市场相对独立。

（2）有共同的市场主体。

（3）主要通过价格相连。

（4）共同促进可再生能源发展。

● 22. 影响新能源消纳的因素主要体现在哪些方面？

答案：（1）新能源电力波动性强与系统调节能力不足的矛盾突出。

（2）网源发展的协调性不够导致新能源大范围消纳受限。

（3）新能源自身存在技术约束。

● 23. 在发电侧，储能的应用模式主要包括哪几种？

答案：在发电侧，储能的应用模式主要包括两种：① 与火电联合运行，比如广东、山西等地的火储联合调频服务；② 与可再生能源联合运行，通过配备储能装置消纳新能源。

● 24.《电力需求侧管理办法（2023 年版）》（发改运行规〔2023〕1261 号）中如何定义需求响应？

答案：需求响应是指应对短时的电力供需紧张、可再生能源电力消纳困难等情况，通过经济激励为主的措施，引导电力用户根据电力系统运行的需求自愿调整用电行为，实现削峰填谷，提高电力系统灵活性，保障电力系统安全稳定运行，促进可再生能源电力消纳。

● 25.《电力需求侧管理办法（2023 年版）》（发改运行规〔2023〕1261 号）中如何定义有序用电？

答案：有序用电是指在可预知电力供应不足等情况下，依靠提升发电出力、市场组织、需求响应、应急调度等各类措施后，仍无法满足电力电量供需平衡时，通过行政措施和技术方法，依法依规控制部分用电负荷，维护供用电秩序平稳的管理工作。

● 26.《电力负荷管理办法（2023 年版）》（发改运行规〔2023〕1261 号）中如何定义电力负荷管理？

答案：电力负荷管理是指为保障电网安全稳定运行、维护供用电秩序平稳、促进可再生能源消纳、提升用能效率，综合采用经济、行政、技术等手段，对电力负荷进行调节、控制和运行优化的管理工作，包含需求响应、有序用电等措施。

● 27. 生物质能发电是可再生能源发电的一种，请简要列举生物质能的主要来源。

答案：生物质能的主要来源：① 农林生物质能资源；② 林业生物质能资源；③ 畜禽粪便；④ 城市固体废弃物；⑤ 生活污水、工业有机废水和农产品加工业有机废水等。

六、论述题

● 1. 在基于节点边际电价模式的美国式电力市场中，若发电报价上限为 800 元/MWh，为什么某些节点的出清电价会超过这个限价？

答案：因为节点电价定义是在该节点增加 1MW 用电负荷给整个系统带来的成本增加量。举例来说，为了满足某节点增加 1MW 用电，由于网络阻塞需要增加 A 电厂出力 10MW，减少 B 电厂出力 9MW。假设 A 电厂报价为 500 元/MWh，B 电厂报价为 400 元/MWh，那么系统增加的成本为 500×10－400×9 =1400 元/MWh，这就是该节点的节点电价。可见，尽管 A 电厂和 B 电厂报价均未超过限价，但是节点电价却超出了限价。

2. 论述电力经济调度的含义，以及电力现货交易和经济调度之间的异同点。

答案： 电力系统经济调度是指在满足安全和电能质量的前提下尽可能提高运行的经济性，即以特定优化目标（经济、环保等，典型的是最低的发电成本或燃料费用）合理利用既有能源和设备，优化电力系统运行方式，保证对用户的可靠供电。

电力现货交易与经济调度的相同点：电力现货交易是通过市场方式解决机组调度的问题，它和传统经济调度的目标具有一致性，均以实现资源的有效配置、电力系统安全经济运行为最终目标。

电力现货交易与经济调度的不同点主要表现在：①两者实现电力系统范围内资源的有效配置、电力系统安全经济运行为最终目标的手段不同，经济调度是自上而下地基于机组成本安排机组运行，电力现货交易是自下而上地基于参与者的市场竞价意愿引导参与者主动参加。②影响两者鲁棒性和稳定性的因素不同，例如经济调度难以体现发电主体本身实际意愿，而电力现货交易的有效负荷需求则受发用电主体市场博弈的影响，市场主体面临复杂市场行为的挑战。③两者产生的引导信息不同。经济调度仅作为一种调度方式存在，在一定程度上通过不同机组利用小时数的差异起到引导投资的作用，但缺乏分时价格信号，对用户侧缺乏引导作用；电力现货交易能够产生分时价格信号，有效引导源网荷互动，充分调动全网资源的潜力，实现更有广度和深度的资源优化配置，并为中长期电力交易、电力规划和投资决策等提供经济信号。④两者对管理和技术型人才的需求不同，相比于经济调度，电力现货交易管理难度更大，需要复合型人才支撑。

3. 列举 2000 年以来国外电力市场的主要电力市场危机及其主要原因。

答案：（1）2000 年美国加州电力市场危机，主要原因为市场机制不健全。

（2）2021 年德州电力市场危机，主要原因为极端天气。

（3）2022 年欧洲电力市场危机，主要原因为俄乌战争引发的煤炭供应短缺。

（4）2022 年澳洲电力市场危机，主要原因为极端天气叠加煤炭价格剧烈上涨。

4. 论述虚拟电厂和负荷聚合商之间的区别与联系。

答案： 需求侧响应政策是虚拟电厂、负荷聚合商的重要推动力。在新型电力系统建设和电力体制改革背景下，传统以行政手段（有序用电）为主的需求响应模式需向由市场推动的"主动响应"模式转变，促进全系统"源网荷储"友好互动。因此，虚拟电厂和负荷聚合商是新型电力系统建设发展的必然产物。但负荷聚合商侧重于用电；而虚拟电厂则是通过整合分布式电源、负荷、储能等资源既可实现"发电"功能，也可实现"用电"功能。

虚拟电厂将不同空间的可调节负荷、储能侧和电源侧等一种或多种资源聚合起来，实现自主协调优化控制，有利于提升电力系统实时平衡和安全保供，是一种跨空间的、广域的"源网荷储"集成商。

负荷聚合商通过整合有调节的负荷能力，打包聚合为规模化的响应资源，并将该类资源作为市场主体参与到电力市场交易中，在提高闲置负荷资源利用率的同时，为其他电力系统参与者带来利益。

📖 5. 论述用户侧配置储能的作用。

答案：（1）利用储能的"低储高发"性能降低整体用电成本。

（2）由于储能在用电高峰期可充当电源，安装储能后可以减小用户用电功率的最高值，进而降低容量费用。

（3）在发生停电故障期间，安装了储能的用户仍可利用储能进行电力供应，避免停电现象，提高供电可靠性。

（4）在短期故障情况下，储能可以保证电能质量，减少电压波动、频率波动、功率因数、谐波以及秒级到分钟级的负荷扰动等因素对电能质量的影响。

📖 6.《关于完善能源绿色低碳转型体制机制和政策措施的意见》（发改能源〔2022〕206号）是国家出台的第一个建设新型电力系统的指导性文件，其中对新能源开发有哪些方面指导意见？

答案：（1）以沙漠、戈壁、荒漠地区为重点，加快推进大型风电、光伏发电基地建设，对区域内现有煤电机组进行升级改造，探索建立送受两端协同为新能源电力输送提供调节的机制，支持新能源电力能建尽建、能并尽并、能发尽发。

（2）各地区应当统筹考虑本地区能源需求及可开发资源量等，按就近原则优先开发利用本地清洁低碳能源资源，根据需要积极引入区域外的清洁低碳能源，形成优先通过清洁低碳能源满足新增用能需求并逐渐替代存量化石能源的能源生产消费格局。鼓励各地区建设多能互补、就近平衡、以清洁低碳能源为主体的新能源系统。

（3）完善灵活性电源建设和运行机制，全面实施煤电机组灵活性改造、因地制宜建设天然气双调峰电源站、加快建设抽水蓄能电站、开展各种新型储能项目研究并逐步扩大其应用，完善各种调节性电源运行的价格补偿机制。

（4）在电力安全保供前提下，有序推动煤电向基础保障性和系统调节性电源并重转型，根据需要合理建设先进煤电机组，鼓励在合理供热半径内的存量凝汽式煤电机组实施热电联产改造，支持利用退役火电机组的既有厂址和相关设施建设新型储能设施或将机组改造为同步调相机。

（5）全面调查评价需求响应资源并建立分级分类清单，形成动态需求响应资源库，推动电力需求响应市场化建设，将需求侧可调节资源纳入电力电量平衡，发挥其削峰填谷、促进供需平衡和适应新能源电力运行的作用。

第二章　电力市场服务

一、不定项选择题

1. 根据《售电公司管理办法》（发改体改规〔2021〕1595 号），售电公司应拥有（　　）名及以上具有劳动关系的全职专业人员。

A. 5　　　　　　　　B. 6　　　　　　　　C. 8　　　　　　　　D. 10

答案： D

2. 根据《售电公司管理办法》（发改体改规〔2021〕1595 号），售电公司应至少拥有（　　）名高级职称和 3 名中级职称的专业管理人员。

A. 1　　　　　　　　B. 2　　　　　　　　C. 3　　　　　　　　D. 4

答案： A

3. 根据《售电公司管理办法》（发改体改规〔2021〕1595 号），原则上，保底电价不得低于实际现货市场均价的（　　）倍。

A. 1　　　　　　　　B. 1.2　　　　　　　C. 1.5　　　　　　　D. 2

答案： D

4. 根据《售电公司管理办法》（发改体改规〔2021〕1595 号），电力用户在同一合同周期内可与（　　）家售电公司确立零售服务关系。

A. 1　　　　　　　　B. 2　　　　　　　　C. 3　　　　　　　　D. 4

答案： A

5. 根据《售电公司管理办法》（发改体改规〔2021〕1595 号），电力交易机构收到售电公司提交的注册申请和注册材料后，在（　　）个工作日内完成材料完整性审查。

A. 5　　　　　　　　B. 6　　　　　　　　C. 7　　　　　　　　D. 10

答案： C

6. 根据《售电公司管理办法》（发改体改规〔2021〕1595 号），对于自愿退出的售电公司，电力交易机构将退出申请及相关材料通过电力交易平台、"信用中国"网站等政府指定网站向社会公示（　　）个工作日。

A. 5　　　　　　　　B. 6　　　　　　　　C. 7　　　　　　　　D. 10

答案： D

7. 根据《售电公司管理办法》（发改体改规〔2021〕1595 号），售电公司注册生效后，通过电力交易平台每年（　　　）月底前披露其资产、人员、经营场所、技术支持系统等持续满足注册条件的信息和证明材料。

A. 3 　　　　　　　　B. 4 　　　　　　　　C. 5 　　　　　　　　D. 6

答案：A

8. 根据《售电公司管理办法》（发改体改规〔2021〕1595 号），售电公司自愿退出，需公示（　　　）个工作日。

A. 5 　　　　　　　　B. 6 　　　　　　　　C. 8 　　　　　　　　D. 10

答案：D

9. 根据《售电公司管理办法》（发改体改规〔2021〕1595 号），售电公司强制退出市场，经公示无异议的，（　　　）通知电力交易机构对该售电公司实施强制退出。

A. 地方主管部门　　　　　　　　　　　　B. 能源监管机构

C. 北京电力交易中心　　　　　　　　　　D. 首注地交易中心

答案：A

10. 根据《售电公司管理办法》（发改体改规〔2021〕1595 号），售电公司资产总额为 2 千万元至 1 亿元（不含）人民币的，可以从事年售电量不超过（　　　）亿 kWh 的售电业务。

A. 10 　　　　　　　B. 20 　　　　　　　C. 30 　　　　　　　D. 40

答案：C

11. 根据《售电公司管理办法》（发改体改规〔2021〕1595 号），以下关于售电公司注册条件资产要求的描述正确的是（　　　）。

A. 资产总额不得低于 2 千万元人民币

B. 资产总额为 2 千万元至 1 亿元（不含）人民币的，可以从事年售电量不超过 30 亿 kWh 的售电业务

C. 资产总额为 1 亿元至 2 亿元（不含）人民币的，可以从事年售电量不超过 60 亿 kWh 的售电业务

D. 资产总额为 2 亿元人民币以上的，不限制其售电量

答案：ABCD

12. 根据《售电公司管理办法》（发改体改规〔2021〕1595 号），各电力交易机构按照"一地注册，信息共享"原则，统一售电公司注册（　　　）等，明确受理期限、接待日、公示日。

A. 服务流程　　　　B. 服务规范　　　　C. 要件清单　　　　D. 审验标准

答案：ABCD

13. 根据《售电公司管理办法》（发改体改规〔2021〕1595 号），售电公司注册信息变更分为（　　）。

A. 一般变更　　　　　B. 重大变更　　　　　C. 重要变更　　　　　D. 特大变更

答案：AB

14. 根据《售电公司管理办法》（发改体改规〔2021〕1595 号），售电公司资产证明包括（　　）。

A. 审计报告　　　　　　　　　　　　B. 验资报告（包括银行流水）

C. 资产评估报告　　　　　　　　　　D. 实收资本证明

答案：ABCD

15. 根据《售电公司管理办法》（发改体改规〔2021〕1595 号），（　　）属于售电公司重大信息变更。

A. 企业更名　　　　　　　　　　　　B. 法定代表人变更

C. 经营场所变更　　　　　　　　　　D. 配电网运营资质变化

答案：ABD

16. 根据《售电公司管理办法》（发改体改规〔2021〕1595 号），售电公司应履行的义务包括（　　）。

A. 承担保密义务，不得泄露用户信息　　B. 遵守电力市场交易规则

C. 帮助用户缴纳电费　　　　　　　　　D. 提供优质专业的售电服务

答案：ABD

17. 根据《售电公司管理办法》（发改体改规〔2021〕1595 号），售电公司享有的权利包括（　　）。

A. 通过电力市场购售电

B. 同一售电公司可在多个配电区域内售电

C. 可根据用户授权掌握历史用电信息

D. 可向用户提供包括但不限于合同能源管理、综合节能、合理用能咨询和用电设备运行维护等增值服务，并收取相应费用

答案：ABCD

18. 根据《售电公司管理办法》（发改体改规〔2021〕1595 号），售电公司符合强制退出条件的，经（　　）和（　　）调查确认后，启动强制退出程序。

A. 地方主管部门　　　　　　　　　　B. 能源监管机构

C. 北京电力交易中心　　　　　　　　D. 首注地交易中心

答案：AB

19. 根据《售电公司管理办法》（发改体改规〔2021〕1595 号），售电公司退出市场，可

以在（　　）等政府指定网站向社会公示。

A. 电力交易平台 B. 信用中国

C. 微信公众号 D. 网上国网

答案：AB

20. 根据《售电公司管理办法》（发改体改规〔2021〕1595 号），售电公司注册资料包含（　　）。

A. 营业执照 B. 法定代表人身份证

C. 企业信用报告 D. 从业人员社保

答案：ABCD

21. 根据《售电公司管理办法》（发改体改规〔2021〕1595 号），售电公司注册、运营和退出，坚持（　　）、优质服务、常态监管的原则。

A. 依法合规 B. 开放竞争 C. 安全高效 D. 改革创新

答案：ABCD

22. 根据《售电公司管理办法》（发改体改规〔2021〕1595 号），售电公司以服务用户为核心，以经济、优质、安全、环保为经营原则，实行自主经营，自担风险，自负盈亏，自我约束。关于售电公司准入条件，下列说法不正确的是（　　）。

A. 任何具有售电服务的售电公司都具有准入资格

B. 资产总额为 2 千万元至 1 亿元人民币的，可以从事年售电量不超过 30 亿 kWh 的售电业务

C. 资产总额为 1 亿元至 2 亿元人民币的，可以从事年售电量不超过 70 亿 kWh 的售电业务

D. 拥有配电网经营权的售电公司其注册资本不低于其总资产的 15%

答案：ACD

23. 根据《售电公司管理办法》（发改体改规〔2021〕1595 号），对售电公司（　　）方面提出管理要求。

A. 准入退出 B. 权利义务 C. 运营管理 D. 信用监管

答案：ABCD

24. 根据《售电公司管理办法》（发改体改规〔2021〕1595 号），售电公司应履行的义务包括（　　）。

A. 承担保密义务，不得泄露用户信息 B. 遵守电力市场交易规则

C. 受委托代理用户与电网企业的涉网事宜 D. 不得干涉用户自由选择售电公司的权力

答案：ABCD

25. 根据《售电公司管理办法》（发改体改规〔2021〕1595 号），电网企业根据结算依据对零售电力用户进行零售交易资金结算，对售电公司（　　）进行资金结算。

A. 偏差考核 B. 批发、零售价差收益

C. 中长期收益   D. 售电收益

答案：AB

26. 根据《售电公司管理办法》（发改体改规〔2021〕1595 号），保底售电公司具体数量由（   ）确定。

A. 地方主管部门   B. 能源监管机构   C. 电力交易机构   D. 市场管委会

答案：A

27. 根据《售电公司管理办法》（发改体改规〔2021〕1595 号），售电公司收到电力交易机构履约保函、保险补缴通知（   ）个工作日内，提交足额履约保函、保险。

A. 1   B. 2   C. 3   D. 4

答案：C

28. 某售电公司年代理电量约 28 亿 kWh，其资产总额不得低于（   ）元。

A. 500 万   B. 1000 万   C. 2000 万   D. 1 亿

答案：C

29. 根据《售电公司管理办法》（发改体改规〔2021〕1595 号），下列有关交易履约保函的描述正确的是（   ）。

A. 履约保函的受益人为与售电公司签署资金结算协议的电网企业

B. 若实际提交的履约保函额度不足，售电公司应在接到电力交易机构通知的 5 个工作日内，向电力交易机构足额提交

C. 电力现货市场结算试运行期间，电力交易机构动态监测履约保函额度，每周上报地方主管部门，按月上报国家主管部门

D. 售电公司未按时足额缴纳履约保函，经电力交易机构书面提醒仍拒不足额缴纳的，取消其交易资格

答案：AD

30. 根据《售电公司管理办法》（发改体改规〔2021〕1595 号），售电公司未按时足额缴纳履约保函、保险，经电力交易机构书面提醒仍拒不足额缴纳的，应对其实施（   ）措施。

A. 其所有已签订但尚未履行的购售电合同由地方主管部门征求合同购售电各方意愿，通过电力交易平台转让给其他售电公司

B. 取消其后续交易资格，在指定网站公布该售电公司相关信息和行为

C. 强制退市

D. 公示结束后，按照国家有关规定，对该企业法定代表人、自然人股东、其他相关人员依法依规实施失信惩戒

答案：ABD

31. 根据《售电公司管理办法》（发改体改规〔2021〕1595 号），考虑市场化电费差错退补有滞后性，电力交易机构在售电公司退出后保留其履约保函（　　）个月，期满退还。

A. 4　　　　　　　　B. 6　　　　　　　　C. 8　　　　　　　　D. 12

答案： B

32. 根据《售电公司管理办法》（发改体改规〔2021〕1595 号），售电公司办理注册时，应按固定格式签署信用承诺书，并通过电力交易平台向电力交易机构提交的资料包括（　　）。

A. 工商注册信息、法定代表人信息、统一社会信用代码

B. 资产和从业人员信息

C. 开户信息、营业执照、资产证明

D. 经营场所和技术支持系统证明等材料

答案： ABCD

33. 根据《售电公司管理办法》（发改体改规〔2021〕1595 号），售电公司办理注册需提供资产证明包括具备资质、无不良信用记录的会计事务所出具的该售电公司（　　）。

A. 近 3 个月内的资产评估报告

B. 或近 1 年的审计报告

C. 或近 6 个月的验资报告、银行流水，或开户银行出具的实收资本证明

D. 对于成立时间不满 6 个月的售电公司，需提供自市场监督管理部门注册以后到申请市场注册时的资产评估报告，或审计报告，或验资报告、银行流水，或开户银行出具的实收资本证明

答案： ABCD

34. 根据《售电公司管理办法》（发改体改规〔2021〕1595 号），法人信息、公司股东、股权结构、从业人员、配电网资质等发生如下变化的：（　　），售电公司需重新签署信用承诺书并予以公示。

A. 企业更名或法定代表人变更

B. 企业控制权转移，因公司股权转让导致公司控股股东或者实际控制人发生变化

C. 资产总额发生超出注册条件所规定范围的变更

D. 企业高级或中级职称的专业人员变更

E. 配电网运营资质变化

答案： ABCDE

35. 根据《售电公司管理办法》（发改体改规〔2021〕1595 号），售电公司参与批发和（或）零售市场交易前，应通过以下额度的最大值向电力交易机构提交履约保函或者履约保险等履约保障凭证：（　　）。

A. 过去 12 个月批发市场交易总电量，按标准不低于 0.8 分/kWh

B. 过去 6 个月内批发市场交易总电量，按标准不低于 1.2 分/kWh。

C. 过去 3 个月内参与批发、零售两个市场交易电量的大值，按标准不低于 5 分/kWh。

D. 过去 2 个月内参与批发、零售两个市场交易电量的大值，按标准不低于 5 分/kWh。

答案：AD

36. 根据《售电公司管理办法》（发改体改规〔2021〕1595 号），售电公司被强制退出，其所有已签订但尚未履行的购售电合同的处理方式包括（   ）。

A. 优先通过自主协商的方式，在 10 个工作日内完成处理

B. 自主协商期满，退出售电公司未与合同购售电各方就合同解除协商一致的，由地方主管部门征求合同购售电各方意愿，通过电力市场交易平台以转让、拍卖等方式转给其他售电公司

C. 经合同转让、拍卖等方式仍未完成处理的，已签订尚未履行的购售电合同终止履行，零售用户可以与其他售电公司签订新的零售合同，否则由保底售电公司代理该部分零售用户，并按照保底售电公司的相关条款与其签订零售合同，并处理好其他相关事宜

D. 自动作废

答案：ABC

37. 根据《售电公司管理办法》（发改体改规〔2021〕1595 号），售电公司从业人员应有电力、能源、经济、金融等行业（   ）年及以上工作经验。

A. 1   B. 2   C. 3   D. 4

答案：C

38. 根据《售电公司管理办法》（发改体改规〔2021〕1595 号），下列关于售电公司准入条件描述正确的是（   ）。

A. 至少拥有 1 名高级职称和 3 名中级职称的专业管理人员

B. 董事、监事、高级管理人员、从业人员有失信被执行记录

C. 拥有 10 名及以上具有劳动关系的全职专业人员

D. 经营场所证明需提供商业地产的产权证明

答案：ACD

39. 根据《电力交易机构市场服务"八项承诺"》（国家电网交易〔2018〕581 号），电力交易机构应（   ）组织市场交易，尊重市场主体意愿，不以任何方式（   ）。

A. 公平   B. 公正   C. 操纵市场   D. 干预市场

答案：BC

40. 根据《售电公司管理办法》（发改体改规〔2021〕1595 号），（   ）根据职责对售电公司进行监管。

A. 国家发展改革委　　　B. 第三方机构　　　　C. 能源监管机构　　　D. 地方主管部门

答案：CD

41. 根据《北京电力交易中心电力交易大厅服务管理规定（试行）》（京电交综〔2018〕9 号），服务人员负责（　　）信息更新工作，各专业部门配合提供更新内容。

A. 电力交易信息网站　　　　　　　　B. 电力交易大厅滚动信息

C. 自助查询终端　　　　　　　　　　D. 微信公众号

答案：ABC

42. 根据《售电公司市场注册及运营服务规范指引》（京电交市〔2022〕25 号），以下对售电公司经营场所要求的描述正确的是（　　）。

A. 经营场所为自有产权的，提供《房屋所有权证》或《不动产权证书》

B. 经营场所为租赁的，提供租赁合同及出租房《房屋所有权证》或《不动产权证书》

C. 房屋使用性质须为写字楼、商业用房等非住宅性质

D. 租赁合同的合同期限能覆盖注册日期起至少 1 年

E. 售电范围涉及多个省的售电公司，至少要在售电公司"首注地"所在行政区域内具备经营场所

答案：ABCD

43. 根据《统一电力交易服务热线运营管理办法（试行）》（京电交市〔2022〕50 号），统一电力交易服务热线运营要求是指坚持（　　）的要求。

A. 统一管理　　　　B. 分级负责　　　　C. 协同高效　　　　D. 通力合作

答案：ABCD

44. 根据《售电公司管理办法》（发改体改规〔2021〕1595 号），需提供资产证明包括具备资质、无不良信用记录的会计事务所出具的该售电公司近（　　）个月内的资产评估报告，或近（　　）年的审计报告，或近（　　）个月的验资报告、银行流水，或开户银行出具的实收资本证明。

A. 3，1，6　　　　B. 6，1，6　　　　C. 3，1，3　　　　D. 6，1，3

答案：A

45. 根据《售电公司管理办法》（发改体改规〔2021〕1595 号）规定，接入电力交易平台的售电公司技术支持系统，需提供（　　）、（　　）以及（　　），对于购买或租赁平台的还需提供购买或租赁合同。

A. 安全等级报告　　　B. 软件著作权证书　　　C. 租赁合同　　　　D. 平台功能截图

答案：ABD

46. 根据《统一电力交易服务热线运营管理办法（试行）》（京电交市〔2022〕50 号），知识管理应遵循（　　）的原则。

A. 统一管理　　　　　B. 分级负责　　　　　C. 及时更新　　　　　D. 持续改善

答案： ABCD

47. 根据《售电公司管理办法》（发改体改规〔2021〕1595 号）规定，连续（　　）个月未进行（　　）的售电公司，电力交易机构征得地方主管部门同意后暂停其交易资格，重新参与交易前须再次进行公示。

A. 12　　　　　　　　B. 6　　　　　　　　　C. 实际交易　　　　　D. 实际代理

答案： AC

48. 根据《售电公司管理办法》（发改体改规〔2021〕1595 号），售电公司有下列情形之一的，经地方主管部门和能源监管机构调查确认后，启动强制退出程序（　　）。

A. 隐瞒有关情况或者以提供虚假申请材料等方式违法违规进入市场，且拒不整改的

B. 严重违反市场交易规则，且拒不整改的

C. 依法被撤销、解散，依法宣告破产、歇业的

D. 连续 3 年未在任一行政区域开展售电业务的

E. 未持续满足注册条件，且未在规定时间内整改到位的

答案： ABCDE

49. 根据《售电公司管理办法》（发改体改规〔2021〕1595 号），履约保函在退出后 6 个月内失效的，或售电公司在退出后 6 个月内办理企业注销、需取回履约保函的，售电公司须与其（　　）协商，由第三方出具连带责任担保并经过公证的承诺书，提交电力交易机构后退还其履约保函。

A. 股东　　　　　　　B. 上级单位　　　　　C. 其他有履行能力的第三方　　D. 第三方

答案： ABC

50. 根据《售电公司管理办法》（发改体改规〔2021〕1595 号）规定，原则上所有售电公司均可申请成为保底售电公司，地方主管部门负责审批选取其中（　　）实力强的主体成为保底售电公司，并向市场主体公布。

A. 经营稳定　　　　　B. 信用良好　　　　　C. 资金储备充足　　　D. 人员技术

答案： ABCD

51. 根据《售电公司管理办法》（发改体改规〔2021〕1595 号），保底成本包括因用户数量不确定导致的（　　）、（　　）导致的风险成本等。

A. 成本上升　　　　　B. 亏损上升　　　　　C. 极端因素　　　　　D. 极端购电

答案： AC

52. 根据《售电公司管理办法》（发改体改规〔2021〕1595 号），保底售电公司须将保底售电业务（　　），并定期将相关价格水平、盈亏情况上报地方主管部门。

A. 单独记账　　　　　B. 独立记账　　　　　C. 单独核算　　　　　D. 独立核算

答案：AD

⚙ 53. 根据《国家发展改革委办公厅关于组织开展电网企业代理购电工作有关事项的通知》（发改办价格〔2021〕809 号），暂无法直接参与市场交易的电力用户可由（　　）代理购电。

A. 售电公司　　　　B. 聚合商　　　　C. 虚拟电厂　　　　D. 电网企业

答案：D

⚙ 54. 根据《售电公司管理办法》（发改体改规〔2021〕1595 号），售电公司可自愿申请退出售电市场，应提前（　　）个工作日向电力交易机构提交退出申请。

A. 10　　　　B. 30　　　　C. 45　　　　D. 60

答案：C

⚙ 55. 根据《售电公司管理办法》（发改体改规〔2021〕1595 号），经合同转让、拍卖等方式仍未完成处理的，已签订尚未履行的购售电合同终止履行，零售用户可以与其他售电公司签订新的零售合同，否则由（　　）代理该部分零售用户。

A. 聚合商　　　　B. 发电企业　　　　C. 保底售电公司　　　　D. 电网企业

答案：C

⚙ 56. 根据《售电公司管理办法》（发改体改规〔2021〕1595 号），自主协商期满，退出售电公司未与合同购售电各方就合同解除协商一致的，由地方主管部门征求合同购售电各方意愿，通过电力市场交易平台以（　　）等方式转给其他售电公司。

A. 转让　　　　B. 双边协商　　　　C. 拍卖　　　　D. 集中竞价

答案：AC

⚙ 57. 根据《电力交易机构市场服务"八项承诺"》（国家电网交易〔2018〕581 号），电力交易机构应保障交易信息安全，强化保密措施，不泄露市场主体（　　）和（　　）。

A. 私有信息　　　　B. 私密信息　　　　C. 商业秘密　　　　D. 商业机密

答案：AC

⚙ 58. 根据《新型储能主体注册规范指引（试行）》（京电交市〔2022〕73 号），新型储能主体参与电力市场应满足（　　）的准入条件，具体数值以国家或当地电力主管部门规定为准。

A. 最大充放电功率　　B. 最大调节容量　　C. 持续充放电时间　　D. 持续调节时间

答案：ABC

⚙ 59. 根据《新型储能主体注册规范指引（试行）》（京电交市〔2022〕73 号），新型储能主体注册时须提供的信息包括（　　）。

A. 工商信息　　　　B. 法定代表人信息　　C. 银行开户信息　　D. 联系信息

E. 其他信息

答案：ABCDE

60. 根据《新型储能主体注册规范指引（试行）》（京电交市〔2022〕73 号），电力交易机构完成对新型储能主体的注销申请信息核验后，通过（   ）等开展市场退出公示，公示不少于 5 个工作日。

A. 电力交易平台　　　B. 政府指定官方网站 C. 内部网站　　　　　D. 第三方信用平台

答案：ABD

61. 根据《电力业务许可证监督管理办法》（国能发资质〔2020〕69 号），除豁免情形外，发电企业应在项目完成启动试运工作后（   ）内（风电、光伏发电项目应当在并网后 6 个月内）取得电力业务许可证，分批投产的发电项目可分批申请。

A. 1 个月　　　　　　B. 2 个月　　　　　　C. 3 个月　　　　　　D. 4 个月

答案：C

62. 根据《电力业务许可证监督管理办法》（国能发资质〔2020〕69 号），对于采用告知承诺方式取得电力业务许可证的企业，派出机构应按告知承诺制有关规定对企业承诺的（   ）进行监督检查。

A. 准确性　　　　　　B. 真实性　　　　　　C. 完整性　　　　　　D. 一致性

答案：B

63. 根据《国家电网有限公司关于进一步服务电力零售市场建设与规范运营的通知》（国家电网交易〔2023〕306 号），零售市场建设运营工作的总体原则是（   ）。

A. 统一开放，竞争有序　　　　　　　　B. 管理规范，公开透明

C. 科学高效，技术创新　　　　　　　　D. 多方协同，共建共赢

答案：ABC

64. 根据《国家电网有限公司关于进一步服务电力零售市场建设与规范运营的通知》（国家电网交易〔2023〕306 号），研究完善零售市场与批发市场在（   ）等方面的衔接机制，推动零售市场更加有效地融入电力市场体系。

A. 交易周期　　　　　B. 交易组织　　　　　C. 价格传导　　　　　D. 偏差处理

答案：ACD

65. 根据《国家电网有限公司关于进一步服务电力零售市场建设与规范运营的通知》（国家电网交易〔2023〕306 号），简化零售用户注册流程，充分运用电子营业执照等技术，依托"e-交易"为零售用户提供（   ）快速智能注册体验。

A. 免填写　　　　　　B. 免纸质　　　　　　C. 免费用　　　　　　D. 免审核

答案：ABD

66. 根据《国家电网有限公司关于进一步服务电力零售市场建设与规范运营的通知》（国家电网交易〔2023〕306号），坚持（　　）原则，加强政策宣传与规则培训，完善零售市场规则与平台服务，引导代理购电用户直接参与市场。

A. 政府主导　　　　　　B. 公司主动　　　　　　C. 用户自愿　　　　　　D. 用户自主

答案：ABD

67. 根据《国家电网有限公司关于进一步服务电力零售市场建设与规范运营的通知》（国家电网交易〔2023〕306号），各单位结合本地市场建设运营实际，按照"（　　）"的原则，研究设计标准化零售套餐。

A. 好理解　　　　　　B. 易推广　　　　　　C. 强兼容　　　　　　D. 价格优

答案：ABC

68. 根据《国家电网有限公司关于进一步服务电力零售市场建设与规范运营的通知》（国家电网交易〔2023〕306号），依托"e-交易"提供电商式的零售交易服务，优化完善（　　）等功能服务，促进零售市场充分竞争和透明高效运作。

A. 一键式用户注册　　B. 网购式零售交易　　C. 便捷式智能结算　　D. 全景式信息披露

答案：ABD

69. 发电企业的机组信息变更，不涉及物理运行参数信息的，由发电企业向（　　）提供。

A. 电力交易机构　　B. 电力调度机构　　C. 电力单位　　　　D. 交易系统

答案：A

70. CFCA数字证书的绑定方式是（　　）。

A. 提交绑定申请等相关资料，联系管理员进行绑定

B. 直接联系管理员进行绑定

C. 提交能证明证书的资料即可，联系管理员进行绑定

D. 找别人代替自己进行绑定

答案：A

71. 装机明显冗余，火电利用小时数偏低地区，除（　　）外，原则上不再新（扩）建自备电厂。

A. 以热定电的热电联产项目　　　　　　B. 调频机组

C. 调峰机组　　　　　　　　　　　　　D. 燃气机组

答案：A

72. 根据《电力中长期交易基本规则》（发改能源规〔2020〕889号），以下选项中不是市场注册业务的是（　　）。

A. 注册　　　　　　B. 信息变更　　　　C. 市场材料承诺、公示　　　D. 市场注销

答案：C

73. 下列主体中可从事竞争性售电业务的是（　　　）。
A. 拥有分布式电源的用户　　　　　　B. 供水、供气、供热等公共服务行业
C. 电力交易中心　　　　　　　　　　D. 节能服务公司
答案：ABD

二、填空题

1. 根据《售电公司管理办法》（发改体改规〔2021〕1595 号），售电公司是指提供（　　　）或（　　　）的市场主体。
答案：售电服务　配售电服务

2. 根据《售电公司管理办法》（发改体改规〔2021〕1595 号），国家主管部门、国家发展改革委统筹组织地方主管部门授权电力交易机构、（　　　）开展售电公司信用评价工作。
答案：第三方征信机构

3. 根据《售电公司管理办法》（发改体改规〔2021〕1595 号），各电力交易机构按照"（　　　），（　　　）"原则，统一售电公司注册服务流程、服务规范、要件清单、审验标准等，明确受理期限、接待日、公示日。
答案：一地注册　信息共享

4. 根据《售电公司管理办法》（发改体改规〔2021〕1595 号），负责首次办理售电公司注册手续的电力交易机构，负责对其按照《售电公司管理办法》规定办理业务的有关材料进行（　　　），必要时组织对售电公司进行（　　　）。
答案：完整性审查　现场核验

5. 根据《售电公司管理办法》（发改体改规〔2021〕1595 号），对于售电公司提交的注册材料不符合要求的，电力交易机构应予以（　　　）告知。
答案：一次性书面

6. 根据《售电公司管理办法》（发改体改规〔2021〕1595 号），售电公司注册信息发生变化时，应在（　　　）个工作日内向首次注册的电力交易机构申请信息变更。
答案：5

7. 根据《售电公司管理办法》（发改体改规〔2021〕1595 号），售电公司与电力用户按照（　　　）为最小单位签订合同，其中新注册用户的合同生效时间为当月实际签订时间。
答案：月

8. 根据《售电公司管理办法》（发改体改规〔2021〕1595 号），依托公共信用综合评价

标准体系建立售电公司信用评价体系。依托（　　　）、"（　　　）"网站等政府指定网站，开发建设售电公司信用信息系统。

答案： 电力交易平台　信用中国

💬 9. 根据《发电机组进入及退出商业运营办法》（国能发监管规〔2023〕48 号），国家能源局派出机构确定调试运行期的发电机组和独立新型储能，以及退出商业运营但仍然可以发电上网的发电机组（不含煤电应急备用电源）和独立新型储能辅助服务费用分摊标准，分摊标准原则上应当高于商业运营机组分摊标准，但不超过当月调试期电费收入的（　　　），分摊费用月结月清。

答案： 10%

💬 10. 根据《售电公司管理办法》（发改体改规〔2021〕1595 号），售电公司被强制退出，其所有已签订但尚未履行的购售电合同优先通过（　　　）的方式，在 10 个工作日内完成处理。

答案： 自主协商

💬 11. 根据《电力交易机构市场服务 "八项承诺"》（国家电网交易〔2018〕581 号），电力交易机构应（　　　）对待市场主体，（　　　）开放市场，维护市场主体（　　　）。

答案： 公平　无差别无歧视　合法权益

💬 12. 根据《电力业务许可证监督管理办法》（国能发资质〔2020〕69 号），（　　　）对电力交易机构落实许可制度情况实施监督管理。

答案： 国家能源局及其派出机构

💬 13. 根据《售电公司管理办法》（发改体改规〔2021〕1595 号），在地方主管部门和能源监管机构的协调下，自愿退出售电公司应在（　　　）之前（含当月）通过自主协商的方式完成购售电合同处理。

答案： 终止交易月

💬 14. 根据《售电公司管理办法》（发改体改规〔2021〕1595 号），对继续履行购售电合同确实存在困难的售电公司，其（　　　）及电力用户按照有关要求由保底售电公司承接。

答案： 批发合同

💬 15. 根据《北京电力交易中心电力交易大厅服务管理规定（试行）》（京电交综〔2018〕9 号），服务人员每月（　　　）日前完成月度市场交易信息发布的更新。

答案： 10

💬 16. 根据《售电公司管理办法》（发改体改规〔2021〕1595 号），拟退出售电公司退出前需结清（　　　）和交易手续费。

答案： 市场化电费

💬 17. 根据《售电公司管理办法》（发改体改规〔2021〕1595 号），原则上（   ）售电公司可申请成为保底售电公司。

答案： 所有

💬 18. 根据《北京电力交易中心交易大厅运营管理规定（试行）》（京电交综〔2018〕43 号），办理业务应实行（   ）。无论办理业务是否对口，工作人员都要认真倾听、热心引导。

答案： 首问负责制

💬 19. 根据《售电公司管理办法》（发改体改规〔2021〕1595 号），保底售电公司从发出通知的次月起承接批发合同及电力用户服务，其保底服务对应的市场化交易（   ）。

答案： 单独结算

💬 20. 根据《售电公司管理办法》（发改体改规〔2021〕1595 号），中长期模式下，保底零售价格按照（   ）执行，具体价格水平由省级价格主管部门确定。

答案： 电网企业代理购电价格的 1.5 倍

💬 21. 根据《售电公司管理办法》（发改体改规〔2021〕1595 号），现货结算试运行或正式运行期间，由地方主管部门根据电力市场实际价格及（   ）确定分时保底零售价格，并定期调整。

答案： 保底成本

💬 22. 根据《统一电力交易服务热线运营管理办法（试行）》（京电交市〔2022〕50 号），对于投诉举报工单，应如实填写（   ）字段。

答案： 联系客户

💬 23. 根据《统一电力交易服务热线运营管理办法（试行）》（京电交市〔2022〕50 号），各级交易中心接到工单后，应对工单进行研判，原则上（   ）个小时内完成转派。

答案： 2

💬 24. 根据《发电机组进入及退出商业运营办法》（国能发监管规〔2023〕48 号），发电机组和独立新型储能并网调试运行工作应遵循（   ）等有关规定。

答案：《电网运行准则》

💬 25. 根据《发电机组进入及退出商业运营办法》（国能发监管规〔2023〕48 号），首次并网调试时，拥有自备机组和独立新型储能的电力用户需要与电网企业签订（   ）。

答案： 高压供用电合同

💬 26. 根据《发电机组进入及退出商业运营办法》（国能发监管规〔2023〕48 号），首次并网调试时，发电机组和独立新型储能需要按照《电网运行准则》明确的时间要求向电力调度机构提交（   ）和有关资料。

答案：并网运行申请书

💬 27. 根据《发电机组进入及退出商业运营办法》（国能发监管规〔2023〕48 号），发电机组和独立新型储能退出商业运营前，原则上应与有关各方完成相关合同、协议的（ ）和（ ）工作。

答案：清算 解除

💬 28. 根据《发电机组进入及退出商业运营办法》（国能发监管规〔2023〕48 号），发电机组和独立新型储能相关电力工程应符合有关规定，并通过有资质的（ ）监督检查。符合豁免条件的电力工程除外。

答案：质监机构

💬 29.《电力交易机构市场服务"八项承诺"》自（ ）起正式执行。

答案：2018 年 7 月 1 日

💬 30. 根据《国家发展改革委办公厅关于组织开展电网企业代理购电工作有关事项的通知》（发改办价格〔2021〕809 号），取消工商业目录销售电价后，（ ）用户原则上要直接参与市场交易（直接向发电企业或售电公司购电）。

答案：10kV 及以上

💬 31. 根据《国家发展改革委办公厅关于组织开展电网企业代理购电工作有关事项的通知》（发改办价格〔2021〕809 号），由电网企业代理购电的工商业用户，可在每季度最后（ ）前选择下一季度起直接参与市场交易。

答案：15 日

💬 32. 购售电关系管理包括零售用户与售电公司的购售电关系的建立、（ ）、（ ）。

答案：变更 解除

💬 33. 零售用户在电网营销申请销户时，需完成当期市场化电量电费结算，经对应的售电公司确认，按销户业务办理，电网营销部门需在销户业务（ ）将销户信息同步至电力交易机构。

答案：办结当天

💬 34. 零售用户的《电力零售市场购售电意向协议》、三方《市场化零售业务协议》到期，或与原签约售电公司协商解除尚未到期的购售电关系后，可转为（ ）或（ ）。

答案：电网企业代理购电 直接交易用户

💬 35. 根据《统一电力交易服务热线运营管理办法（试行）》（京电交市〔2022〕50 号），国网客服中心受理客户催办或补充相关资料诉求后，应在（ ）内派发催办工单。

答案：10min

💬 36. 根据《统一电力交易服务热线运营管理办法（试行）》（京电交市〔2022〕50 号），同一工单催办次数原则上不超过（　　）次。

答案： 2

💬 37. 根据《统一电力交易服务热线运营管理办法（试行）》（京电交市〔2022〕50 号），由客户原因导致回访不成功的，国网客服中心回访应安排不少于（　　）次。

答案： 3

💬 38. 根据《统一电力交易服务热线运营管理办法（试行）》（京电交市〔2022〕50 号），国网客服中心回访每次间隔不小于（　　）。

答案： 2h

💬 39. 根据《统一电力交易服务热线运营管理办法（试行）》（京电交市〔2022〕50 号），国网客服中心与各级交易中心在工单派发环节对同一张工单退单次数不得超过（　　）次。

答案： 3

💬 40. 根据《统一电力交易服务热线运营管理办法（试行）》（京电交市〔2022〕50 号），各级交易中心对派发区域、客户联系方式等信息错误、缺失或无客户有效信息、分类选择错误的工单，应在（　　）内填写退单原因，将工单回退至国网客服中心。

答案： 2h

💬 41. 根据《统一电力交易服务热线运营管理办法（试行）》（京电交市〔2022〕50 号），国网客服中心接到各级交易中心回单后，应在（　　）内回访客户。

答案： 1 个工作日

💬 42. 根据《新型储能主体注册规范指引（试行）》（京电交市〔2022〕73 号），新型储能主体注册时须提供（　　）信息和（　　）信息。

答案： 企业　项目（单元）

💬 43. 根据《新型储能主体注册规范指引（试行）》（京电交市〔2022〕73 号），为保障新型储能主体注册信息核验准确，电力交易机构应将相关信息及时线上推送电网公司、电力调度机构，电网公司、电力调度机构应于（　　）个工作日内核实，并向电力交易机构反馈。

答案： 2

💬 44. 根据《新型储能主体注册规范指引（试行）》（京电交市〔2022〕73 号），注册生效后，交易机构将注册生效的新型储能主体（　　）、（　　）等相关信息传递至电网公司，电网公司完成营销系统档案变更。

答案： 发电客户编号　用电客户编号

💬 45. 根据《发电机组进入及退出商业运营办法》（国能发监管规〔2023〕48 号），发电机组和独立新型储能进入及退出商业运营相关工作应坚持（ ）、（ ）、（ ）、（ ）原则。

答案： 公开 公平 公正 高效

💬 46. 根据《新型储能主体注册规范指引（试行）》（京电交市〔2022〕73 号），新型储能主体企业信息发生变更（统一社会信用代码除外），应在变更之日起（ ）个工作日内在交易平台提交注册信息变更申请，经电力交易机构核验通过后变更生效。

答案： 5

💬 47. 根据《新型储能主体注册规范指引（试行）》（京电交市〔2022〕73 号），涉及项目（ ）变更的，由电力调度机构向电力交易机构提供相关信息。

答案： 物理运行参数信息

💬 48. 根据《关于推进售电侧改革的实施意见》，省级政府或由省级政府授权的部门将公示期满无异议的市场主体纳入年度公布的市场主体目录，并实行（ ）。

答案： 动态管理

💬 49. 根据《电力中长期交易基本规则》（发改能源规〔2020〕889 号），办理售电增项业务的发电企业，应当分别以（ ）和（ ）的市场主体类别进行注册。

答案： 发电企业 售电公司

💬 50. 根据《发电机组进入及退出商业运营办法》（国能发监管规〔2023〕48 号），发电机组和独立新型储能调试运行期上网电量，由电网企业收购，纳入（ ）来源。

答案： 代理购电电量

💬 51. 根据《发电机组进入及退出商业运营办法》（国能发监管规〔2023〕48 号），（ ）负责进入商业运营有关材料的收集、办理、存档等工作。

答案： 电网企业

💬 52. 根据《电力业务许可证监督管理办法》（国能发资质〔2020〕69 号），拥有配电网运营权的售电公司具备向配电区域内现有负荷（ ）的能力，具有配电网络后续建设规划，承诺供电能力、供电质量符合（ ）等有关规定，即可申请（ ）。

答案： 供电 《供电监督办法》 电力业务许可证

💬 53. 根据《电力业务许可证监督管理办法》（国能发资质〔2020〕69 号），持证供电企业主要供电设施及供电营业分支机构发生变化的，应当于每年（ ）集中向派出机构提出登记事项变更申请。

答案： 二季度

💬 54. 根据《电力业务许可证监督管理办法》（国能发资质〔2020〕69 号），发电机组运行达到（   ）的，应当向派出机构申请退役或申请延续运行。

答案： 设计使用年限

💬 55. 根据《电力业务许可证监督管理办法》（国能发资质〔2020〕69 号），电网企业因故需要停业、歇业的，应当在停业、歇业之前以（   ）向发证机关提出申请，经批准后方可停业、歇业。

答案： 书面形式

💬 56. 根据《电力业务许可证监督管理办法》（国能发资质〔2020〕69 号），电力业务许可证有效期届满需要延续的，持证企业应当在有效期届满（   ）前向派出机构提出许可证有效期延续申请。

答案： 30 日

💬 57. 根据《电力业务许可证监督管理办法》（国能发资质〔2020〕69 号），发电企业、（   ）在电力交易机构注册时，电力交易机构应当核实其是否取得电力业务许可证，注册信息是否与许可证记录相符。

答案： 拥有配电网运营权的售电公司

💬 58. 根据《国家电网有限公司关于进一步服务电力零售市场建设与规范运营的通知》（国家电网交易〔2023〕306 号），推动完善零售市场监管体系，强化（   ）、（   ）、（   ）监管，构建公平开放、竞争有序的零售市场。

答案： 事前　事中　事后

💬 59. 根据《国家电网有限公司关于进一步服务电力零售市场建设与规范运营的通知》（国家电网交易〔2023〕306 号），依托（   ）、（   ）零售合同，推动零售用户计量数据线上交互。

答案： 标准化　结构化

💬 60. 根据《国家电网有限公司关于进一步服务电力零售市场建设与规范运营的通知》（国家电网交易〔2023〕306 号），推动设置具有（   ）的零售套餐，将批发市场价格信号合理传导至用户侧。

答案： 分时价格

💬 61. 根据《国家发展改革委办公厅关于进一步深化燃煤发电上网电价市场化改革的通知》（发改价格〔2021〕1439 号），目前尚未进入市场的用户，10kV 及以上的用户要（   ），其他用户也要尽快进入。

答案： 全部进入

💬 62. 根据《国家发展改革委办公厅关于进一步深化燃煤发电上网电价市场化改革的通知》（发改价格〔2021〕1439 号），对暂未直接从电力市场购电的用户由电网企业代理购电,代理购电价格主要通过场内（ ）或（ ）方式形成,首次向代理用户售电时,至少提前 1 个月通知用户。

答案: 集中竞价 竞争性招标

💬 63. 根据《电力中长期交易基本规则》（发改能源规〔2020〕889 号）,拥有（ ）电厂的用户应当按照国家规定承担政府性基金及附加、政策性交叉补贴。

答案: 燃煤自备

💬 64. 根据《电力中长期交易基本规则》（发改能源规〔2020〕889 号）,企事业单位、机关团体等办理注册手续时应当关联用电户号等实际用电信息,并提供必要的（ ）、（ ）、联系方式等。

答案: 单位名称 法人代表

💬 65. 根据《电力中长期交易基本规则》（发改能源规〔2020〕889 号）,当（ ）调整或者（ ）发生重大变化时,电力交易机构可组织已注册市场主体重新办理注册手续。

答案: 国家政策 交易规则

💬 66. 拟参与电力交易的市场主体对照政府有关部门发布的准入条件,按照"（ ）、（ ）、（ ）、（ ）"的流程自愿注册成为合规的市场主体,参与市场交易。

答案: 一承诺 一注册 一公示 三备案

💬 67. 发电企业超过规定实现仍未取得电力业务许可证、注册信息与许可证记录信息不符的机组不得继续参与交易,造成合同不能履约的,由（ ）承担相应责任。

答案: 发电企业

💬 68. 根据《关于进一步推动新型储能参与电力市场和调度运用的通知》（发改办运行〔2022〕475 号）,各地根据市场放开电源实际情况,鼓励新能源场站和配建储能联合参与市场,利用储能改善新能源（ ）,保障新能源高效消纳利用。

答案: 涉网性能

💬 69. 根据《发电机组进入及退出商业运营办法》（国能发监管规〔2023〕48 号）,（ ）、（ ）机组自并网发电之日起参与电力辅助服务费用分摊,自完成整套启动试运行时间点起正式纳入电力并网运行和辅助服务管理范畴,参与电力并网运行和辅助服务管理考核、补偿和分摊。

答案: 火电 水电

💬 70. 根据《电力中长期交易基本规则》（发改能源规〔2020〕889 号）,市场主体类别、法人、业务范围、公司主要股东等有重大变化的,市场主体应当再次予以（ ）、（ ）。

答案: 承诺 公示

💬 71. 根据《电力中长期交易基本规则》（发改能源规〔2020〕889 号），退出市场的市场主体，应当及时向电力交易机构提出注销申请，按照要求进行公示，履行或者处理完成（ ）有关事项后予以注销。

答案： 交易合同

💬 72. 市场主体注册公示期间存在异议的，注册暂不生效，经（ ）次公示仍存在异议的，由政府主管部门和监管机构核实处理。

答案： 两

💬 73. 根据《关于享受中央政府补贴的绿电项目参与绿电交易有关事项的通知》（发改体改〔2023〕75 号），由电网企业依照有关政策法规要求（ ）并享受国家可再生能源补贴的绿色电力，可由电网企业统一参加绿电交易，或由承担可再生能源发展结算服务的机构将对应的绿证统一参加绿证交易。

答案： 保障性收购

三、判断题

❓ 1. 根据《售电公司管理办法》（发改体改规〔2021〕1595 号），售电公司资产总额从 2000 万元变更为 1 亿元，属于一般变更。（ ）

答案： 错

❓ 2. 根据《售电公司管理办法》（发改体改规〔2021〕1595 号），售电公司资产总额为 1 亿元至 2 亿元（不含）人民币的，可以从事年售电量不超过 60 亿 kWh 的售电业务。（ ）

答案： 对

❓ 3. 根据《售电公司管理办法》（发改体改规〔2021〕1595 号），电力交易机构负责售电公司注册服务。（ ）

答案： 对

❓ 4. 根据《售电公司管理办法》（发改体改规〔2021〕1595 号），售电公司营业执照经营范围必须明确具备电力销售、售电或电力供应等业务事项。（ ）

答案： 对

❓ 5. 根据《售电公司管理办法》（发改体改规〔2021〕1595 号），售电公司注册时需提供近 2 年的审计报告。（ ）

答案： 错

❓ 6. 根据《售电公司管理办法》（发改体改规〔2021〕1595 号），售电公司更名属一般变更。（ ）

答案：错

❓ 7. 根据《售电公司管理办法》（发改体改规〔2021〕1595 号），售电公司可向用户提供包括但不限于合同能源管理、综合节能、合理用能咨询和用电设备运行维护等增值服务，但不得收取相应费用。（　　）

答案：错

❓ 8. 根据《售电公司管理办法》（发改体改规〔2021〕1595 号），售电公司不得干涉用户自由选择售电公司的权利。（　　）

答案：对

❓ 9. 根据《售电公司管理办法》（发改体改规〔2021〕1595 号），售电公司从业人员不得少于 10 人。（　　）

答案：对

❓ 10. 根据《售电公司管理办法》（发改体改规〔2021〕1595 号），售电公司资产总额不得少于 3000 万元人民币。（　　）

答案：错

❓ 11. 根据《售电公司管理办法》（发改体改规〔2021〕1595 号），售电公司应持续满足注册条件。（　　）

答案：对

❓ 12. 根据《售电公司管理办法》（发改体改规〔2021〕1595 号），建立售电公司首注负责制。负责首次办理售电公司注册手续的电力交易机构，负责对其按照本办法规定办理业务的有关材料进行完整性审查，且同时要组织对售电公司进行现场核验。（　　）

答案：错

❓ 13. 根据《售电公司管理办法》（发改体改规〔2021〕1595 号），电力、价格主管部门和市场监督管理部门、能源监管机构等依法对售电公司市场行为实施监管和开展行政执法工作。（　　）

答案：对

❓ 14. 各类市场主体应提前准备注册需提交的材料，办理第三方数字证书。（　　）

答案：错

❓ 15. 售电公司办理注册时，从业人员需提供能够证明售电公司全职在职员工近 6 个月的社保缴费记录、职称证书。（　　）

答案：错

❓ 16. 根据《售电公司管理办法》（发改体改规〔2021〕1595 号），接受注册后，电力交易机构要通过电力交易平台、"信用中国"网站等政府指定网站，将售电公司满足注册条件的信息、材料和信用承诺书向社会公示，公示期为 1 个月。（　　）

答案：对

❓ 17. 多个售电公司可以在同一配电区域内售电。同一售电公司可在多个配电区域内售电。（　　）

答案：对

❓ 18. 根据《售电公司管理办法》（发改体改规〔2021〕1595 号），电力用户、售电公司与电网企业应签订三方电费结算补充协议及合同。（　　）

答案：错

❓ 19. 售电公司连续 2 年未在任一行政区域开展售电业务的，经地方主管部门和能源监管机构调查确认后，启动强制退出程序。（　　）

答案：错

❓ 20. 零售用户在电力交易平台提交电网企业营销系统户号及查询密码，获取营销系统的计量点档案信息，完成用电单元信息登记，以上操作需自行办理，不得由其他市场主体代办。（　　）

答案：错

❓ 21. 售电公司可自愿申请退出售电市场，应提前 30 个工作日向电力交易机构提交退出申请，明确退出原因和计划的终止交易月。（　　）

答案：错

❓ 22. 根据《售电公司管理办法》（发改体改规〔2021〕1595 号），考虑市场化电费差错退补有滞后性，电力交易机构在售电公司退出后保留其履约保函 8 个月，期满退还。（　　）

答案：错

❓ 23. 根据《售电公司管理办法》（发改体改规〔2021〕1595 号），保底售电公司每半年确定一次，具体数量由地方主管部门确定。（　　）

答案：错

❓ 24. 根据《售电公司管理办法》（发改体改规〔2021〕1595 号），执行保底零售价格满一个月后，电力用户可自主选择与其他售电公司（包括保底售电公司）协商签订新的零售合同，保底售电公司不得以任何理由阻挠。（　　）

答案：对

❓ 25. 根据《售电公司管理办法》（发改体改规〔2021〕1595 号），因触发保底服务对批发合同各方、电力用户造成的损失由拟退出售电公司承担。（　　）

答案： 对

❓ 26. 根据《售电公司管理办法》（发改体改规〔2021〕1595 号），建立电力交易机构与全国信用信息共享平台信息共享机制，实现市场主体信用信息双向共享。（　　）

答案： 对

❓ 27. 售电公司未按要求持续满足注册条件的，电力交易机构应立即通知售电公司限期整改，售电公司限期整改期间，暂停其交易资格，未在规定期限内整改到位的，经地方主管部门同意后予以强制退出，同时将相关信息推送至全国信用信息共享平台。（　　）

答案： 对

❓ 28. 根据《售电公司市场注册及运营服务规范指引》（京电交市〔2022〕25 号），北京电力交易中心或省级电力交易中心收到售电公司提交的注册申请后须与售电公司当事人通过线上或线下方式进行材料原件核对，必要时可组织对售电公司进行现场核验。（　　）

答案： 对

❓ 29. 根据《售电公司市场注册及运营服务规范指引》（京电交市〔2022〕25 号），售电公司被强制退市后，其所有已签订但未履行的交易合同经合同转让、拍卖等方式仍未处理完毕的，电力交易中心可在征得政府主管部门同意后直接交由保底售电公司代理该部分零售用户。（　　）

答案： 错

❓ 30. 根据《售电公司管理办法》（发改体改规〔2021〕1595 号），在使用履约保函、保险时，若售电公司所交履约保函、保险额度不足以支付应缴相关结算费用，售电公司需根据履约保函、保险执行告知书要求，在规定时限内足额缴纳相关结算费用。（　　）

答案： 对

❓ 31. 根据《售电公司市场注册及运营服务规范指引》（京电交市〔2022〕25 号），售电公司与零售用户绑定生效后，如绑定周期未失效，省级电力交易中心可结合本省要求，根据双方现实需求提供绑定解除服务。（　　）

答案： 对

❓ 32. 根据《售电公司市场注册及运营服务规范指引》（京电交市〔2022〕25 号），省级电力交易中心制定履约保函、保险管理制度时，可经各省政府主管部门同意后为售电公司开具履约保函、保险的金融机构（含非银行金融机构）设置合理的地域、机构类型等条件。（　　）

答案： 错

❓ 33. 根据《售电公司市场注册及运营服务规范指引》（京电交市〔2022〕25 号），售电公司注册或注册信息有重大变更申请公示期间，任何单位或个人如有异议，可根据异议反馈

渠道向受理注册的电力交易中心实名或匿名反映。（　　）

答案： 错

❓ 34. 市场主体的注册申请形式审查通过后，可通过线上或线下等多种方式递交已签字盖章的入市承诺书及相关资料进行一致性审查。（　　）

答案： 错

❓ 35. 根据《北京电力交易中心电力交易大厅服务管理规定（试行）》（京电交综〔2018〕9 号），对于客户咨询当场无法答复时，应首先拨打 400 服务热线。（　　）

答案： 错

❓ 36. 根据《北京电力交易中心电力交易大厅服务管理规定（试行）》（京电交综〔2018〕9 号），交易中心接待人员应注意保持交易大厅内良好秩序，当来宾不当使用交易大厅内有关设备设施时，接待人员应当迅速制止。（　　）

答案： 错

❓ 37. 在售电公司完成注册工作后，售电公司的注册信息由电力交易机构推送至电网企业。（　　）

答案： 对

❓ 38. 根据《北京电力交易中心电力交易大厅服务管理规定（试行）》（京电交综〔2018〕9 号），若涉及系统故障而影响业务办理时可暂停客户的业务办理并劝返客户。（　　）

答案： 错

❓ 39. 根据《北京电力交易中心电力交易大厅服务管理规定（试行）》（京电交综〔2018〕9 号），营业结束后仍有客户等待办理业务，可按照规定时间正常下班。（　　）

答案： 错

❓ 40. 根据《统一电力交易服务热线运营管理办法（试行）》（京电交市〔2022〕50 号），原则上每日 12:00 至 14:00 及 17:30 至次日 8:30（新疆 14:00 至 16:00 及 19:30 至次日 10:30）期间不得开展客户回访。（　　）

答案： 对

❓ 41. 根据《统一电力交易服务热线运营管理办法（试行）》（京电交市〔2022〕50 号），国网客服中心、各省电力交易中心每 2 年至少组织一次对知识库的全面审核，确保内容完整、准确、适用，满足客户需求。（　　）

答案： 错

❓ 42. 根据《发电机组进入及退出商业运营办法》（国能发监管规〔2023〕48 号），火电以外的可再生能源发电机组、独立新型储能自首台机组或逆变器并网发电之日起纳入电力并

网运行和辅助服务管理。（　　）

答案： 错

❓ 43. 根据《发电机组进入及退出商业运营办法》（国能发监管规〔2023〕48 号），发电机组和独立新型储能在规定时间内自动进入商业运营的，调试运行期自并网时间点起至完成整套设备启动试运行时间点止。（　　）

答案： 对

❓ 44. 根据《电力业务许可证监督管理办法》（国能发资质〔2020〕69 号），发电机组技改后装机容量发生变化的，应符合国家有关规定。特殊情况下，经当地政府主管部门同意后，也可单独登记处理。（　　）

答案： 错

❓ 45. 市场主体收到数字证书后可自行完成绑定。（　　）

答案： 错

❓ 46. 根据《新型储能主体注册规范指引（试行）》（京电交市〔2022〕73 号），新型储能主体需要新增储能项目（单元）的，按照注册流程办理新增项目（单元）信息注册业务。（　　）

答案： 对

❓ 47. 根据《新型储能主体注册规范指引（试行）》（京电交市〔2022〕73 号），市场主体配建储能且发电特性、用电特性发生变化时，该市场主体需在电力交易机构履行信息变更手续，建立配建储能项目（单元）信息表。（　　）

答案： 对

❓ 48. 已参与电力市场交易的新型储能主体，应提前 40 个工作日向电力交易机构提交退出申请，终止交易月之前（含当月），相关交易合同由该储能主体（项目）继续履行，或通过自主协商的方式完成交易合同处理。（　　）

答案： 错

❓ 49. 根据《关于推进售电侧改革的实施意见》，拥有配电网经营权的售电公司应取得电力业务许可证（售电类）。（　　）

答案： 错

❓ 50. 根据《关于推进售电侧改革的实施意见》，拥有自备电源的用户应按规定承担国家依法合规设立的政府性基金，以及与产业政策相符合的政策性交叉补贴和系统备用费。（　　）

答案： 对

❓ 51. 根据《关于推进售电侧改革的实施意见》，退出市场的主体由省级政府或由省级政府授权的部门在目录中删除，交易机构取消注册，无需再向社会公示。（　　）

答案：错

❓ 52. 根据《电力中长期交易基本规则》（发改能源规〔2020〕889 号），市场主体参与电力市场化交易，应当符合准入条件，在电力交易机构办理市场注册。电力交易机构应当保证注册提交材料的真实性、完整性。（　　）

答案：错

❓ 53. 市场主体相关注册材料应提交原件，由企业法定代表人（或授权委托人）签字并加盖公章。（　　）

答案：错

❓ 54. 已入市的电力用户发生用电类别变更、不再满足市场准入条件时，可申请退出市场。（　　）

答案：对

❓ 55. 根据《电力中长期交易基本规则》（发改能源规〔2020〕889 号），电力用户或者售电公司关联的用户发生并户、销户等信息发生变化时，市场主体只需在电网企业办理变更，无需在电力交易机构重复办理注册信息变更手续。（　　）

答案：错

❓ 56. 发电企业、电力用户、配售电企业根据交易需求和调度管理关系在相应的电力交易机构办理注册手续。售电公司自主选择一家就近的电力交易机构办理注册手续。（　　）

答案：错

❓ 57. 市场主体提交退出市场申请内容主要包括市场退出原因、与其他市场主体之间的交易及结算情况、与其他市场主体之间尚未履行完毕的交易协议的处理情况。（　　）

答案：对

❓ 58. 根据《售电公司市场注册及运营服务规范指引》（京电交市〔2022〕25 号），售电公司若在其他省开展售电业务或取消已开展的售电业务，可在首注地电力交易中心或业务所在地任一省级交易中心申请售电范围变更。（　　）

答案：错

❓ 59. 根据《售电公司管理办法》（发改体改规〔2021〕1595 号），外省售电公司通过电力交易平台推送至本省的不需要重新注册。（　　）

答案：对

❓ 60. 电力用户在电网企业营销部门办理增容、变更业务不能与变更购售电关系业务同时

办理。（　　　）

答案：对

❓ 61. 电网企业承担供电营业区内电力普遍服务义务，无歧视地向售电公司及零售用户提供报装、计量、抄表、核算、收费等各类供电服务。（　　　）

答案：对

❓ 62. 售电公司为零售用户提供购售电及增值服务，可代理用户办理变更购售电关系、变更用电等相关业务，但不能代为办理业扩报装。（　　　）

答案：错

❓ 63. 根据《绿色电力证书交易实施细则（试行）》（京电交市〔2022〕49 号），已在电力交易平台注册生效的市场主体，无需重复注册，根据需要补充完善银行开户、发电企业项目代码等信息和材料即可。（　　　）

答案：对

四、简答题

📑 1. 如何注册成为一家售电公司？

答案：（1）先在当地工商部门完成工商登记，经营范围包括"电力销售"等内容；已有公司可办理新增项目，新增经营范围包括"电力销售"等。

（2）办理售电增项业务的发电企业，应当分别以发电企业和售电公司的市场主体类别进行注册。

（3）准备好符合准入条件的相关证明材料，递交至政府主管部门申请准入审核。

（4）电力交易机构为经政府主管部门审核通过的售电公司提供注册服务。

📑 2. 什么是售电公司首注负责制？

答案：根据《售电公司管理办法》（发改体改规〔2021〕1595 号），各电力交易机构按照"一地注册，信息共享"原则，统一售电公司注册服务流程、服务规范、要件清单、审验标准等。

负责首次办理售电公司注册手续的电力交易机构，负责对其按照本办法规定办理业务的有关材料进行完整性审查，必要时组织对售电公司进行现场核验。鼓励网上办理注册手续，对于网上提交的材料，电力交易机构应与当事人进行原件核对。

📑 3. 根据《电力中长期交易基本规则》（发改能源规〔2020〕889 号），市场注册包括哪些业务？

答案：市场注册业务包括注册、信息变更、市场注销以及零售用户与售电公司业务关系确定等。

4. 市场主体注册信息变更流程是什么？

答案：（1）已在电力交易机构注册的市场主体注册信息发生变化时，应在规定时间内向电力交易机构申请变更，如果市场主体类别、法人、业务范围、公司股东等有重大变化的，市场主体应再次予以承诺、公示。公示期满无异议的，电力交易机构对注册信息变更申请及变更情况进行确认并向社会发布。

（2）若市场主体注册信息发生变化而未在电力交易机构进行信息变更，或者需要补充相关信息而未及时补充的，经核实后电力交易机构将情况报国家能源局派出机构、省发展改革委和省能源局，并通过电力交易平台网站对外进行通报，该情况视为提供虚假信息报征信机构处理。

（3）市场主体须及时根据实际情况对电力交易平台的注册信息进行动态更新，因注册信息未及时更新与实际信息不一致的，由市场主体自行承担相应责任。

（4）电力用户、或售电公司关联的用户发生并户、销户或者用电类别、电压等级等信息发生变化时，市场主体在营销系统办理变更的同时，需同时在电力交易机构办理注册信息变更手续。

5. 根据《售电公司管理办法》（发改体改规〔2021〕1595 号），保底售电服务由哪些售电公司承担？保底售电服务启动条件？

答案：原则上所有售电公司均可申请成为保底售电公司，地方主管部门负责审批选取其中经营稳定、信用良好、资金储备充足、人员技术实力强的主体成为保底售电公司，并向市场主体公布。保底售电服务由电力交易机构报地方主管部门和能源监管机构同意后，方可启动，启动条件：

（1）存在售电公司未在截止期限前缴清结算费用。

（2）存在售电公司不符合市场履约风险有关要求。

（3）存在售电公司自愿或强制退出市场，其购售电合同经自主协商、整体转让未处理完成。

6. 零售市场交易购售电关系管理包括哪些内容？

答案：主要包括零售用户与售电公司的购售电关系的建立、变更、解除。其中：建立购售电关系是指电力用户由非市场化用户或直接交易用户选择一家售电公司签订购售电意向协议，转为零售用户；变更购售电关系是指零售用户重新选择售电公司，签订购售电意向协议，建立新的购售电关系；解除购售电关系是指零售用户转为非市场化用户或直接交易用户。

7. 用户办理注册需要提交哪些材料？

答案：零售用户注册所需材料包括注册申请表、营业执照原件扫描件、法定代表人（或授权委托人）身份证扫描件。批发用户注册所需材料包括注册申请表、营业执照原件扫描件、法定代表人（或授权委托人）身份证扫描件、供用电合同原件扫描件、经办人授权委托书、交易员授权委托书。

8. 根据《电力业务许可证监督管理办法》（国能发资质〔2020〕69 号），持发电业务许可证企业进行哪些变更时，自变更之日起 30 日内向派出机构提出许可事项变更申请？

答案：（1）发电企业新建、改建发电机组投入运营。

（2）发电企业取得或者转让已运营的发电机组。

（3）发电企业发电机组退役。

（4）供电企业供电营业区变更。

🔘 9. 根据《售电公司市场注册及运营服务规范指引》（京电交市〔2022〕25 号），售电公司注册信息的重大信息变更包含但不限于哪些内容？

答案：（1）企业更名或法定代表人变更。

（2）公司股东、股权结构的重大变化，因公司股权转让导致公司控股股东发生变化的。

（3）按照《售电公司管理办法》（发改体改规〔2021〕1595 号）中售电量规模与资产总额的关系，发生影响售电量规模的资产总额变化。

（4）企业高级或中级职称的专业人员发生影响注册条件的变更。

（5）独立售电公司变更为拥有配电网运营权售电公司或拥有配电网运营权售电公司变更为独立售电公司。

🔘 10. 全国统一电力市场支撑平台采用数字证书作为外网用户登录凭证，市场主体办理数字证书流程是什么？

答案：（1）市场主体向指定电力交易资料收集审核代理公司提交数字证书申请材料。

（2）指定电力交易资料收集审核代理公司收到材料后进行资质审核；如审核未通过，联系客户在申请表中的联系人进行修改，直至审核通过并重新提交申请材料。

（3）市场主体办理数字证书前需提前交费。

（4）市场主体缴费后，指定电力交易资料收集审核代理公司开始制作数字证书（1～3 个工作日）。

（5）办理完成后，指定电力交易资料收集审核代理公司会将数字证书和发票单据一起寄回至申请表中所填的通讯地址。

🔘 11. 根据《发电机组进入及退出商业运营办法》（国能发监管规〔2023〕48 号），独立新型储能进入商业运营应具备哪些条件？

答案：（1）签署项目启动验收交接书或鉴定书。

（2）完成并网运行必需的试验项目，电力调度机构已确认接入系统设备（装置）满足电网安全稳定运行技术要求和调度管理要求。

（3）签订并网调度协议、购售电合同或高压供用电合同。

🔘 12. 根据《发电机组进入及退出商业运营办法》（国能发监管规〔2023〕48 号），发电机组进入商业运营应具备哪些条件？

答案：（1）签署机组启动验收交接书或鉴定书。

（2）完成并网运行必需的试验项目，电力调度机构已确认发电机组和接入系统设备（装置）满足电网安全稳定运行技术要求和调度管理要求。

（3）签订并网调度协议和购售电合同。

（4）取得电力业务许可证（发电类）。发电机组应在项目完成启动试运工作后 3 个月内（风电、光伏发电项目应当在并网后 6 个月内）取得电力业务许可证（发电类），或按规定变更许可事项，分批投产的发电项目应分批申请。符合许可豁免政策的机组除外。

（5）以发电为主、总装机容量为 5 万 kW 及以上的大、中型水电站大坝已经国家认定的机构安全注册或登记备案。

📋 13. 根据《新型储能主体注册规范指引（试行）》（京电交市〔2022〕73 号），新型储能主体满足哪些情况的可办理自愿退市（市场注销）手续？

答案：（1）市场主体宣告破产，新型储能主体（项目）不再运行。

（2）因国家政策、电力市场规则发生重大调整，导致原有新型储能主体（项目）非自身原因无法继续参加市场的情况。

（3）因电网网架调整，导致新型储能主体（项目）的充放电物理属性无法满足市场准入条件。

📋 14. 根据《新型储能主体注册规范指引（试行）》（京电交市〔2022〕73 号），存在以下哪些情形的，新型储能主体将强制退出市场？

答案：（1）依法被撤销、解散、工商注销等导致不再符合准入条件。

（2）隐瞒有关情况或者提供虚假申请材料等方式违规进入市场，且拒不整改的。

（3）严重违反市场交易规则，且拒不整改的。

（4）企业违反信用承诺且拒不整改或信用评价降低为不适合继续参与市场交易的。

（5）法律、法规规定的其他情形。

📋 15. 根据《电力业务许可证监督管理办法》（国能发资质〔2020〕69 号），持证企业具有哪些情形之一的，派出机构应当按照有关规定办理电力业务许可证注销手续？

答案：（1）许可证有效期届满未延续的。

（2）不再具有发电机组、输电网络或者供电营业区的。

（3）申请停业、歇业被批准的。

（4）因解散、破产、倒闭等原因而依法终止的。

（5）许可证依法被吊销，或者许可被撤销、撤回的。

（6）经核查，已丧失从事许可事项活动能力的。

（7）法律、法规规定应当注销的其他情形。

五、论述题

📖 1. 为什么售电公司注册时要提交社保中心出具的从业人员个人版或企业版社保缴费记录？若该售电公司从业人员社保由售电公司股东公司（或关联单位）或总公司或母公司缴

纳是否可行？为什么？

答案：（1）根据《中华人民共和国劳动法》，用人单位应依法为劳动者缴纳社会保险费，所以售电公司从业人员合同应与售电公司签订，且从业人员连续 3 个月的社保必须由申请注册的售电公司缴纳，用以证明该职工为售电公司的全职员工。

（2）若从业人员社保由售电公司股东公司（或关联单位）缴纳，不可行。缺乏合法性，需按照《中华人民共和国社会保险法》的规定，从严要求社保缴纳单位与用人单位必须一致的原则，提交用人单位的社保证明。

（3）从业人员社保可由总公司缴纳。两个公司的关系为总分公司，则可以由总公司或分公司缴纳员工社保。

（4）从业人员社保不可由母公司缴纳。两个公司的关系为母子公司，则不可以由母公司为子公司员工缴纳社保，子公司具有独立的法人资格，应当为其员工缴纳社保。

📖 **2. 售电公司自愿申请退出售电市场前应做哪些准备工作？**

答案：（1）明确退出原因和计划的终止交易月。

（2）填写自愿退出市场声明（包括与发电企业、零售用户已履行的市场交易合同的结算清算情况，以及市场化电费和交易手续费清算情况等）。

（3）尚未履行完的市场交易合同由该售电公司继续履行，或通过自主协商的方式完成未履行完合同的转让。

（4）拥有配电网运营权的售电公司申请自愿退出市场时，应提供妥善处置配电资产的证明或由电网企业接收并提供保底供电服务的相关文件。

（5）提前 45 个工作日向电力交易机构提交退出申请。

📖 **3. 某电厂有 4 台火力发电机组，且属于统一生产批次，统一规格、型号，自投运以来 4 台机组均未出现过故障，今年 1 月 4 台发电机组均到达设计使用年限，该电厂负责人根据个人经验以及实际情况判断这 4 台机组中有 1 台机组运行状况较差，其余 3 台机组均运行良好，故只申请退役运行状况较差的 1 台机组，其余 3 台均超期运行至今，请问这是否合理，并简述理由。**

答案：该电厂负责人行为不合理。根据《电力业务许可证监督管理办法》（国能发资质〔2020〕69 号），发电机组运行达到设计使用年限的，应当向派出机构申请退役或申请延续运行。申请延续运行的，还应符合下列条件：① 符合国家产业政策和节能减排政策；② 未纳入政府有关部门关停或停运计划；③ 机组实行必要的改造并经过相关安全评估。虽然该电厂 4 台发电机组中仍有 3 台运行状况良好，但 4 台发电机组均已超过设计使用年限，按照有关规定，应该向派出机构申请退役或申请延续运行。其中，申请延续运行的还应符合相关条件。

第三章　电力中长期市场

一、不定项选择题

1. 电力中长期交易，是指对未来某一时期内交割电力产品或服务的交易，包含（　　）、年、（　　）、（　　）、（　　）等不同时间维度的交易。

A. 多年　　　　　　　　B. 月　　　　　　　　C. 周　　　　　　　　D. 多日

答案：ABCD

2. 电力批发交易是指（　　）之间通过市场化方式进行的电力交易活动的总称。

A. 发电企业　　　　B. 售电公司　　　　C. 电网公司　　　　D. 电力大用户

答案：ABD

3. 电力直接交易在（　　）之间开展。

A. 发电企业　　　　B. 售电公司　　　　C. 批发用户　　　　D. 零售用户

答案：ABC

4. 开展电力中长期分时段交易的作用包括（　　）。

A. 体现电能量时段价值，引导削峰填谷　　　B. 更好适应新能源运行特性

C. 减小交易难度　　　　　　　　　　　　　D. 更有利于与现货市场机制衔接

答案：ABD

5. 以下属于电能量中长期交易的是（　　）。

A. 年度电量交易　　　B. 绿电交易　　　C. 绿证交易　　　D. 日前电量交易

答案：AB

6. 根据《电力中长期交易基本规则》（发改能源规〔2020〕889 号），电力中长期交易中电力交易机构的权利和义务包括（　　）。

A. 参与拟定相应电力交易规则

B. 负责交易注册、组织及合同管理

C. 提供信息发布平台，按照电力企业信息披露和报送等有关规定披露和发布信息

D. 监测和分析市场运行情况，依法依规干预市场

答案：ABCD

7. 根据《电力中长期交易基本规则》（发改能源规〔2020〕889 号），电力中长期交易中电力调度机构的权利和义务包括（　　）。

A. 负责安全校核

B. 按照调度规程实施电力调度，负责系统实时平衡，保障电网安全稳定运行

C. 合理安排电网运行方式，保障电力交易结果的执行

D. 对市场主体违反交易规则扰乱市场秩序等违规行为进行报告并配合调查

答案：ABC

8. 根据《电力中长期交易基本规则》（发改能源规〔2020〕889 号），电力中长期交易中售电公司的权利和义务包括（　　）。

A. 参与交易　　　　　　　　　　　　B. 履行合同

C. 获得披露信息　　　　　　　　　　D. 承担清洁能源消纳责任

答案：ABCD

9. 市场运营机构应当建立从业回避制度，对关键岗位从业人员与（　　）实施回避。

A. 发电企业　　　　　　　　　　　　B. 市场主体利益相关方

C. 发电企业及售电公司　　　　　　　D. 电网公司

答案：B

10. 下列市场成员中需具备满足参与市场化交易要求的技术支持手段的是（　　）。

A. 发电企业　　　　B. 售电公司　　　　C. 电力交易机构　　　　D. 电力用户

答案：ABCD

11. 下列市场成员中有履行清洁能源消纳责任的是（　　）。

A. 发电企业　　　　B. 售电公司　　　　C. 电力交易机构　　　　D. 电力用户

答案：BD

12. 根据《电力中长期交易基本规则》（发改能源规〔2020〕889 号），电网企业需提供供电服务给（　　）。

A. 按照政府定价的用户　　　　　　　B. 按照政府相关规定优先购电的用户

C. 不参与市场化交易的用户　　　　　D. 上述所有

答案：D

13. 年度累计交易电量是指单个市场主体在交易年度（　　）合约电量的绝对值之和。

A. 买入　　　　　B. 卖出　　　　　C. 批发　　　　　D. 零售

答案：AB

14. 在年度交易的基础上要建立月度交易机制，主要原因是（　　）。

A. 缩短交易周期　　　　　　　　　　B. 增加交易频次

C. 为市场主体提供灵活调剂合同余缺的机会　D. 解决用电不均衡的问题

答案：ABCD

🔹 15. 影响批发市场主体中长期交易收益的因素包含（　　）。

A. 中长期不平衡费用　B. 交易曲线　　　　C. 交易方式　　　　D. 交易品种

答案：ABC

🔹 16. 下列交易中属于场外交易的有（　　）。

A. 双边协商交易　　　B. 合同转让交易　　　C. 挂牌交易　　　　D. 集中竞价交易

答案：AB

🔹 17. 以下关于电力中长期交易中月度和月内交易的说法正确的是（　　）。

A. 月度交易的标的物为当月电量

B. 月内交易的标的物为月内剩余天数或者特定天数的电量

C. 月内交易主要以双边交易方式开展

D. 月内交易可定期开市或者连续开市

答案：BD

🔹 18. 根据《电力中长期交易基本规则》（发改能源规〔2020〕889 号），除国家有明确规定的情况外，原则上不进行限价的交易方式是（　　）。

A. 双边协商　　　　　B. 集中竞价　　　　　C. 滚动撮合　　　　D. 挂牌交易

答案：A

🔹 19. 采用集中交易方式开展月度交易时，发电企业、售电公司和电力用户在规定的报价时限内通过电力交易平台申报报价数据。电力交易机构根据（　　）进行市场出清，形成集中交易预成交结果。

A. 电力调度机构提供的机组可发电量

B. 电力调度机构提供的负荷预测

C. 电力调度机构提供的关键通道月度可用输电容量

D. 营销部门提供的用电量预测

答案：C

🔹 20. 以下关于可用输电容量的说法正确的有（　　）。

A. 输电网传输能力的一种度量标准

B. 指在已成交传输容量的基础上，输电网对市场交易还可以提供的最大传输容量

C. 总输电容量是指考虑系统物理约束情况下的最小传输容量

D. 不会随时间、电网结构、断面变化而改变

答案：AB

21. 定期开市的交易，交易公告提前（　　）个工作日发布。

A. 1　　　　　　　　B. 2　　　　　　　　C. 3　　　　　　　　D. 4

答案：A

22. 不定期开市的交易，交易公告提前（　　）个工作日发布。

A. 4　　　　　　　　B. 5　　　　　　　　C. 6　　　　　　　　D. 7

答案：B

23. 以下关于电力中长期交易的说法错误的是（　　）。

A. 双边协商交易原则上不进行限价

B. 集中竞价交易中，为避免市场操纵及恶性竞争，可以对报价或者结算价格设置上限

C. 参与直接交易机组发电能力明显大于用电需求的地区可对报价或者结算价格设置上限

D. 采用发用电调度曲线一致方式执行合同的电力用户，不再执行峰谷电价，按直接交易电价结算

答案：BC

24. 可再生能源发电企业参与电力中长期交易的准入条件不包括（　　）。

A. 满足并网相关标准并签订并网调度协议　　B. 属于平价新能源项目

C. 取得或豁免电力业务许可证　　　　　　　D. 签订购售电合同中的容量全部并网

答案：BD

25. 挂牌交易指市场主体通过电力交易平台，将需求电量或者可供电量的（　　）和（　　）等信息对外发布要约，由符合资格要求的另一方提出接受该要约的申请。

A. 数量　　　　　　B. 价格　　　　　　C. 价差　　　　　　D. 报价

答案：AB

26. 挂牌交易的成交价格根据（　　）确定。

A. 摘牌方价格　　　B. 挂牌方价格　　　C. 报价出清　　　　D. 高低匹配出清

答案：B

27. 挂牌交易的主要挂牌信息不包括（　　）。

A. 交易电量　　　　B. 分解曲线　　　　C. 挂牌主体信息　　D. 合约周期

答案：C

28. 关于交易出清模式的"高低匹配法"，下列描述中正确的是（　　）。

A. 由市场主体双边协商匹配

B. 存在价差的购售报价依次进行匹配成交

C. 最高的买价与最低的卖价进行匹配，优先成交

D. 最高卖价低于最低买价时，匹配终止

答案：C

29. 下列关于集中竞价交易策略的描述，错误的是（　　）。

A. 理想的、完全竞争的电力市场中，社会福利得到最大化

B. 发电企业主要考虑的问题是如何实现更高的边际利润，因而应采用尽可能报高价的策略

C. 统一边际出清规则下，发电商应按机组边际成本报价

D. 统一边际出清规则下，除非自己是边际机组，否则出清价与机组报价关系不大

答案：B

30. 采用集中竞价方式组织电力中长期交易时，若采用边际出清机制，下列描述中正确的是（　　）。

A. 供大于求时，由边际卖方报价决定市场统一计算价格

B. 供大于求时，由买方报价决定市场统一计算价格

C. 供不应求时，由边际买方报价决定市场统一结算价格

D. 对于非边际主体来说，报价与出清价格无关，报价低（卖方）或高（买方）于边际价格的成交

答案：D

31. 组织月度电量交易时，某市场集中竞争交易统一出清价为 490 元/MWh，下列描述中申报价格一定会全额成交的是（　　）。

A. 买方最高申报 485 元/MWh，卖方最低申报 490 元/MWh

B. 买方最低申报 490 元/MWh，卖方最高申报 490 元/MWh

C. 买方最高申报 495 元/MWh，卖方最高申报 492 元/MWh

D. 买方最低申报 492 元/MWh，卖方最低申报 480 元/MWh

答案：B

32. 关于滚动撮合出清方式，下列说法中正确的是（　　）。

A. 买方提交申报意向时，将低于或等于其申报价格的卖方申报报单按照申报价格由低到高排序，价格相等时按照申报时间由早到晚排序，依次成交

B. 卖方提交申报意向时，将高于或等于其申报价格的买方申报报单按照申报价格由高到低排序，价格相等时按照申报时间由早到晚排序，依次成交

C. 市场主体已交易成功的可在当日交易开市期间进行撤销

D. 按照价格优先、时间优先的原则进行滚动撮合成交

答案：ABD

33. 为保障系统整体的备用和调峰调频能力，在各类市场化交易开始前，电力调度机构可以根据（　　）、（　　）、（　　）以及（　　），折算得出各机组的电量上限，对参与市场化交易的机组发电利用小时数提出限制建议。

A. 机组可调出力　　　B. 检修天数　　　C. 系统负荷曲线　　　D. 电网约束情况

答案：ABCD

⏱ 34. 年度交易结束后，电力调度机构在（　　）个工作日内返回安全校核结果，由电力交易机构发布。

A. 1　　　　　　　　B. 2　　　　　　　　C. 3　　　　　　　　D. 5

答案：D

⏱ 35. 月度交易结束后，电力调度机构在（　　）个工作日内返回安全校核结果，由电力交易机构发布。

A. 1　　　　　　　　B. 2　　　　　　　　C. 3　　　　　　　　D. 5

答案：B

⏱ 36. 月内交易结束后，电力调度机构在（　　）个工作日内返回安全校核结果，由电力交易机构发布。

A. 1　　　　　　　　B. 2　　　　　　　　C. 3　　　　　　　　D. 5

答案：A

⏱ 37. 各类交易应当通过电力调度机构安全校核，安全校核的主要内容包括（　　）等。

A. 通道输电能力限制　　　　　　　　B. 机组发电能力限制

C. 机组辅助服务限制　　　　　　　　D. 机组停电检修限制

答案：ABC

⏱ 38. 安全校核未通过时，由电力交易机构进行交易削减。对于双边交易，可按照（　　）等原则进行削减。

A. 时间优先　　　　　B. 等比例　　　　　C. 价格优先　　　　　D. 节能低碳

答案：AB

⏱ 39. 中长期市场根据（　　）分解电量，按照（　　）价格进行结算。

A. 中长期合约　　　B. 实际电量　　　C. 合约约定　　　D. 固定

答案：AC

⏱ 40. 非市场化机组以（　　）作为结算价格。

A. 政府批复的上网电价　　　　　　　B. 目录销售电价

C. 中长期交易合同价格　　　　　　　D. 现货市场节点电价

答案：A

⏱ 41. 根据《电力中长期交易基本规则》（发改能源规〔2020〕889 号），下列关于发电侧上下调预挂牌机制的说法正确的是（　　）。

A. 月度交易结束后，发电机组申报上下调报价

B. 电力交易机构按照上调报价由低到高排序形成上调机组调用排序列表

C. 电力交易机构按照下调报价由低到高排序形成下调机组调用排序列表

D. 机组提供的上调或者下调电量根据电力调度机构的实际调用量进行结算

答案：ABD

42. 上下调预挂牌机制的申报方式为（　　）。

A. 报量报价　　　　B. 报量不报价　　　　C. 报价不报量　　　　D. 报价

答案：C

43. 上下调报价相同时按照（　　）进行优先级排序。

A. 时间先后　　　B. 节能低碳　　　C. 装机容量　　　D. 中长期仓位

答案：AB

44. 某参与市场交易的发电机组铭牌容量为 500MW，最大可调出力为 540MW，系统分配至其旋转备用容量 100MW，则进行有约束出清后可能中标（　　）MW。

A. 540　　　　　B. 500　　　　　C. 440　　　　　D. 400

答案：D

45. 售电公司需按照规则向电力交易机构、电力调度机构提供签约零售用户的（　　）以及其他生产信息，获得市场化交易、输配电服务和签约市场主体的基础信息等相关信息，承担用户信息保密义务。

A. 用户编号　　　　B. 典型负荷曲线　　　　C. 交易电力电量需求　D. 实际用电量

答案：BC

46. 根据《电力中长期交易基本规则》（发改能源规〔2020〕889 号），电力交易机构应当根据经安全校核后的交易结果，对年度交易分月结果和月度交易结果进行汇总，于（　　）发布汇总后的交易结果。

A. 每月月底前　　　　　　　　B. 交易结束次日

C. 每月 20 号（遇节假日顺延）　　　　D. 次月 1 日前

答案：A

47. 交易机构发布交易结果后，市场主体对交易结果有异议的，应当在结果发布（　　）个工作日内向电力交易机构提出，由电力交易机构会同电力调度机构在（　　）个工作日内给予解释。

A. 1，2　　　　　B. 1，3　　　　　C. 1，1　　　　　D. 2，1

答案：C

48. 对电力中长期交易结果进行安全校核时，若电力调度机构因（　　）和（　　）原因调整中长期交易计划，应当详细记录原因并向市场主体说明。

A. 电网安全约束   B. 电网安全

C. 清洁能源消纳   D. 关键断面可用输电容量约束

答案：BC

49. 下列关于点对网专线输电发电机组的描述正确的是（   ）。

A. 视同为送电地区发电机组

B. 纳入受电地区电力电量平衡

C. 有剩余能力时可参与送出省电力市场交易

D. 根据受电地区发电计划放开情况参与受电地区电力市场化交易

答案：BD

50. 省间电力中长期交易日历主要包括（   ）、多日、日交易安排等。

A. 年度   B. 月度   C. 周   D. 多年

答案：ABC

51. 在跨区跨省交易中，输电损耗未明确的，暂按该输电通道前（   ）年输电损耗的平均值计算，报国家能源局备案后执行。

A. 一   B. 二   C. 三   D. 五

答案：C

52. 当出现以下情况中的（   ）时，电力交易机构、电力调度机构可依法依规采取市场干预措施。

A. 电力系统内发生重大事故危及电网安全的

B. 发生恶意串通操纵市场的行为，并严重影响交易结果的

C. 因不可抗力电力市场化交易不能正常开展的

D. 国家能源局及其派出机构作出暂停市场交易决定的

答案：ABCD

53. 电力中长期交易中，零售用户结算电价定价方式主要包括（   ）。

A. 固定价格   B. 价差分成

C. 固定价格+价差分成   D. 成交均价+固定价差

答案：ABCD

54. 国家能源局派出机构和地方政府电力管理部门根据职能依法履行省（区、市）电力监管职责，对市场主体有关（   ）等情况实施监管。

A. 市场操纵力   B. 公平竞争   C. 电网公平开放   D. 交易行为

答案：ABCD

55. 根据《电力中长期交易基本规则》（发改能源规〔2020〕889 号），电力交易机构、

电力调度机构根据有关规定，履行（　　　）等职责。

A. 市场运营　　　　B. 市场监控　　　　C. 风险防范　　　　D. 风险防控

答案：ABD

56. 无正当理由退市的经营主体，原则上原法人以及其法人代表（　　　）内均不得再选择市场化交易。

A. 1 年　　　　　　B. 2 年　　　　　　C. 3 年　　　　　　D. 5 年

答案：C

57. 根据《电力中长期交易基本规则》（发改能源规〔2020〕889 号），对于具备条件的交易机构经市场管理委员会同意，可向市场主体合理收费，经费收支情况应向（　　　）公开。

A. 政府和监管机构　　B. 市场主体　　　　C. 社会　　　　　　D. 各股东方

答案：B

58. 根据《电力中长期交易基本规则》（发改能源规〔2020〕889 号），月度最后（　　　），根据电力电量平衡预测，当合同电量分解执行后无法满足省内供需平衡时，电力调度机构参考上下调机组排序安排后续发电计划。

A. 7 个自然日　　　B. 7 个工作日　　　C. 5 个自然日　　　D. 5 个工作日

答案：A

59. 交易中心发布月度交易电量结算依据后（　　　）个工作日内，电网企业根据交易中心出具的结算依据进行电费结算，并向经营主体出具月度电费结算单，签章后向市场主体发布。

A. 5　　　　　　　　B. 7　　　　　　　　C. 9　　　　　　　　D. 10

答案：A

60. （　　　）负责本企业所辖用户电能计量及采集装置的日常运维，按照电力市场结算要求，定期将电力用户关口电能计量点计量装置记录的电量数据，传送给电力交易机构，作为结算基础数据。

A. 电网企业　　　　　　　　　　　B. 电力用户

C. 发电企业　　　　　　　　　　　D. 拥有配电网运营权的售电公司

答案：AD

61. 根据《电力中长期交易基本规则》（发改能源规〔2020〕889 号），跨区跨省交易结算，由组织该交易的机构会同受端（　　　）向市场成员出具结算依据。

A. 电力调度机构　　B. 电力交易机构　　C. 电网企业　　　　D. 当地电力主管部门

答案：B

62. 下列有关发电企业结算的权利与责任描述正确的是（　　　）。

A. 按照市场规则参与市场交易，履行交易合约，服从电力调度管理，享受输配电服务

B. 在合约有效期内依据合约获取相关方履行合约的信息，在临时结果公示后审核确认本企业结算结果并反馈意见

C. 按照市场规则，承担辅助服务偏差考核违约等相关责任

D. 向电网企业开具增值税专用发票并收取电费

答案：ABCD

63. 电力用户侧（包括批发交易电力用户、售电公司、非市场用户）的偏差电量费用与发电侧的上下调费用、偏差电量费用等之间的差额，按照电量占比分摊或者返还给（　　）。

A. 所有发电机组　　　　B. 所有市场化用户　　　C. 所有市场主体　　　D. 非统调机组

答案：C

64. 电网企业（　　）输配电费，（　　）、（　　）电费和政府性基金及附加等，按时完成电费结算。

A. 收取　　　　　　　B. 代收　　　　　　　C. 代付　　　　　　　D. 支付

答案：ABC

65. 电力用户的基本电价、政府性基金及附加、峰谷分时电价、功率因数调整等按照（　　）按实收取。

A. 电压等级　　　　　B. 类别　　　　　　　C. 行业　　　　　　　D. 实际用电量

答案：AB

66. 经营主体对计量数据存在疑议时，由（　　）组织相关市场成员协商解决。

A. 电力交易机构　　　　　　　　　　B. 电网企业

C. 具有资质的电能计量检测机构　　　D. 国家能源局派出机构

答案：B

67. 电力交易机构向各市场成员提供的结算依据包括（　　）。

A. 实际结算电量

B. 各类交易合同电量、电价和电费

C. 合同偏差和调试电量、电价和电费

D. 接受售电公司委托出具的零售交易结算依据

答案：ABCD

68. 根据《电力中长期交易基本规则》（发改能源规〔2020〕889号），（　　）应当保证最小交易周期的结算需要，保证计量数据准确、完整。

A. 计量周期　　　　　B. 抄表时间　　　　　C. 抄表周期　　　　　D. 计量精度

答案：AB

69. 根据《电力市场监管办法》，电力市场监管的对象为电力市场成员，电力市场成员包括（　　　）等。

A. 电力交易主体 　　　　　　　　B. 电力市场运营机构

C. 提供输配电服务的电网企业 　　D. 电力调度机构

答案：ABC

70. 根据《电力市场监管办法》，电力监管机构对售电企业、电力用户、储能企业、虚拟电厂、负荷聚合商等参与批发电力市场交易行为中的（　　　）实施监管。

A. 不正当竞争 　　　　　　　　　B. 串通报价

C. 所属或者关联企业市场份额 　　D. 其他违规交易行为

答案：ABD

71. 根据《电力市场监管办法》，国家发展改革委、国家能源局依法组织制定电力市场运行规则。电力市场运行规则包括（　　　）、信用管理、信息披露等相关规则、细则。

A. 电力市场运行基本规则 　　　　B. 市场准入注册

C. 交易组织 　　　　　　　　　　D. 计量结算

答案：ABCD

72. 根据《电力市场监管办法》，出现以下情形中的（　　　）时，应当修订电力市场运行规则。

A. 法律或者国家政策发生重大调整的

B. 电力市场运行环境发生重大变化的

C. 交易组织电力市场成员提出修订意见和建议，电力监管机构、地方政府有关部门认为确有必要的

D. 电力监管机构、地方政府有关部门认为必要的其他情形

答案：ABCD

73. 根据《北京电力交易中心跨区跨省电力中长期交易实施细则（修订稿）》（京电交市〔2022〕26 号），市场运营机构主要包括（　　　）。

A. 北京电力交易中心 　　　　　　B. 各省（区、市）电力交易中心

C. 国家电力调度控制中心 　　　　D. 网调、各省（区、市）电力调度控制中心

答案：ABCD

74. 根据《北京电力交易中心跨区跨省电力中长期交易实施细则（修订稿）》（京电交市〔2022〕26 号），跨区跨省电力中长期电力用户按照细则参与跨区跨省交易，签订和履行交易合同，提供交易所必须的（　　　）以及相关生产信息。

A. 电力电量需求 　　B. 用电价格 　　C. 典型负荷曲线 　　D. 公司资产

答案：AC

75. 根据《北京电力交易中心跨区跨省电力中长期交易实施细则（修订稿）》（京电交市〔2022〕26号），拥有燃煤自备电厂的用户应当按规定承担（　　）。

A. 国家政府性基金及附加　　　　　　　　B. 政策性交叉补贴

C. 输配电价　　　　　　　　　　　　　　D. 系统备用费

答案：ABD

76. 跨区跨省交易前，集中竞价、滚动撮合规模上限由相关电网企业（含电力调度机构）根据本省区（　　）在交易平台确定。

A. 最大外送能力　　B. 受入能力　　C. 剩余通道能力　　D. 电网约束情况

答案：ABC

77. 根据《北京电力交易中心跨区跨省电力中长期交易实施细则（修订稿）》（京电交市〔2022〕26号），集中竞价出清算法分为（　　）。

A. 边际电价法　　B. 统一出清法　　C. 报价撮合法　　D. 分散出清法

答案：AC

78. 委托电网企业代理参与跨区跨省交易的电力用户或售电公司，必须有（　　）。

A. 履约保函　　B. 购售电合同　　C. 委托协议　　D. 书面协议

答案：C

79. 经营主体参与跨区跨省集中竞价交易时，应（　　）申报电量、价格。

A. 分时段　　B. 分时　　C. 分阶梯　　D. 分段

答案：AC

80. 跨区跨省交易中的年度交易是指执行时间为（　　）的交易。

A. 自次年起多年　　B. 次年全部月份　　C. 次年部分月份　　D. 以上都是

答案：D

81. 在跨区跨省交易中，采用滚动撮合方式组织交易时，若预成交电量小于预出清电量，预成交曲线按照（　　）等比例调减。

A. 交易优先级　　B. 预出清曲线形状　　C. 清洁能源优先　　D. 时间优先

答案：B

82. 根据《北京电力交易中心跨区跨省电力中长期交易实施细则（修订稿）》（京电交市〔2022〕26号），采用集中竞价交易方式时，对购电方和售电方报价可实行最高限价和最低限价。最低限价和最高限价由（　　）提出，经国家能源局派出机构和地方政府相关部门审定后发布。

A. 电力调度机构　　B. 交易中心　　C. 市场管理委员会　　D. 国调中心

答案：C

83. 跨区跨省电力中长期交易中，电网企业依据跨区跨省（   ），作为购电方，签订和履行厂网间优先发电合同及跨区跨省交易合同。

A. 优先发电计划   B. 交易计划

C. 剩余通道输电能力   D. 计划分配电量

答案：A

84. 跨区跨省交易中双边协商交易流程包括（   ）、安全校核、成交结果发布。

A. 要约填报   B. 要约受理   C. 要约发布   D. 交易申报

E. 交易预成交及发布

答案：ABCDE

85. 根据《电力中长期交易基本规则》（发改能源规〔2020〕889 号），计量数据出现错误时，应由（   ）出具书面报告，购售双方协商一致并提供书面确认材料，对结算数据进行修正。

A. 电力交易机构   B. 相关计量权威部门

C. 电网企业   D. 政府主管部门

答案：B

86. 执行日后（   ）个工作日内，北京电力交易中心将跨区跨省电力中长期交易日清分结果通过交易平台向相关市场主体和省（区、市）电力交易中心发布。相关方在收到交易清分单后（   ）个工作日通过平台确认，逾期视为已确认。

A. 5   B. 4   C. 2   D. 1

答案：AC

87. 每月前（   ）个工作日内，北京电力交易中心依据跨区跨省交易核对结算单及协商结果形成正式结算，签章后通过交易平台向相关市场主体和省（区、市）电力交易中心发布，市场主体（含电网企业）之间依据交易结算单、国家相关文件和合同约定开展电费结算。

A. 5   B. 7   C. 9   D. 10

答案：C

88. 绿色电力交易按照相关中长期交易规则（   ）结算。

A. 同等   B. 优先   C. 滞后   D. 全额

答案：B

89. 电力交易机构向经营主体出具的绿色电力交易结算依据包含（   ）。

A. 绿色电力交易电能量结算电量、电能量价格、电能量费用

B. 绿色电力交易绿色电力环境价值结算电量、绿色电力环境价值、绿色电力环境价值费用

C. 绿色电力交易电能量偏差结算费用

D. 绿色电力环境价值偏差补偿费用

答案：ABCD

🔘 90. 绿电电力交易方式包括（   ）。

A. 双边协商   B. 挂牌交易   C. 集中竞价   D. 滚动撮合

答案：ABC

🔘 91. 绿色电力证书是国家对发电企业每（   ）可再生能源上网电量颁发的具有唯一代码标识的电子凭证，作为绿色电力环境价值的唯一凭证。

A. 千瓦时   B. 兆瓦时   C. 千千瓦时   D. 万千瓦时

答案：B

🔘 92. 以下属于参与绿色电力交易的经营主体的是（   ）。

A. 发电企业（含分布式发电主体）   B. 电力用户

C. 售电公司   D. 聚合商

E.储能和虚拟电厂

答案：ABCDE

🔘 93. 分布式发电主体准入参与绿电市场后，以（   ）方式参与绿色电力交易。

A. 挂牌   B. 聚合   C. 售电公司竞价   D. 聚合商双边协商

答案：B

🔘 94. 绿电交易组织中，（   ）属于各省级电力交易中心的权利与义务。

A. 电力交易市场注册   B. 出具绿电交易相关结算依据

C. 信息披露   D. 配合政府主管部门完善省内相关交易规则

答案：ABCD

🔘 95. 绿电交易组织中，（   ）属于电力调度机构的权利与义务。

A. 参与编制、修订绿色电力交易相关规则   B. 安全校核

C. 通道可用输电容量   D. 保障绿色电力交易结果的执行

答案：BCD

🔘 96. 绿色电力交易平台是支撑绿色电力交易开展的技术支持系统，（   ）属于绿色电力交易平台。

A."e-交易"平台   B."e-交易"App   C.新一代电力交易平台   D.电力交易 App

答案：BC

🔘 97. 经营主体的绿色电力账户包括参与绿色电力交易的（   ）等信息。

A. 合同   B. 结算   C. 绿证核发   D. 绿证划转

答案：ABCD

98. 参与绿色电力交易的电力用户，其用电价格由（　　）、输配电价、政府性基金及附加等构成。

A. 电能量价格　　　　B. 绿证价格　　　　C. 上网环节线损费用　D. 系统运行费用

答案：ABCD

99. 采用集中方式组织年度绿电交易时，绿色电力环境价值统一取交易组织当年（　　）绿证市场成交均价。

A. 1～9 月　　　　B. 1～10 月　　　　C. 1～11 月　　　　D. 前三季度

答案：B

100. 关于平价项目参与绿电交易，以下说法正确的是（　　）。

A. 所有平价项目均可参与绿电交易　　　B. 交易电价可能高于当地燃煤基准价

C. 成交电量对应绿证可进行转让　　　　D. 属于电力中长期交易

答案：BD

101. 在绿电交易结算过程中，对计量数据存在疑义时，由具有相应资质的电能计量检测机构确认并出具报告，由电网企业组织（　　）协商解决。

A. 相关市场成员　　　　　　　　B. 相关市场运营机构

C. 相关市场经营主体　　　　　　D. 相关发电企业

答案：A

102. 北京电力交易中心负责绿证交易的具体工作包括（　　）。

A. 交易组织　　　　B. 交易结算　　　　C. 信息披露　　　　D. 市场主体注册

答案：ABC

103. 在绿证信息中，标记（　　）等信息，用以满足不同用户购买需求。

A. 发电类型　　　　B. 上网电量　　　　C. 补贴情况　　　　D. 发电生产日期

答案：ABD

104. 在用户完成绿证交易全部资金支付后（　　）内，相应资金划入发电企业资金账户。

A. 1 个工作日　　　　B. 2 个工作日　　　　C. 3 个工作日　　　　D. 5 个工作日

答案：A

105. 绿证交易信息披露的主要内容包括成交（　　）等信息。

A. 日期　　　　B. 规模　　　　C. 均价　　　　D. 绿证类型

答案：BCD

106. 根据《北京电力交易中心可再生能源电力超额消纳量交易规则（试行）》，（　　）依规履行全国超额消纳量交易市场监督职责。

A. 国家发展改革委　　　　　　　　　B. 各省级能源主管部门

C. 国家能源局派出监管机构　　　　　D. 国家能源局

答案：D

107. 根据《北京电力交易中心可再生能源电力超额消纳量交易规则（试行）》，超额消纳量交易通过（　　　）开展交易。

A. 新一代电力交易平台　　　　　　　B. "e-交易"App

C. 可再生能源电力消纳凭证交易系统　D. 可再生能源消纳凭证交易系统

答案：C

二、填空题

1. 电力市场成员包括（　　）、（　　）和（　　）。

答案：经营主体　电力市场运营机构　提供输配电服务的电网企业

2. 电力用户有权获得公平的输配电服务和电网接入服务，按时支付（　　）、（　　）、政府性基金及附加等。

答案：购电费　输配电费

3. 并网自备电厂公平承担发电企业社会责任、承担国家依法依规设立的政府性基金及附加以及与产业政策相符合的政策性交叉补贴，取得电力业务许可证（发电类），达到（　　）、（　　）要求，可作为市场主体参与市场化交易。

答案：能效　环保

4. 电能量市场化交易（含省内和跨区跨省）价格包括（　　）、（　　）、（　　）和超低排放电价。

答案：脱硫　脱硝　除尘

5. 集中竞价交易可采用（　　）或者（　　）等价格形成机制。

答案：边际出清　高低匹配

6. 滚动撮合交易是指在规定的交易起止时间内，市场主体可以随时提交购电或者售电信息，电力交易平台按照（　　）、（　　）的原则进行滚动撮合成交；采用（　　）、（　　）的价格形成机制。

答案：时间优先　价格优先　滚动报价　撮合成交

7. 各电力交易机构负责组织开展可再生能源电力相关交易，在中长期电力交易（　　）、（　　）等环节对承担消纳责任的市场主体给予提醒。

答案：合同审核　电力交易信息公布

💬 8. 月内交易主要以（　　）方式开展。

答案： 集中交易

💬 9. 月内交易结束后，电力调度机构在（　　）个工作日内返回安全校核结果，由电力交易机构发布。

答案： 1

💬 10. 采用（　　）和（　　）相结合的方式，推动优先发电参与市场。

答案： 保量保价　保量竞价

💬 11. 为有效规避市场风险，对现货市场以及集中撮合的中长期交易实施（　　）和（　　）限价。

答案： 最高　最低

💬 12. 根据《电力中长期交易基本规则》（发改能源规〔2020〕889 号），系统月度实际用电需求与月度发电计划存在偏差时，可通过发电侧（　　）机制进行处理，采用"（　　）"方式，具有调节能力的机组均应当参与上下调报价。

答案： 上下调预挂牌　报价不报量

💬 13. 组织年度交易应当在年度电力电量预测平衡的基础上，结合检修计划，按照不低于关键通道可用输电容量的（　　）%下达交易限额。

答案： 80

💬 14. 电力调度机构应当根据经安全校核后的月度（含调整后的）发电计划以及清洁能源消纳需求，合理安排电网（　　）和（　　）。

答案： 运行方式　机组开机方式

💬 15. 无正当理由退市的电力用户，由（　　）承担保底供电责任。电网企业与电力用户交易的保底价格在电力用户缴纳输配电价的基础上，按照政府核定的目录电价的（　　）倍执行。

答案： 为其提供输配电服务的电网企业　1.2～2

💬 16. 对于滥用市场操纵力、不良交易行为等违反电力市场秩序的行为，可进行市场内部曝光；对于严重违反交易规则的行为，可依据（　　）等有关规定处理。

答案：《电力监管条例》

💬 17. 售电公司在批发市场与零售市场应考虑（　　）和（　　）等费用，相关盈亏由售电公司承担。

答案： 电力辅助服务费用　阻塞费用

💬 18. 现阶段，需研究完善零售市场与批发市场在（　　）、（　　）、（　　）等方面的衔接机制，推动零售市场更加有效地融入电力市场体系。

答案： 交易周期　价格传导　偏差处理

💬 19. 电网企业应当根据市场运行需要为经营主体安装符合技术规范的计量装置；计量装置原则上安装在（　　　），该处无法安装计量装置的，考虑相应的变（线）损。

答案： 产权分界点

💬 20. 发电企业、跨区跨省交易送受端计量点应当安装相同（　　　）、相同（　　　）、相同（　　　）的主、副电能表各一套。

答案： 型号　规格　精度

💬 21. 发电企业偏差电量指发电企业因（　　　）引起的超发或者少发电量，超发电量获得售电费用，少发电量支付购电费用。

答案： 自身原因

💬 22. 电力调度机构应当对结算周期内发电企业的偏差电量进行记录，包括偏差原因、起止时间、偏差电量等。在发电企业（　　　）电量基础上，扣除各类合同电量、偏差电量后，视为发电企业的（　　　）电量，按照其申报价格结算。

答案： 实际上网　上下调

💬 23. 根据《电力中长期交易基本规则》（发改能源规〔2020〕889 号），除（　　　）执行政府确定的价格外，电力中长期交易的成交价格应通过市场化方式形成。

答案： 计划电量

💬 24. 根据《电力中长期交易基本规则》（发改能源规〔2020〕889 号），优先发电电量和基数电量的分月计划可由合同签订主体在（　　　）进行调整和确认，其执行偏差可通过预挂牌上下调机制（或其他偏差处理机制）处理。

答案： 月度执行前

💬 25. 月度电量交易计划主要包括（　　　）、预安排的多发（少发）电量、（　　　）、（　　　）、（　　　）、跨区跨省购电量、地调直调发电企业计划电量、非统调发电企业上网电量等。

答案： 次月全网调度发受电量预测　煤电（含煤矸石发电）企业市场合同电量　其他发电企业市场合同电量　优先发电计划电量

💬 26. 根据《电力中长期交易基本规则》（发改能源规〔2020〕889 号），双边交易价格按照（　　　）执行。

答案： 双方合同约定

💬 27. 跨区跨省交易品种分为（　　　）、（　　　）、（　　　）、（　　　）等。

答案： 电能量交易　绿电交易　合同变更　合同转让

💬 28. 根据《北京电力交易中心跨区跨省电力中长期交易实施细则（修订稿）》（京电交市〔2022〕26 号），市场主体无法履约的，应至少提前（　　）天以书面形式告知电网企业、售电公司、发电企业、电力交易机构等相关方，将所有已签订的购售电合同履行完毕或转让，并处理好相关事宜。

答案： 45

💬 29. 根据《北京电力交易中心跨区跨省电力中长期交易实施细则（修订稿）》（京电交市〔2022〕26 号），参加市场化交易的电力用户全部电量（包含省内和跨区跨省）需通过批发或者零售交易购买，且不得同时参加批发交易和零售交易。所有参加市场化交易的电力用户均不再执行（　　）。

答案： 目录电价

💬 30. 根据《北京电力交易中心跨区跨省电力中长期交易实施细则（修订稿）》（京电交市〔2022〕26 号），跨区跨省电能量交易的标的物为（　　）。

答案： 分时段电能量

💬 31. 跨区跨省交易中送受端省份结算关口计量点原则上设在该省（　　）；跨区跨省通道的结算关口计量点原则上设在跨区跨省输电通道的（　　）和（　　）。

答案： 产权分界点　上网关口　下网关口

💬 32. 集中竞价采用边际出清法时，当购方申报曲线与售方申报曲线交叉，交叉点对应的价格即为边际出清价格。计算后的售方报价（　　）边际出清价格的售方申报电量、计算后的购方报价（　　）边际出清价格的购方申报电量成交；若边际出清价格对应的购方申报电量与售方申报电量不等，预出清电量取（　　）。

答案： 低于　高于　二者较小值

💬 33. 根据《北京电力交易中心绿色电力交易实施细则（修订稿）》（京电交市〔2023〕44 号），常态化开展中长期分时段交易的地区应按照相关规则，开展（　　）或（　　）的绿色电力交易。

答案： 分时段　带电力曲线

💬 34. 跨区跨省交易购方落地价格由（　　）、各环节（　　）、（　　）等构成。

答案： 交易上网价格　输电价格　输电损耗

💬 35. 跨区跨省交易中，若输电损耗在（　　）中已明确包含的，不再单独收取；未明确的，暂按该输电通道前三年（　　）计算，报国家能源局备案后执行。输电损耗原则上由（　　）承担，也可由市场主体协商确定承担方式。

答案： 输电价格　输电损耗的平均值　买方

36. 超额消纳量交易标的物是由每（   ）超额消纳量生成 1 个超额消纳凭证。

答案：1MWh

37. 绿色电力产品是指符合国家有关政策要求的风电、光伏等可再生能源发电企业（   ）。

答案：上网电量

38. 参与绿色电力交易的市场成员包括（   ）、（   ）和（   ）。

答案：经营主体　电网企业　市场运营机构

39.（   ）按照相关规定为可再生能源发电企业核发绿证，并将绿证划转至北京电力交易中心，计入绿色电力交易平台发电企业的（   ）。

答案：国家可再生能源信息管理中心　绿色电力账户

40. 承担可再生能源发展结算服务的机构（   ）、（   ）带补贴新能源参与绿色电力交易的（   ）收益，本年度归集后由国家电网有限公司按程序报财政部门批准，专项用于解决（   ）。

答案：单独记账　专户管理　溢价　可再生能源补贴缺口

41. 根据《北京电力交易中心绿色电力交易实施细则（修订稿）》（京电交市〔2023〕44号），绿色电力交易主要包括（   ）和（   ）绿色电力交易。

答案：省内　省间

42. 组织绿电合同转让交易时，以（   ）方式组织，按照先（   ）侧、后（   ）侧的顺序开展。

答案：双边协商　发电　售电

43. 多年绿色电力交易以（   ）方式为主，年度绿色电力交易按照（   ）、（   ）等方式开展。

答案：双边协商　集中交易　双边协商

44. 绿色电力交易价格应充分体现绿色电力的（   ）价值和（   ）价值。

答案：电能　环境

45. 绿色电力交易电量按照"（   ）"原则进行安全校核。

答案：优先执行

46. 电力用户、发电企业绿色电力交易电量的电能量计量装置校验和异常处理，分别按照（   ）、（   ）相关约定执行。

答案：供用电合同　购售电合同

💬 47. 绿色电力交易价格中的绿证价格应由双方充分考虑（　　）、（　　）、（　　）等因素通过市场化交易方式综合确定。

答案： 可再生能源消纳责任权重　能耗双控　碳排放双控

💬 48. 绿色电力交易中的绿证部分按当月合同电量、（　　）、（　　）三者取小的原则确定结算电量（以 MWh 为单位取整数，尾差不累计），以绿证价格结算，绿证价格偏差电量按照合同明确的绿证价格偏差补偿条款执行，由违约方向合同对方支付补偿费用。

答案： 发电企业上网电量　电力用户用电量

💬 49. 经营主体参与绿证交易时，若未在电力交易平台进行注册，需通过（　　）系统履行绿证市场注册程序。

答案： 绿证交易技术支持

💬 50. 绿证交易市场开市时间为每个工作日的（　　）。

答案： 9:00～15:00

💬 51. 国家可再生能源信息管理中心按照国家有关规定对（　　）的绿证进行注销。

答案： 达到有效期

💬 52. 可再生能源电力消纳量分为（　　）消纳量和（　　）消纳量。

答案： 水电　非水电

💬 53. （　　）建立消纳权重完成情况信息披露机制，按（　　）发布各地区和各经营主体消纳责任权重完成情况，指导市场主体完成消纳责任权重。

答案： 电力交易机构　月

💬 54. 电力市场交易的可再生能源电量，按（　　）电量计入对应市场主体的消纳量。

答案： 交易结算

三、判断题

❓ 1. 电力中长期交易现阶段主要开展电能量交易，灵活开展发电权交易、合同转让交易，根据市场发展需要开展输电权、辅助服务、容量等交易。（　　）

答案： 错

❓ 2. 《电力中长期交易基本规则》（发改能源规〔2020〕889 号）适用于所有地区。（　　）

答案： 错

❓ 3. 参加电力市场交易的经营主体应是具有法人资格、财务独立核算、信用良好、能够独立承担民事责任的经济实体。（　　）

答案： 对

❓ 4. 电能量交易包括集中竞价交易和双边协商交易两种方式。（　　　）
答案： 错

❓ 5. 任何类型的售电公司在参与电力中长期交易中的权利与义务是没有差别的。（　　　）
答案： 错

❓ 6. 双边合同在双边交易申报截止时间前均可提交或者修改。（　　　）
答案： 对

❓ 7. 以双边协商和集中竞价形式开展的电力中长期交易鼓励连续开市，以滚动撮合交易形式开展的电力中长期交易应当实现定期开市。（　　　）
答案： 错

❓ 8. 跨区跨省交易中，输电损耗原则上由卖方承担，也可协商确定承担方式。（　　　）
答案： 错

❓ 9. 交易价格上、下限原则上由电力交易机构提出，经国家能源局派出机构和政府有关部门审定，应当避免政府不当干预。（　　　）
答案： 错

❓ 10. 电力中长期形成的成交价格应当通过双边协商、集中交易等市场化方式形成，第三方不得干预。（　　　）
答案： 对

❓ 11. 对于年度交易，应当在年度电力电量预测平衡的基础上，结合检修计划，按照不低于关键通道可用输电容量的90%下达交易限额。（　　　）
答案： 错

❓ 12. 跨区跨省的政府间协议原则上在上一年度的12月底前预测和下达总体电力电量规模和分月计划，由购售双方签订相应的购售电合同。（　　　）
答案： 错

❓ 13. 购售电合同只需明确购电方、售电方、电量（电力）、电价、执行周期、结算方式、偏差电量计量、违约责任、资金往来信息即可。（　　　）
答案： 错

❓ 14. 参与跨区跨省交易时，可在任何一方所在地交易平台参与交易，也可委托第三方代理。（　　　）
答案： 对

❓ 15. 当面临供不应求情况时，政府有关部门可依照相关规定和程序暂停市场交易，组织实施有序用电方案。（　　）

答案：错

❓ 16. 跨区跨省交易在区域交易平台开展。（　　）

答案：错

❓ 17. 月度交易结束后，电力交易机构汇总每类交易的预成交结果，并提交给电力调度机构统一进行安全校核。（　　）

答案：对

❓ 18. 根据《电力中长期交易基本规则》（发改能源规〔2020〕889号），上下调报价相同时，按照发电侧节能环保电力调度的优先级进行排序。（　　）

答案：错

❓ 19. 组织电力中长期交易中，当安全校核未通过时，由电力调度机构进行交易削减。（　　）

答案：错

❓ 20. 由发电企业与电网企业签订的优先发电电量和基数电量政府授权合同，纳入电力中长期交易管理范畴。（　　）

答案：对

❓ 21. 年度累计交易量是指单个市场主体在交易年度内买入和卖出合约电量的代数和。（　　）

答案：错

❓ 22. 年度净合约量是指单个市场主体在交易年度达成的合约电量的代数和。（　　）

答案：对

❓ 23. 从交易机制看，相对传统的计划分配机制，"年度交易分批开展、月度交易定期开市、月内交易高效组织"的体系结构更加成熟，市场在资源配置中的决定性作用越发凸显。（　　）

答案：对

❓ 24. 统一出清模式下，影响报价曲线的关键是未成交电量的控制，这些电量报价的变化能影响出清价格。（　　）

答案：对

❓ 25. 独立储能主要参与现货市场与辅助服务市场，不参与中长期市场。（　　）

答案：错

❓ 26. 对计量数据存在疑义时，由具有相应资质的电能计量检测机构确认并出具报告，由电网企业组织相关市场成员协商解决。（   ）

答案： 对

❓ 27. 电力交易机构负责向市场成员出具结算依据，市场成员根据相关规则进行电费结算。（   ）

答案： 对

❓ 28. 市场主体的合同电量和偏差电量分开结算。以年度交易和月度交易为主的地区，按日清算、结账。（   ）

答案： 错

❓ 29. 跨区跨省中长期交易按照实际物理计量电量进行结算。（   ）

答案： 对

❓ 30. 跨区跨省偏差结算费用，由各省省内市场主体按照"谁受益、谁担责"的原则进行分摊。（   ）

答案： 对

❓ 31. 对于风电和光伏发电企业，核定最低保障收购年利用小时数的地区，按照当月实际上网电量以及政府批复的价格水平或者价格机制进行结算。（   ）

答案： 错

❓ 32. 批发交易用户（包括电力用户、售电公司）偏差电量分为超用电量和少用电量，超用电量支付购电费用，少用电量获得售电收入。（   ）

答案： 对

❓ 33. 电网企业（含地方电网企业和配售电企业）之间结算的输配电费用，按照政府价格主管部门核定的输配电价和合同电量结算。（   ）

答案： 错

❓ 34. 市场主体用电业务手续办理期间，电网企业需向电力交易机构提供分段计量数据。（   ）

答案： 对

❓ 35. 售电公司按照电力交易机构出具的结算依据与电网企业进行结算，承担其代理的电力用户欠费风险。（   ）

答案： 错

❓ 36. 电力用户拥有储能，或者电力用户参加特定时段的需求侧响应，由此产生的偏差电量，由电力用户和电网企业协商承担责任。（   ）

答案： 错

❓ 37. 拥有配电网运营权的售电公司，与省级电网企业进行电费结算，并按照政府价格主管部门的相关规定，向省级电网企业支付输电费用。（　　）

答案： 对

❓ 38. 发电企业的上下调电量，按照平均申报价格结算。（　　）

答案： 错

❓ 39. 经营主体因偏差电量引起的电费资金，暂由电网企业收取和支付，并应当在电费结算依据中单项列示。（　　）

答案： 对

❓ 40. 发电企业偏差电量指发电企业因自身原因引起的超发或者少发电量，超发电量获得售电费用，少发电量支付购电费用。（　　）

答案： 对

❓ 41. 跨区跨省交易中，售方为输电通电配套清洁能源、沙戈荒基地，送电方向无论是否为国家明确消纳的省份，都是最高交易优先级。（　　）

答案： 错

❓ 42. 电网企业代理购电属于电力零售市场。（　　）

答案： 错

❓ 43. 跨区跨省集中竞价交易的成交价格为预出清价格，成交电量为安全校核通过的电量，成交曲线为安全校核通过的曲线。（　　）

答案： 错

❓ 44. 合同转让交易不同于电能量交易，是减小月度合同偏差的有效手段，并且不需要通过调度机构的安全校核。（　　）

答案： 错

❓ 45. 跨区跨省交易输电损耗是按照"谁受电、谁补偿"原则，由购方支付输电损耗补偿。（　　）

答案： 对

❓ 46. 省间绿色电力交易在落实国家跨省跨区优先计划的前提下开展。年度（多年）交易按照先双边协商、后集中竞价或挂牌交易的顺序开展，月度（多月）及月内（旬、周、日滚动）交易开展双边协商或集中竞价交易。（　　）

答案： 错

❓ 47. 跨区跨省交易结算采用日清分、月结算、按合同周期清算方式，必要时可

再次进行清算。（　　）

答案： 对

❓ 48. 跨区跨省交易中，除计划电量执行政府确定的价格外，跨区跨省交易成交价格由经营主体通过市场化方式形成，第三方不得干预。（　　）

答案： 对

❓ 49. 电网企业不可代理发电企业参与跨区跨省中长期交易。（　　）

答案： 错

❓ 50. 合同转让申报时，出让方和受让方在交易公告规定的时间内，受让方在电力交易平台填报拟转让的合同编号、电量，出让方进行确认。（　　）

答案： 错

❓ 51. 经营主体参与绿色电力交易时，必须在绿色电力交易平台开立绿色电力账户。（　　）

答案： 错

❓ 52. 分布式发电企业属于参与绿色电力交易的经营主体。（　　）

答案： 对

❓ 53. 电力用户与售电公司在参与绿电交易时，均需提供绿色电力交易所必需的绿色电力交易需求及相关用电信息。（　　）

答案： 对

❓ 54. 月内（多日）绿色电力交易按照集中交易、双边协商方式开展。（　　）

答案： 错

❓ 55. 按照国家相关政策要求，承担可再生能源发展结算服务的机构按年度归集带补贴新能源参与绿电交易的溢价收益。（　　）

答案： 对

❓ 56. 组织绿色电力交易的电力交易机构主要指国家电网经营区域内各省级电力交易中心。（　　）

答案： 错

❓ 57. 绿电交易中，绿色环境权益随绿色电力交易由发电企业转移至售电公司，绿色环境权益应确保唯一。（　　）

答案： 错

❓ 58. 北京电力交易中心负责出具省间绿色电力交易的相关结算依据。（　　）

答案：对

❓ 59. 在合同各方协商一致的情况下，可按照转让方意愿按月或更短周期开展绿色电力合同转让等交易，以促进合同履约。（　　）

答案：错

❓ 60. 采用集中交易方式组织绿电交易时，市场主体申报的交易价格包含了电能量和绿电环境权益价值。（　　）

答案：错

❓ 61. 各类绿电交易结果均需要通过电力调度机构安全校核。（　　）

答案：对

❓ 62. 电力交易机构负责向经营主体出具绿色电力交易结算依据并发布绿色电力交易结算单。（　　）

答案：错

❓ 63. 绿证交易前，由国家可再生能源信息管理中心根据可再生能源电量实际生产和消纳情况提出绿证划转范围。（　　）

答案：错

❓ 64. 原则上，绿证交易不受地理范围约束，有绿证购买需求的用户可与任意绿证核发范围内发电企业开展绿证交易。（　　）

答案：对

❓ 65. 绿证交易中的资金支付方式是统一约定的。（　　）

答案：错

❓ 66. 绿色电力交易计量点以绿色电力交易平台发布的交易公告或交易结果的计量结算关口为准。（　　）

答案：对

❓ 67. 绿色电力交易电能量与绿色电力环境价值合并结算。（　　）

答案：错

❓ 68. 绿色电力环境价值结算电量取小时，同一电力用户/售电公司与多个发电企业签约，总用电量低于总合同电量的，该电力用户/售电公司对应于各发电企业的用电量按总用电量占总合同电量比重等比例调减。（　　）

答案：对

❓ 69. 1 个绿证等同 1MWh 非水电消纳量，参与消纳责任权重计算，但不能在超额消纳量市场中交易。（　　）

答案：对

❓ 70. 超额消纳量成交后只能转售一次。（　　　）

答案：错

四、简答题

📋 1. 电力批发交易和电力零售交易分别指什么？

答案：电力批发交易是指发电企业与售电公司或电力大用户通过市场化方式进行的电力交易活动的总称。

电力零售交易是指售电公司与电力用户（简称零售用户）通过市场化方式进行的电力交易活动的总称。

📋 2. 发电企业准入条件包括哪些内容？

答案：（1）依法取得发电项目核准或者备案文件，依法取得或者豁免电力业务许可证（发电类）。

（2）并网自备电厂公平承担发电企业社会责任、承担国家依法依规设立的政府性基金及附加以及与产业政策相符合的政策性交叉补贴，取得电力业务许可证（发电类），达到能效、环保要求，可作为市场主体参与市场化交易。

（3）分布式发电企业符合分布式发电市场化交易试点规则要求。

📋 3. 简述集中竞价交易。

答案：集中竞价交易指设置交易报价提交截止时间，电力交易平台汇总市场主体提交的交易申报信息，按照市场规则进行统一的市场出清，发布市场出清结果。

📋 4. 简述滚动撮合交易。

答案：滚动撮合交易是指在规定的交易起止时间内，市场主体可以随时提交购电或者售电信息，电力交易平台按照时间优先、价格优先的原则进行滚动撮合成交。

📋 5. 简述挂牌交易。

答案：挂牌交易指市场主体通过电力交易平台，将需求电量或者可供电量的数量和价格等信息对外发布要约，由符合资格要求的另一方提出接受该要约的申请。

📋 6. 交易公告应当包括哪些发布内容？

答案：交易公告应包括以下发布内容：

（1）交易标的（含电力、电量和交易周期）、申报起止时间。

（2）交易出清方式。

（3）价格形成机制。

（4）关键输电通道可用输电容量情况。

7. 批发市场中，发电企业与售电公司的交易价格如何确定？

答案： 批发市场中，发电企业与用户、售电公司的交易价格通过市场化方式确定。其中，双边协商交易的交易价格由发电企业与用户或售电公司自主协商确定，按照双方合同约定执行。集中竞价交易的交易价格由电力交易平台出清计算确定，出清算法原则上采用统一出清法，也可以采用高低匹配法。定价方式挂牌交易的交易价格按照挂牌价格确定；竞价方式挂牌交易的交易价格由电力交易平台出清计算确定。

8. 月度电力中长期交易组织完成后，形成月度电量交易计划，那么交易计划主要包括哪些内容？

答案： 月度电量交易计划的内容包括次月全网调度发受电量预测、预安排的多发（少发）电量，火电（含煤矸石发电）企业市场合同电量、基数电量、其他发电企业市场合同电量、优先发电计划电量，跨区跨省购电量，地调直调发电企业计划电量，非统调发电企业上网电量等。

9. 简述《电力中长期交易基本规则》（发改能源规〔2020〕889 号）中关于共用计量点的多机组上网电量的拆分原则。

答案： 多台发电机组共用计量点且无法拆分，各发电机组需分别结算时，按照每台机组的实际发电量等比例计算各自上网电量。对于风电、光伏发电企业处于相同运行状态的不同项目批次共用计量点的机组，可按照额定容量比例计算各自上网电量。处于调试期的机组，如果和其他机组共用计量点，按照机组调试期的发电量等比例拆分共用计量点的上网电量，确定调试期的上网电量。

10. 简述《电力中长期交易基本规则》（发改能源规〔2020〕889 号）中关于偏差费用的分摊及返还原则。

答案： 电力用户侧（包括批发交易电力用户、售电公司、非市场用户）的偏差电量费用与发电侧的上下调费用、偏差电量费用等之间的差额，按照当月上网电量或者用网电量占比分摊或者返还给所有市场主体，月结月清。

11.《电力中长期交易基本规则》（发改能源规〔2020〕889 号）中对于风电、光伏发电企业的电费结算有何规定？

答案： 风电、光伏发电企业的电费结算规定如下：

（1）未核定最低保障收购年利用小时数的地区，按照当月实际上网电量以及政府批复的价格水平或者价格机制进行结算。

（2）核定最低保障收购年利用小时数的地区，最低保障收购年利用小时数内的电量按照政府批复的价格水平或者价格机制进行结算。超出最低保障收购年利用小时数的部分应当通过市场交易方式消纳和结算。

12. 根据《电力中长期交易基本规则》（发改能源规〔2020〕889 号），非市场用户月度

实际用电量与电网企业月度购电量存在偏差造成的偏差电量费用如何处理？

答案： 非市场用户月度实际用电量与电网企业月度购电量（含年分月电量，扣除系统网损电量）存在偏差时，由为非市场用户供电的电网企业代为结算偏差电量费用，由此造成的电网企业购电成本损益单独记账，按照当月上网电量占比分摊或者返还给所有机组，月结月清。

13. 跨区跨省交易在执行过程中有几种偏差电量？分别如何定义？

答案： 跨区跨省通道形成偏差电量分为责任偏差电量和波动偏差电量。其中责任偏差电量是指在跨区跨省交易中除波动偏差电量外，由于购售双方自身原因，在执行交易合同曲线时与调度计划执行曲线之间形成的偏差。波动偏差电量指跨区跨省输电通道、配套电源和其他跨区跨省电源等调度控制点和计量点之间、交流联络线正常功率波动等不可控原因造成调度计划曲线与关口计量电量之间的偏差。

14. 绿电交易组织中发电企业的权利和义务有哪些？

答案： （1）按照规则参与绿色电力交易，签订和履行绿色电力交易合同，按时完成电费结算。

（2）获得公平的输配电服务和电网接入服务，开展绿色电力证书建档立卡工作，取得绿证核发资格，配合完成绿证核发。

（3）按照绿色电力市场交易有关规定披露和提供市场信息，获得市场交易和输配电服务等相关信息。

（4）法律法规规定的其他权利和义务。

15. 根据《关于享受中央政府补贴的绿电项目参与绿电交易有关事项的通知》（发改体改〔2023〕75号）相关要求，如何稳步推进享受国家可再生能源补贴的绿电项目参与绿电交易？

答案： 推进享受国家可再生能源补贴的绿电项目参与绿电交易是更好满足市场对绿电需求的现实需要，是推动能源绿色低碳转型的重要举措，是有效减轻国家可再生能源补贴发放压力的重要途径。

（1）由电网企业依照有关政策法规要求保障性收购并享受国家可再生能源补贴的绿色电力，可由电网企业统一参加绿电交易，或由承担可再生能源发展结算服务的机构将对应的绿证统一参加绿证交易。

（2）不再由电网企业保障收购或由项目单位自主选择参加电力市场的带补贴绿色电力，可直接参与绿电交易，也可参与电力交易（对应绿证可同时参与绿证交易）。项目单位参加绿电交易产生的溢价收益及参加对应绿证交易的收益，在国家可再生能源补贴发放时等额扣减。

（3）对享受国家可再生能源补贴的绿电项目核发绿证后，批量划转至北京、广州结算公司在电力交易平台注册的绿电交易账户。

（4）鼓励享受国家可再生能源补贴的绿电项目积极参与绿电交易。绿电交易结算电量占上网电量比例超过 50%且不低于本地区绿电结算电量平均水平的绿电项目，由电网企业审核后可优先兑付中央可再生能源津贴。

● 16. 简述采用集中竞价交易方式组织绿电交易流程。

答案： 经营主体购售双方均通过电力交易平台申报交易电量（电力）、价格等信息，按照报价撮合法出清形成交易结果。其中，参与省间绿电交易时，电力用户、售电公司通过绿色电力交易平台申报省间绿色电力交易电量（电力）、电价等需求，省级电力交易中心汇总后提交北京电力交易中心，北京电力交易中心根据省间通道输送能力及送端省送出能力等条件有序开展省间单通道或多通道的绿电集中竞价交易。

● 17. 简要描述采用挂牌交易方式的绿证交易流程。

答案： 挂牌交易由一方经营主体通过绿证交易技术支持系统，申报绿证交易数量、价格等挂牌信息，另一方进行摘牌。对于发电企业挂牌、用户摘牌的交易，依据用户支付完成时间先后顺序，依次完成交易确认；对于用户挂牌、发电企业摘牌的交易，依据发电企业摘牌时间先后顺序，依次完成交易确认。挂牌信息登记后，在交易未达成的前提下，可根据需要在交易开市时间内自行撤牌和修改。

● 18. 已纳入国家可再生能源电价附加补助政策范围内的风电和光伏电量参与绿色电力交易后，补贴应如何发放？

答案： 参与绿色电力交易时高于项目所执行的煤电基准电价的溢价收益，在国家可再生能源补贴发放时等额扣减。发电企业放弃补贴的电量，参与绿色电力交易的全部收益归发电企业所有。

● 19. 简述聚合商在绿电交易中的定位，以及其如何参与交易，如何结算电能量和环境价值。

答案： 聚合商是绿电交易的经营主体之一，需要通过电力交易平台进行市场注册时同时开立绿色电力账户，并享有或履行与其他经营主体相同的权利和义务。

聚合商在参与交易前需通过电力交易平台与分布式发电主体建立绑定关系，由聚合商统一参与绿色电力交易申报，并将出清结果分解至分布式发电主体。

聚合商用于结算的上网电量为聚合的分布式发电主体实际上网电量合计值，聚合商用于结算的电力环境价值为各分布式发电上网电量去尾差后的合计值。

● 20. 采用集中竞价交易方式组织绿色电力交易时，电能量价格与绿色电力环境价值如何形成？

答案： 经营主体申报绿电电能量价格，按照报价撮合法出清，以购售双方报价形成每个交易对的电能量价格；绿色电力环境价值统一取交易组织前北京电力交易中心绿证市场成交均价，其中，年度交易取交易组织当年1～10月绿证市场成交均价，月度（月内）交易取交易组织前上月绿证市场成交均价，绿色电力环境价值取值提前在交易公告中公布。绿电电能量价格与绿色电力环境价值共同形成绿电交易整体价格。

21. 什么是超额消纳量交易？

答案： 超额消纳量交易，是指承担可再生能源电力消纳责任权重的市场主体为完成消纳量要求，向超额完成年度可再生能源电力消纳量的市场主体购买其超额消纳量的交易。

22. 根据《北京交易中心可再生能源电力超额消纳量交易规则（试行）》，电网企业统购电量如何进行分摊？

答案： 电网企业按照保障性收购要求统一收购的消纳量，首先用于完成未进入市场用电对应的消纳量，若有剩余，按照省级政府部门制定的办法向电网企业经营区内各承担消纳责任的市场主体进行分摊。电网企业购入外省高价电时，可由地方政府制定相应办法将超额成本疏导给相应市场主体。

23. 组织超额消纳量交易可以采用哪些交易方式？

答案： 组织超额消纳量交易可以采用双边协商、集中竞价、挂牌和连续竞价方式。

24. 如何定义绿证交易？

答案： 绿证交易是指市场主体通过绿证交易技术支持系统，以绿证为标的物开展的交易。

五、计算题

1. A 售电公司 1 月月度交易和用电情况如下：售电公司购电合同均价差为 84.36 元/MWh，零售代理服务价差为 2.5 元/MWh（该省售电公司采用价差结算模式，偏差考核部分为实际用电量超过合同电量±3%的部分，超用电量 3%范围内按照市场化合同加权平均价差结算，偏差电价分别为尖峰时段 94.37 元/MWh，高峰时段 94.37 元/MWh，平时段 94.4 元/MWh，低谷时段 94.34 元/MWh），请根据表 3-1 售电公司的结算数据，计算 A 售电公司 1 月总电费（正数代表支出，负数代表收入；计算结果保留 2 位小数）。

表 3-1　　　　　　　　　　A 售电公司的结算数据

指标	尖峰	高峰	平段	谷段	总量
合同电量（MWh）	296	289	587	446	1618
合同均价差（元/MWh）	84.79	84.68	84.77	83.34	84.36
市场化用电量（MWh）	336.648	329.289	665.935	507.73	1839.602

答案：（1）确定结算电量和购电价差电费。

该售电公司各个时段的市场化用电量均超过合同电量，则结算电量按市场化用电量计算。

购电价差电费 =1618×84.36 =136494.48 元。

（2）确定 3%以内的偏差电量电费。

首先确定在 3%以内的偏差电量 1，按各时段合同电量的 3%计算。偏差电量 1= 296×0.03 + 289×0.03 + 587×0.03 + 446×0.03 = 8.88 + 8.67 +17.61+13.38 = 48.54MWh。

该部分偏差电量按照各时段的合同均价差进行费用结算，偏差电量电费 1= 8.88×84.79 + 8.67×84.68 +17.61×84.77 +13.38×83.34 = 4095.01 元。

（3）确定 3%以外的偏差电量电费。

各时段偏差电量 2 为各时段的总偏差电量与 3%以内偏差电量的差额，则尖峰、高峰、平段、低谷时段的偏差电量 2 分别为（336.648−296）−8.88 = 31.768MWh、（329.289−289）−8.67 = 31.619MWh、（665.935−587）−17.61= 61.325MWh、（507.73−446）−13.38 = 48.35MWh。

该部分偏差电量按照偏差 2 电价进行结算。

偏差电量电费 2 =Σ各时段偏差电量 2×各时段偏差 2 电价 = 31.768×94.37 + 31.619×94.37 + 61.325×94.4 + 48.35×94.34 =16332.26 元。

（4）计算零售用户价差电费。

零售用户价差电费 = 市场化用电量×零售用户价差 =1839.602×（84.36 + 2.5）=159787.83 元。

（5）确定总电费。

总电费 = 购电价差电费收入+偏差电费支出−零售用户价差电费=136494.48 + 4095.01 + 16332.26 −159787.83 = −2866.08 元。

⏱ 2. A 省向 B 省购电，其中 B 省发电机组的上网电价为 400 元/MWh，B 省级电网输电价为 30 元/MWh，B 省所属送出区域电网输电价格为 15 元/MWh，线损率为 2.2%；途中所经 C 输电通道输电价格为 50 元/MWh，线损率为 4%；A 省所属受入区域电网输电价格为 20 元/MWh，线损率为 3%，A 省级电网输电价为 24 元/MWh，请问 A 省向 B 省购电需经过 C 输电通道、送出区域电网和受入区域电网，购电落地价格是多少（计算结果保留 2 位小数）？

答案： B 省送出价格 = 400 + 30 = 430 元/MWh。

经 B 省所属送出区域送出价格 = 430/（1−2.2%）+15 = 454.67 元/MWh。

经 C 输电通道送出价格 = 454.67/（1−4%）+ 50 = 523.61 元/MWh。

A 省购电落地价格 = 523.61/（1−3%）+ 20 = 559.80 元/MWh。

⏱ 3. 已知 A 省上网电价为 0.3 元/kWh，A 省到 B 省特高压通道输电价格为 0.1 元/kWh（含线损折价），A 省送至特高压站需经过区域电网（区域电网内输电价格为 0.02 元/kWh），A 省与 B 省外送输电价格分别为 0.03 元/kWh、0.04 元/kWh，不考虑线损和辅助服务等其他费用的情况下，则 A 省通过特高压线路送至 B 省的落地电价为多少？

答案： 落地电价为 0.45 元/kWh。

计算过程：A 省通过特高压线路送至 B 省的落地电价 = A 省份上网电价 + A 省外送输电价格 + 区域电网内输电价格 + A 省到 B 省特高压通道输电价格 = 0.3 + 0.03 + 0.02 + 0.1= 0.45 元/kWh。

⏱ 4. 跨区跨省交易中，买方主体在买入节点（输电工程落地点）买入电力 300MW，买入价格为 400 元/MW，输电工程输电价格为 70 元/MW，网损率为 4%，则折算到卖方节点的电力为多少？电价为多少？

答案： 电力为 312.5MW、电价为 316.8 元/MW。

计算过程：卖方节点的电力 = 买入节点买入电力/（1－线损）= 300/（1－4%）= 312.5MW。

卖方节点的电价 =（买入节点的价格 － 输电工程输电价格）×（1－线损）=（400－70）×（1－4%）= 316.8 元/MW。

🕐 5. 面向 A 区域和 B 区域电网采购电量，组织月度挂牌交易，购电需求为 5 亿 kWh 电量，购电价为 0.35 元/kWh。有效申报情况如下：A 区域电网内，C 省、D 省、E 省分别申报 5 亿 kWh、5 亿 kWh、2 亿 kWh 电量；B 区域电网内，F 省、G 省分别申报 5 亿 kWh、3 亿 kWh 电量。本次交易中，A 区域电网与 B 区域电网分别收取输电费 0.025 元/kWh 与 0.02 元/kWh，不收取送出省输电费。假设不存在电网安全约束，请问中标情况如何。

答案： C 省中标电量 = 5/20×5 =1.25 亿 kWh，外送电价 = 0.325 元/kWh。

D 省中标电量 = 5/20×5 =1.25 亿 kWh，外送电价 = 0.325 元/kWh。

E 省中标电量 = 2/20×5 = 0.5 亿 kWh，外送电价 = 0.325 元/kWh。

F 省中标电量 = 5/20×5 =1.25 亿 kWh，外送电价 = 0.33 元/kWh。

G 省中标电量 = 3/20×5 = 0.75 亿 kWh，外送电价 = 0.33 元/kWh。

🕐 6. A 省与 B 省进行跨区电能交易，A 省为送电省，B 省为购电省。A 省送出经 C 区域电网后，经过直流输入 D 区域电网后送达 B 省。A 省的出口电价为 0.32 元/kWh（含税，下同），C 区域电网与 D 区域电网，经有关部门核准的输电费分别为 0.025 元/kWh 和 0.02 元/kWh（含区域输电网损），直流输电费为 0.05 元/kWh，直流输电网损 7%。请问 B 省的购电价格为多少？若有关部门给 A 省核定的外送电输电费用为外送电价的 12.5%，则 A 省电力公司与发电企业的外送电结算电价为多少？

答案： B 省购电价 =（A 省送出价 + C 区域输电费）/（1－直流网损率）+ 直流输电费 + D 区域输电费 =（0.32 + 0.025）/（1－0.07）+ 0.05 + 0.02 = 0.441 元/kWh。

A 省发电企业上网电价 = A 省送出价 － A 省输电费 = 0.32×（1－0.125）= 0.28 元/kWh。

🕐 7. A 省向 B 省输电，输电路径为 A 省—电网—A 省所在的区域电网 C—跨区跨省专项输电工程 D—B 省所在区域电网 E—落地 B 省。A 省送出输电价为 0.03 元/kWh，A 省省级电网综合线损率为 4%。区域电网 C 的电量电价为 0.02 元/kWh，线损率为 2%，区域电网 E 的电量电价为 0.01 元/kWh，线损率为 2%。专项工程 D 的输电价格为 0.06 元/kWh，线损率为 3%，B 省 220kV 输配电价为 0.09 元/kWh，综合线损率为 5%，所输送的电量的上网交易价格为 0.4 元/kWh。

（1）按照现行交易政策，上述哪些价格成分不纳入 B 省落地交易电价？

（2）请列出 B 省落地交易电价计算公式（文字、数学符号）。

（3）请计算 B 省落地交易电价（计算结果保留 4 位小数）。

答案：（1）A 省省级电网综合线损率、B 省 220kV 输配电价、B 省综合线损率不纳入 B 省落地交易电价。

（2）B 省落地价 ={[（上网交易价格 ＋ A 省送出输电价）/（1－ 区域电网 C 线损率)＋区域电网 C 的电量电价] /（1－ 专项工程 D 输电线损率)＋专项工程 D 输电价格}/（1－ 区域电网 E 线损率)＋区域电网 E 电量电价。

（3）B 省落地价 ={[（0.4＋0.03)/（1－2%)＋0.02] /（1－3%)＋0.06}/（1－2%)＋0.01＝0.5538 元/kWh。

六、论述题

📖 1. 论述中长期电力市场交易组织流程。

答案： 一般流程分为交易准备、发布公告、交易申报、出清计算、安全校核、结果发布六个环节：

（1）交易准备。按照职责分工，市场运营机构开展电力电量平衡分析、电网输送能力分析、检修计划编制、发电企业可交易电量测算、电力用户和售电公司用电需求汇总等工作，形成交易组织方案，编制市场交易公告。

（2）发布公告。经能源监管机构和政府相关主管部门批准后，电力交易机构通过电力交易平台发布交易公告，包括交易标的（含电力、电量和交易执行时间等）、交易组织程序（含申报起止时间等）、交易出清方式、价格形成机制、参与交易的市场主体名单、电力供需形势预测、电网运行与输送能力等信息。

（3）交易申报。市场主体按照有关规定，通过电力交易平台申报各类交易意向、交易需求。市场主体对所申报的数据负责，以申报截止前最后一次的有效申报作为最终申报。所有的时间记录以电力交易平台或电力交易机构的时间为准。具备条件时，按要求分月分时段申报电量（电力）、价格（价差）。

（4）出清计算。电力交易机构对双边协商交易意向进行汇总，确定各交易主体的交易电量（电力）、电价；对集中交易，电力交易机构基于电力调度机构提供的安全约束条件，按照规则出清计算。具体出清计算方法在实施细则中予以明确。

（5）安全校核。电力交易机构将交易出清预成交结果提交电力调度机构。电力调度机构应在规定期限内完成安全校核，形成交易结果，返回电力交易机构。

（6）结果发布。在规定时间内，电力交易机构通过电力交易平台发布交易结果，电力交易平台自动生成电子化合同，并报能源监管办备案。

📖 2. 电力中长期交易组织过程中，采用了哪些措施保障电力交易结果的执行？

答案： 通过市场主体灵活买卖、交易周期缩短、多重偏差处理机制和安全校核共同保障电力交易结果的执行。

经营主体灵活买卖方面，在不越限的情况下，同一经营主体可根据自身电力生产或消费需要，购入或售出电能量。通过采用滚动撮合等灵活交易方式，经营主体不仅可以增量，同时可以根据实际情况进行减量。

交易周期缩短方面，除了定期开展年度、月度交易，通过月内（多日）交易让经营主体可以通过短期交易对持仓量进行主动调整，保障其实际执行。

多重偏差处理机制方面，允许发用双边在协商一致的前提下，可在合同执行一周前采用合同转让方式进行动态调整，减少合同执行偏差。当月度实际用电需求与月度发电计划存在偏差时，可通过发电侧事前上下调预挂牌机制、事后次月预挂牌机制，进行偏差调整。对于经营主体所持有的年度合同，允许在保持年度合同总量不变的情况下，通过电力交易平台调整后续各个月的合同分月计划。

安全校核方面，各类交易应当通过电力调度机构安全校核。保障系统整体的备用和调峰调频能力，在各类市场化交易开始前，电力调度机构可以根据机组可调出力、检修天数、系统负荷曲线以及电网约束情况，折算得出各机组的电量上限，对参与市场化交易的机组发电利用小时数提出限制建议。交易组织后，安全校核未通过时，由电力交易机构进行交易削减。对于双边交易，可按照时间优先、等比例等原则进行削减；对于集中交易，可按照价格优先原则进行削减，价格相同时按照发电侧节能低碳电力调度的优先级进行削减。由此确保交易结果符合电网运行实际。

通过以上多重手段，可以有效减少中长期合同因经营主体预测不准、或因电网安全约束引起的计划调整带来的合同电量偏差问题，有效地协调了市场交易与调度执行，减少了经营主体偏差考核的财务风险。

📃 3. 跨区跨省电力中长期交易的交易优先级如何确定？

答案：交易周期优先级依次为年度（含多年）交易、月度（含多月）交易、月内交易。

在同一交易周期优先级下，不同类型交易优先级由高至低如下：

（1）售方为输电通道配套清洁能源、沙戈荒基地，送电方向为国家明确的消纳省份，其中绿电交易优先。

（2）售方为输电通道配套火电，送电方向为国家明确的消纳省份，交易规模不超过优先发电计划电量。

（3）售方非输电通道配套电源、沙戈荒基地，送电方向与优先发电计划一致，交易规模不超过优先发电计划电量，其中绿电交易优先。

（4）以绿电交易方式开展，售方非输电通道配套新能源、沙戈荒基地，非优先发电计划，或交易规模超出优先发电计划的电量。在送电方向上，送受端均为直流落点省份或国家明确外送、消纳省份，优先于送受端一侧为直流落点省份或国家明确外送、消纳省份，优先于其他方向交易。

（5）售方为输电通道配套火电，送电方向为国家明确的消纳省份，交易规模超出优先发电计划的电量。

以下交易视为优先级相同：

（1）以非绿电交易方式开展，售方非输电通道配套电源、沙戈荒基地，非优先发电计划，或交易规模超出优先发电计划的电量；

（2）输电通道配套电源经其他路径向国家明确的消纳省份送电；

（3）输电通道配套电源向非国家明确的消纳省份送电；

（4）其他交易。

在送电方向上，送受端均为直流落点省份或国家明确外送、消纳省份，优先于送受端一侧为直流落点省份或国家明确外送、消纳省份，优先于其他方向交易。

满足上述同一优先级下，已达成合同曲线的交易优先。

4. 简述新能源参与电力市场为电力市场带来哪些挑战，以及如何深化适应新能源发展的电力中长期市场建设。

答案： 市场空间方面，新能源高速发展后，优先发用电的电力电量匹配难度不断增大，特别是新能源出力集中于午间，居民等优先购电集中于晚间，新能源电量满足优购用户需求后应参与市场；调节需求方面，保障性收购难以激励新能源提升功率预测水平，难以激励新能源配建储能等调节资源，难以激励系统内其他主体响应新能源出力波动；价值兑现方面，新能源绿色价值需要通过市场机制予以更好体现。

由于新能源的难预测性和波动性，电力系统平衡面临更大不确定性，系统平衡压力不能全部积累到日前等现货经营环节；同时，由于新能源普遍呈现午间供给多、晚峰供给少的特点，相较以各个时段都能够平稳发电的常规机组为主体的系统，电能量商品的时段性价值将更加凸显。亟需进一步深化中长期交易的连续运营和分时段交易，在中长期尺度上形成合理的峰谷价格，引导市场主体更早优化发用电行为，推动交易结果不断贴近实时运行需要，为经营主体提供更加完善的市场价格信号，提升系统平衡保障能力。

5. 如何看待绿电绿证市场建设？

答案： 绿电绿证市场是全国统一电力市场体系的重要组成部分。开展绿电绿证交易，是促进可再生能源健康发展、推动实现"碳达峰、碳中和"目标的重要举措。推进绿电绿证交易工作，有利于引导全社会树立绿色消费理念，形成绿色生产生活方式，带动能源生产消费方式变革。

从产业发展来看，购买绿电有助于促进可再生能源开发建设，构建新型电力系统；从企业角度来看，一方面有利于履行社会责任，为碳核查、碳关税减免提供依据，另一方面有利于树立绿色企业形象，提升产品和服务竞争力。其中，绿电交易是"证电合一"的交易方式，绿证环境权益随电能量价值共同交易，绿证交易是"证电分离"的交易方式，仅交易绿证环境权益。绿电交易与绿证交易二者互为补充，共同构建了体现可再生能源环境价值的市场化渠道。

因此，应朝着推进绿电绿证市场规范运营、努力扩大绿电绿证交易规模、提升技术支撑水平和标准体系建设方向，不断推动绿电绿证市场建设。

6. 市场运营机构如何开展安全校核？

答案： 电力交易机构将交易出清预成交结果提交电力调度机构。电力调度机构应在规定期限内完成安全校核，形成交易结果，返回电力交易机构。年度交易的安全校核时间原则上在 5 个工作日内，月度交易的安全校核时间原则上在 2 个工作日内。

电力调度机构负责各种交易的安全校核工作，各类交易必须经电力调度机构安全校核，以确保电力系统安全稳定运行。涉及跨区跨省的交易，须提交相关电力调度机构共同进行安全校核（省级调度机构可受托进行安全校核）。

为保障系统整体的备用和调频调峰能力，在各类市场交易开始前，电力调度机构可根据机组可调出力、检修天数、系统负荷曲线以及电网约束情况，折算得到各机组的电量上限及下限，对参与市场交易的机组发电利用小时数提出限制建议，并及时提供关键通道可用输电容量、关键设备检修计划等电网运行相关信息，由电力交易机构予以公布。

电力交易机构以各断面、各路径可用输电容量等为约束，对集中交易进行出清，并与同期组织的双边交易一并提交电力调度机构进行安全校核。

安全校核的主要内容包括但不限于：通道输电能力限制、机组发电能力限制、机组辅助服务限制等内容。电力调度机构应及时向电力交易机构提供或者更新各断面（设备）、各路径可用输电容量，以及交易在不同断面、路径上的分布系数，并通过电力交易平台发布必开机组组合、发电量需求、影响断面（设备）限额变化的停电检修等信息。

安全校核未通过时，由电力交易机构进行交易削减。对于双边协商交易，可按照时间优先、等比例原则进行削减；对于集中交易，可按照价格优先的原则进行削减，价格相同时按提交时间优先的原则进行削减，提交时间相同时按发电侧节能低碳电力调度的优先级进行消减。

安全校核未通过时，电力调度机构需出具书面解释，由电力交易机构予以公布。

第四章　电力现货市场

一、不定项选择题

1. 以下选项中属于电能量市场的是（　　）。

A. 电力中长期市场　　B. 电力现货市场　　C. 辅助服务市场　　D. 容量市场

答案： AB

2. 电力现货市场与电力辅助服务市场具有（　　）。

A. 强耦合性　　　　　B. 功率互补性　　　C. 经济互斥性　　　D. 经济互补性

答案： ABC

3. 电力现货市场建设与运营应遵循的原则包括（　　）。

A. 安全可靠　　　　　B. 绿色低碳　　　　C. 经济高效　　　　D. 稳步协同

答案： ABCD

4. 我国现阶段电力现货市场的作用和意义包括（　　）。

A. 发现价格激励响应　　　　　　　B. 促进竞争优化配置

C. 降低价格　　　　　　　　　　　D. 提高价格

答案： AB

5. 电力现货市场是以（　　）、（　　）的电能量市场为交易标的，与一般商品市场相比具有较大区别。

A. 质量要求较高　　　　　　　　　B. 实时供需平衡

C. 市场竞争激烈　　　　　　　　　D. 无法大规模存储的电能量

答案： BD

6. 电力现货市场正式运行的启动条件和工作内容包括（　　）。

A. 健全规则体系　　　　　　　　　B. 建立市场风险防控等制度体系

C. 定期开展技术支持系统第三方校验　　D. 市场成员具备符合条件的人员、场所

E. 市场成员之间的业务衔接实现制度化、程序化

答案： ABCDE

7. 现货市场交易标的物包括（　　）等。

A. 电力期货　　　　　B. 电能　　　　　C. 调频服务　　　　D. 备用服务

答案：BCD

8. 以下关于电力现货市场对发电厂商提出的技术要求的描述，正确的是（　　　）。

A. 需要熟练掌握电力现货市场基本规则，了解市场流程及业务规则

B. 需要提高发电边际成本预测能力，以支撑报价策略

C. 应进一步提升机组技术水平，通过技术改造改善 AGC 性能，缩短响应时间

D. 优化机组运行策略，以提高参与调频调峰等辅助服务能力

答案：ABCD

9. 以下关于集中式市场的说法正确的是（　　　）。

A. 中长期合同只做金融性质的差价结算作用，无需物理执行

B. 集中式市场模式不适用于电网阻塞较多、新能源占比高的地区

C. 物理执行的发用电计划全电量通过现货市场考虑电力系统约束出清

D. 市场双方报量报价不影响发用电曲线的形成

答案：AC

10. 以下关于分散式市场的说法正确的是（　　　）。

A. 中长期合同只做金融性质的差价结算作用，无需物理执行

B. 发用电双方可自主确定日发电计划

C. 电力中长期交易合同要约定发用电曲线或发用电曲线确定方式

D. 常见于英国和德国电力市场

答案：BCD

11. 选择分散式或集中式现货市场需要考虑（　　　）。

A. 电源结构　　　　　B. 电网结构　　　　　C. 负荷结构　　　　　D. 市场成熟度差异

答案：ABCD

12. 根据电网结构和阻塞等情况，电力现货市场可采用的价格机制包括（　　　）。

A. 节点边际电价　　　B. 分区边际电价　　　C. 系统边际电价　　　D. 网络边际电价

答案：ABC

13. 电力市场中统一出清电价与节点电价相比忽略了（　　　）。

A. 边际价格　　　　　B. 输电线路阻塞　　　C. 机组变动成本　　　D. 交易可执行

答案：B

14. 差价合约的主要特点包括（　　　）。

A. 必须进行物理交割　　　　　　　　　B. 规避现货价格风险

C. 本质属于金融合同　　　　　　　　　D. 不涉及实物商品交换

答案：BCD

15. 以下关于电力现货市场的说法正确的是（   ）。

A. 实时和日前现货市场都需要满足电网运行约束

B. 电力现货市场根据发电机组的报价，以社会福利最大化为目标安排机组发电

C. 影响发电机组在电能量市场中是否中标的因素只有机组报价

D. 电力现货市场运行必须充分考虑电力商品的物理属性

答案：ABD

16. 根据《电力现货市场基本规则（试行）》（发改能源规〔2023〕1217号），以下属于电力现货市场中电力交易机构权利和义务的是（   ）。

A. 市场注册、信息变更和退出服务　　　B. 中长期交易组织及合同管理

C. 技术支持系统维护　　　D. 现货交易申报和信息发布

答案：ABD

17. 电力交易机构在现货市场结算方面的权利和义务主要包括（   ）。

A. 提供结算明细和结算依据　　　B. 按规则处理经营主体结算的相关查询

C. 负责经营主体的履约保函管理　　　D. 负责经营主体的电费结算

答案：ABC

18. 从市场组织时序来看，电力现货市场运营应按照（   ）的顺序展开。

A. 信息发布、交易申报、市场出清、安全校核、交易结果执行、交易结算、出清结果发布

B. 交易申报、信息发布、市场出清、安全校核、交易结果执行、交易结算、出清结果发布

C. 信息发布、交易申报、市场出清、安全校核、出清结果发布、交易结果执行、交易结算

D. 交易申报、信息发布、市场出清、安全校核、出清结果发布、交易结果执行、交易结算

答案：C

19. 市场运营机构向相关市场成员发布运行日的边界信息条件主要包括（   ）。

A. 统调负荷预测曲线　　　B. 输变电设备检修计划

C. 电网关键断面约束情况　　　D. 市场限价等交易参数

答案：ABCD

20. 节点边际电价包括（   ）。

A. 系统电能价格　　　B. 输电阻塞价格　　　C. 人工成本　　　D. 网络损耗价格

答案：ABD

21. 输电阻塞通常指输电系统在正常运行或进行故障处理时出现的情况，包括（   ）。

A. 输电线路有功功率潮流超过允许极限　　　B. 输电线路无功功率不足

C. 变压器有功功率潮流超过允许极限　　　D. 节点电压越限

答案：ACD

22. 从竞价策略看，出于发挥低边际成本优势、获取补贴或规避高额启停成本等考虑，部分机组在市场中采取报（　　）竞争策略。

A. 零价　　　　　　　　B. 高价　　　　　　　　C. 负价　　　　　　　　D. 边际成本

答案：AC

23. 以下属于影响电力现货市场出清价格因素的是（　　）。

A. 发电厂商电量成本　　B. 输电阻塞　　　　　　C. 市场供需比　　　　　　D. 系统备用容量

答案：ABCD

24. 现货市场价格上下限主要采用的定价方法为（　　）。

A. 会计成本定价法　　　B. 市场竞价法　　　　　C. 价格信号定价法　　　D. 机会成本法

答案：AD

25. 处于（　　）过程中的发电机组，相应时段内，该台机组不参与市场定价，作为市场价格接受者。

A. 开机　　　　　　　　B. 停机　　　　　　　　C. ACE　　　　　　　　D. 自由优化

答案：AB

26. 以下关于必开机组的说法正确的是（　　）。

A. 必开机组在必开时段内的机组状态为开机，不参与优化

B. 必开最小出力优先出清

C. 若调度机构未指定必开机组的必开最小出力，则必开最小出力为该台机组的最小稳定技术出力

D. 必开最小出力之上的发电能力根据发电机组的电能量报价参与优化出清

答案：ABCD

27. 对于集中式日内电力现货交易，一般采用（　　）进行优化出清，确定未来多小时分时段机组组合计划和发电处理计划及市场出清价格。

A. 经济调度机组组合　　　　　　　　　　　B. 安全约束机组组合

C. 安全约束经济调度　　　　　　　　　　　D. 经济调度

答案：BC

28. （　　）的英文简写为SCUC。

A. 经济调度机组组合　　　　　　　　　　　B. 安全约束机组组合

C. 安全约束经济调度　　　　　　　　　　　D. 经济调度

答案：B

29. SCUC/SCED考虑的约束主要包括（　　）。

A. 经济性约束　　　　　B. 机组运行约束　　　　C. 电网安全约束　　　　D. 系统约束

答案： BCD

⏱ 30. 有一系统仅有 3 台发电机，它们的额定容量分别为 150MW、200MW 和 250MW。如果不可能发生 2 台发电机同时停运的事故，那么该系统可以安全接入的最大负荷为（　　）MW。

A. 250　　　　　　　　B. 350　　　　　　　　C. 400　　　　　　　　D. 450

答案： B

⏱ 31. 电力市场环境下，经济调度的目标是（　　）最低，机组的效率问题由电厂自行解决，可以反映在电厂报价中。

A. 全网的机组发电成本　　　　　　　　B. 全网的机组投资成本

C. 全网的机组固定成本　　　　　　　　D. 全网总购电成本

答案： D

⏱ 32. 下列关于价格帽的说法，正确的是（　　）。

A. 现货市场价格上下限主要采用会计成本定价法与机会成本法

B. 价格帽规制能对长期投资起到激励作用，缓解市场动荡形势下的信息不对称

C. 通过设置价格帽可以减轻市场力的滥用

D. 目前国内外在现货市场价格上下限的规则上有着根本的区别

答案： ACD

⏱ 33. 电力现货市场中，以下属于经营主体不能参与定价的情况为（　　）。

A. 机组已达到最大爬坡能力

B. 机组因自身原因，出力必须维持在某一固定水平

C. 机组正处于从最小技术出力水平到解列的过程

D. 机组正处于从并网到最小技术出力水平的过程

答案： ABCD

⏱ 34.（　　）是节点边际电价的计算依据，也直接影响了安全校核的准确性。

A. 成交电价预测　　　　B. 母线负荷预测　　　　C. 机组电能量价格　　　　D. 机组发电计划

答案： B

⏱ 35. 现货市场出清应至少实现静态安全校核功能，内容主要包括（　　）。

A. 基态潮流分析　　　　B. 静态安全分析　　　　C. 灵敏度分析　　　　D. 暂态电压稳定

答案： ABC

⏱ 36. 电力现货交易的系统安全约束条件包括（　　）。

A. 输变电设备极限功率　　　　　　　　B. 断面极限功率

C.发电机组（群）必开必停约束　　　　　D.发电机组（群）出力上下限约束

答案：ABCD

37.以英国、北欧等为代表的电力市场，通过"平衡机制"来解决市场成员实际的发、用电量与合约电量的差别，市场成员的不平衡电量按照不平衡机制进行结算。其中，平衡机制与实时市场方式的差别主要体现在（　　）等方面。

A.产品的生产方式　　　B.产品的定义不同　　C.产品的运输方式　　D.产品的定价方式

答案：BD

38.在欧洲实行平衡机制的市场中，对不平衡的结算有不同的方法。根据上调服务和下调服务价格的异同，可分为（　　）。

A.边际结算机制　　　B.核心结算机制　　　C.单结算机制　　　D.双结算机制

答案：CD

39.现货市场中，发电侧存在（　　）、必开机组结算电价低于成本等额外的运行成本，需要建立成本补偿机制，形成成本补偿价格向发电侧补偿，并向所有参与现货市场交易的电力用户收取。

A.机组启动成本　　　B.传输成本　　　C.空载成本　　　D.申报成本

答案：AC

40.以下关于电力现货市场阻塞管理的机制的描述，正确的是（　　）。

A.再调度法常见于分散式市场，分为限上机组和限下机组

B.市场分裂法根据阻塞情况将市场划分为多个价区

C.节点电价法一般配合金融输电权使用，实现阻塞管理作用

D.对销交易法由电力交易机构根据阻塞情况对市场主体已达成的交易开展反向交易以缓解阻塞

答案：ABCD

41.以下选项中属于现货市场不平衡费用特点的是（　　）。

A.每一项均需要发电和用户共同承担　　　　B.市场运行难以避免

C.无法找到具体承担主体　　　　　　　　　D.居民农业也需要承担

答案：BC

42.不平衡费用一般包括（　　）。

A.双轨制不平衡资金　　B.阻塞盈余费用　　　C.成本补偿费用　　　D.其他费用

答案：ABCD

43.搁浅成本是由于电力行业放松管制而导致的电力企业的股东或其他方所遭受的货币损失，搁浅成本的回收方式主要包括（　　）。

A. 电价过渡费回收　　　B. 附加费回收　　　C. 搁浅成本证券化　　D. 容量市场回收机制

答案：ABCD

🕐 44. 假设系统中仅有 2 台机组。A 机组报价为 300 元/MWh，B 机组报价为 400MWh。AB 机组发电容量均为 300MW，A 机组最小技术出力为 50MW，B 机组最小技术出力为 80MW。那么用电负荷为 300MWh（　　）。

A. 边际机组为 B 机组　　　　　　　B. B 机组运行在最小技术出力

C. B 机组中标出力为 250MW　　　　D. A 机组中标出力为 220MW

答案：BD

🕐 45. 在实时市场的发电机组开机过程中，以机组当前（　　）为起点，调度机构根据机组报送的开机计划出力曲线，滚动修改机组发电计划，直至机组出力上升至最小稳定技术出力。

A. 实时出力　　　B. 实时发电计划　　　C. 日前发电计划　　D. 实时开停状态

答案：A

🕐 46. 电力现货市场与调峰市场深度融合前，机组在最小技术出力以上部分参加（　　）竞价。

A. 现货市场深度调峰市场　　　　　B. 中长期市场

C. 容量市场　　　　　　　　　　　D. 现货市场

答案：D

🕐 47. 容量成本回收机制主要包括（　　）几种。

A. 容量成本补偿机制　　B. 容量市场　　　C. 容量共享机制　　　D. 稀缺定价机制

答案：ABD

🕐 48. 用户侧日前现货市场申报（　　）的用电需求。

A. 前日　　　B. 当日　　　C. 明日　　　D. 后日

答案：C

🕐 49. 日前市场按（　　）组织，根据经营主体日前交易申报，在考虑电网运行和物理约束的前提下，满足日前市场负荷需求和备用需求，以（　　）最大为目标，进行集中优化出清，形成日前出清结果。

A. 日，社会福利　　　　　　　　　B. 工作日，边际利润

C. 日，边际利润　　　　　　　　　D. 工作日，社会福利

答案：A

🕐 50. 日前省内现货市场组织的边界条件包括（　　）。

A. 联络线外送电曲线　　　　　　　B. 必开必停机组

C. 新能源机组申报次日发电预测曲线　　D. 运行日分时段负荷预测和母线负荷预测

答案：ABCD

🕐 51. 日前市场的重要环节是（　　　　）。

A. 准确的负荷预测

B. 发电侧出力预测

C. 可靠性机组组合

D. 电网实际运行状态和物理约束

答案：C

🕐 52. 开展日前电力现货市场的地区，日前正式出清结果包含（　　　　）。

A. 机组组合　　　　B. 机组出力曲线　　　　C. 分时价格　　　　D. 中长期偏差电量

答案：ABC

🕐 53. 用户侧日前现货申报电量包括（　　　　）。

A. 中长期市场和现货市场的电量总和

B. 不包括中长期市场电量

C. 现货市场增加的电量

D. 现货市场的电量

答案：A

🕐 54. PJM 的双结算机制是指既对（　　　）结算，也对（　　　）结算。

A. 日前市场　　　　B. 日内市场　　　　C. 实时市场　　　　D. 中长期市场

答案：AC

🕐 55. 结算参考点是合约电量结算的唯一节点，该节点的（　　　）作为中长期交易合约差价结算的依据。

A. 日前电能量市场价格

B. 实时电能量市场价格

C. 批复电价

D. 上网电价

答案：A

🕐 56. 集中式现货市场结算时，对于发电企业，采用机组所在节点电价，日前市场根据（　　　），按照日前市场节点电价进行结算；实时市场根据（　　　），按照实时市场节点电价进行结算。

A. 出清电量与实际上网电量的偏差电量

B. 实际上网电量与实时市场出清电量的偏差电量

C. 出清电量与中长期合约分解电量的偏差电量

D. 实际上网电量与日前市场出清电量的偏差电量

答案：CD

🕐 57. 目前在国内现货市场省份中，发电侧结算周期基本为（　　　　）。

A. 日清日结　　　　B. 月清月结　　　　C. 日清月结　　　　D. 月清日结

答案：C

🕐 58. 一般情况下，下列选项不属于发电侧现货电能量市场结算必备数据的是（　　　　）。

A. 合约电量   B. 实际发电量   C. 日前出清电量   D. 实时出清电量

答案: D

⏱ 59. 交易出清与结算环节中，有关统一边际价格结算的描述，正确的是（　　）。

A. 供不应求时，由边际买方报价决定市场统一结算价格

B. 供大于求时，由边际卖方报价决定市场统一计算价格

C. 对于非边际主体来说，报价与结算价格无关，报价低（卖方）或高（买方）于边际价格的成交

D. 理论上的最优价格

答案: C

⏱ 60. 下列选项中不包含在用户侧现货结算价格范围内的是（　　）。

A. 电能量结算价格   B. 成本补偿费用   C. 容量补偿费用   D. 输配电价

答案: D

⏱ 61. 某省现货市场采用集中式市场模式，双偏差结算。该省某新能源场站中长期合约电量为80MWh，合约电价为280元/MWh，日前出清100MWh，日前节点电价200元/MWh，实时计量90MWh，实时节点电价205元/MWh，该场站电能量结算均价为（　　）。

A. 270.6元/MWh   B. 205元/MWh   C. 227.2元/MWh   D. 271.7元/MWh

答案: A

⏱ 62. 在电力现货市场中，集中式电力市场以（　　）进行结算。

A. 电能合约   B. 金融合约   C. 差价合约   D. 物理合约

答案: B

⏱ 63. 电能交易结算流程的第一步是确定各市场成员的（　　）。

A. 电能生产量   B. 电能成交价格   C. 净电能成交量   D. 电能消耗量

答案: C

⏱ 64. 市场运营费用结算主要包括成本补偿类费用、市场平衡类费用和市场调节类费用。其中，成本补偿类费用以（　　）为周期进行分摊。

A. 日   B. 周   C. 月   D. 年

答案: C

⏱ 65. 用户侧日前偏差电量为（　　）和（　　）的偏差部分。

A. 日前申报电量   B. 中长期合约分解电量

C. 实际用电量   D. 实时市场出清电量

答案: AB

⏱ 66. 用户侧实时偏差电量为（　　）和（　　）的偏差部分。

A. 日前申报电量   B. 中长期合约分解电量

C. 实际用电量   D. 实时市场出清电量

答案： AC

67. 省间现货初期试点的电网区域为（   ）。

A. 国家电网有限公司   B. 南方电网有限公司

C. 内蒙古电力有限责任公司   D. 南方电网广东电网有限责任公司

答案： AC

68. 下列选项中属于省间电力现货交易规则的编制原则的是（   ）。

A. 确保电网安全运行   B. 促进清洁能源消纳

C. 落实国家能源战略   D. 发挥市场配置作用

答案： ACD

69. 以下选项中属于《省间电力现货交易规则（试行）》（国家电网调〔2021〕592 号）中规定的发电企业权利义务的是（   ）。

A. 为市场主体提供公平的输配电服务和电网接入服务

B. 按规则参与省间电力现货交易，签订和履行市场交易合同

C. 按规定披露和提供企业信息

D. 执行并网调度协议

答案： BCD

70. 根据《省间电力现货交易规则（试行）》（国家电网调〔2021〕592 号），以下选项中属于省间电力现货交易中售电公司权利义务的是（   ）。

A. 符合准入条件的售电公司按规则参与省间电力现货交易，签订和履行市场交易合同

B. 公平获得市场运营相关信息

C. 按规定披露和提供信息

D. 具备参与电力现货交易所需的计量条件

答案： ABCD

71. 负责省间电力现货交易电费结算的市场成员是（   ）。

A. 北京电力交易中心   B. 省级电力交易机构

C. 电网企业   D. 省级电力调度机构

答案： C

72. 为保证规则的科学性和时效性，可适时启动省间电力现货交易规则修订流程，（   ）有权向政府主管部门提出规则修订书面建议。

A. 经营主体   B. 运营机构

C. 监管机构   D. 相关政府电力管理部门

答案：ABCD

🕐 73. 省间电力现货交易中，经营主体、运营机构等有权向政府主管部门提出规则修订书面建议的情形包括（　　）。

A. 国家法律或政策发生重大调整　　　　　B. 市场环境发生重大变化

C. 规则条款不满足市场平稳有序运行要求　　D. 认为具有修订必要的其他情况

答案：ABCD

🕐 74. 省间现货交易中，北京电力交易中心向市场成员出具的结算依据包括（　　）。

A. 电量　　　　　B. 电价　　　　　C. 电费　　　　　D. 偏差电量电费

答案：ABC

🕐 75. 除不可抗力外，市场主体参与省间现货交易申报后，在相应（　　）完成前原则上不得退出。

A. 交易周期　　　　B. 交易日　　　　C. 交易组织　　　　D. 交易流程

答案：A

🕐 76. 省间电力现货交易的交易品种为卖方发电企业与买方（　　）之间进行的电能量交易。

A. 电网企业　　　　B. 售电公司　　　　C. 电力用户　　　　D. 配售电公司

答案：ABC

🕐 77. 以下关于省间电力现货市场的描述，正确的是（　　）。

A. 省间电力现货市场充分利用了跨区跨省输电通道富余输电能力

B. 省间电力现货市场出清结果一般作为省内市场的边界条件

C. 按照省内市场预出清、省间市场正式出清、省内市场正式出清的时序开展交易

D. 省间电力现货市场采用全电量集中优化出清方式

答案：ABC

🕐 78. 电力现货市场结算试运行阶段，将依据市场出清结果（　　）。

A. 进行生产调度，不进行实际结算　　　　B. 进行生产调度，并进行实际结算

C. 不进行生产调度，也不进行实际结算　　D. 不进行生产调度，进行实际结算

答案：B

🕐 79.（　　）是全量集中性市场模式，其日前环节不结算，仅实时市场出清的量、价用于结算。

A. PJM　　　　　B. ERCOT　　　　　C. 澳大利亚　　　　D. 英国

答案：C

🕐 80. 市场结算中，发电企业以发电母线处的 LMP 结算，用户以其负荷母线处的 LMP 支

付，实质上是由（　　）承担了阻塞盈余费用。

A. 发电企业　　　　　　　B. 用户　　　　　　　C. 电网　　　　　　　D. 不平衡资金

答案：B

81. 从市场周期来看，现货市场结算可包括（　　）。

A. 日前市场结算　　　　　　　　　　B. 日内市场结算

C. 实时市场结算　　　　　　　　　　D. 与现货市场配套的中长期市场结算

答案：ABCD

82. 全电量竞价模式下，发电侧市场主体的（　　）以差价合约的方式结算。

A. 基数电量　　　　　　　　　　　　B. 中长期交易电量

C. 优先电量　　　　　　　　　　　　D. 实际上网与日前出清偏差电量

答案：ABC

83. 在集中式现货市场中，实时现货市场定位为在日前电能量市场出清的基础上，依据（　　）申报等边界条件变化，按照规则形成实时发电计划与实时节点电价。

A. 日内超短期负荷预测　　　　　　　B. 超短期新能源功率预测

C. 日前超短期负荷预测　　　　　　　D. 日前母线负荷预测

答案：AB

84. 日前现货交易准备的环节包括（　　）。

A. 预出清　　　　　　　　　　　　　B. 交易申报

C. 交易前信息公告　　　　　　　　　D. 安全校核

答案：ABC

85. 市场主体参与现货交易时申报的分时"电力-价格"曲线应满足的基本要求包括（　　）。

A. 每一交易时段（15min）可申报的分段曲线最多为 3 段

B. 卖方市场主体申报的分段曲线要求为单调非递减曲线

C. 买方市场主体申报的分段曲线要求为单调非递增曲线

D. 申报电力最小单位为 1MW，申报价格最小单位为 1 元/MWh

答案：BCD

86. 日内以（　　）为一个固定交易周期，组织省间日内现货交易。

A. 15min　　　　　B. 1h　　　　　C. 2h　　　　　D. 3h

答案：C

87. 以下属于省间电力现货交易电子交易单内容的是（　　）。

A. 交易主体　　　　B. 交易电量　　　　C. 交易电力　　　　D. 跨区跨省联络线

答案：ACD

🔹 88. 省间电力现货交易集中竞价中，（   ）市场主体在所在节点申报分时"电力-价格"曲线，考虑所有交易路径的输电价格和输电网损后，逐一折算到（   ）节点。

A. 卖方，买方   B. 买方，卖方   C. 卖方，平衡   D. 买方，平衡

答案：B

🔹 89. 省间现货交易中申报电力和申报电价的最小单位为（   ）。

A. 1MW；1元/MWh   B. 1MW；0.1元/MWh

C. 10MW；1元/MWh   D. 10MW；0.1元/MWh

答案：A

🔹 90. 组织省间电力现货交易中，以下属于省级调度机构按规定披露和提供的主要信息的是（   ）。

A. 输变电设备检修   B. 机组检修

C. 省内重要断面可用输电容量参考值   D. 省内重要断面可用输电容量最大值

答案：ABC

🔹 91. 省间电力现货市场主体每一交易时段（15min）可申报的分段曲线最多（   ）段。

A. 4   B. 5   C. 6   D. 10

答案：B

🔹 92. 以下情况中，节点内部买方市场主体不得通过省间现货交易买入电能的是（   ）。

A. 上备用充足   B. 下备用充足   C. 燃煤火电富余   D. 可再生能源富余

答案：D

🔹 93. 市场运营机构应综合考虑（   ）等因素，确定跨区跨省联络线计划，作为送受两端市场的初始条件。

A. 电网实际运行情况   B. 省间中长期合同约定曲线

C. 省间现货市场日前交易   D. 省间现货市场日内交易

答案：ABC

🔹 94. 现货交易中，省内日前现货市场预出清确定省内机组开机方式和发电预计划后，参与（   ）。

A. 省内实时现货交易   B. 省间日前现货交易

C. 省间日内现货交易   D. 省内辅助服务市场

答案：B

🔹 95. 以下属于省间日前现货交易流程的是（   ）。

A. 省间联络线预计划下发   B. 省内预出清

C. 省间联络线计划编制   D. 省内发电计划编制

答案：ABCD

96. 结算试运行工作内容包括（   ）。

A. 依据市场主体申报信息得到市场出清结果

B. 按照市场出清结果组织开展实时调度并进行结算

C. 电力现货市场技术支持系统的出清计量结算等有关功能得到检验

D. 有关部门和单位根据结算试运行情况进一步完善规则和技术支持系统

答案：ABCD

97. 省间结算关口包括（   ）。

A. 各跨区跨省专项工程的送端和受端   B. 省间交流联络线送端和受端

C. 省间点对网电厂及直流配套电源上网侧   D. 省间统分电源的上网侧

答案：ABCD

98. 省间电力现货交易中，省间结算关口包括各跨区跨省专项工程的（   ）和
（   ）。

A. 送端   B. 受端   C. 初端   D. 末端

答案：AB

99. 省间电力现货结算依据包括（   ）。

A. 省间电力现货执行结果   B. 省间日前现货交易价格

C. 省间日内现货交易价格   D. 交易机构提供的省间电力现货结算依据

答案：ABCD

100. 省间电力现货交易中，电网企业应按照电力市场结算要求，定期将（   ）计量
装置记录的电量数据传送给电力交易机构，作为结算基础数据。

A. 发电企业（机组）   B. 电力用户

C. 拥有配电网运营权的售电公司   D. 网间关口电能计量点

答案：ABCD

101. 省间日前现货交易预校核不通过时，按照（   ）的原则依次调减。

A. "价格优先、可再生能源优先、节能环保优先"

B. "可再生能源优先、价格优先、节能环保优先"

C. "节能环保优先、价格优先、可再生能源优先"

D. "节能环保优先、可再生能源优先、价格优先"

答案：A

102. 省间日内现货固定交易周期的结果发布后，若在本交易周期内仍有新增富余电力外送和购电需求，可组织临时交易，需保证（　　）min前将出清结果下发至省调（交易时段起始时刻为 T）。

A. $T-90$　　　　　B. $T-60$　　　　　C. $T-45$　　　　　D. $T-30$

答案：B

103. 省间电力现货交易出清后，国调中心组织（　　）开展安全校核。

A. 网调　　　　　B. 省调　　　　　C. 地调　　　　　D. 省级电力交易机构

答案：AB

104. 省内日前现货交易申报时间为（　　），其中 D 指运行日。

A. $D-1$ 日 08:00～09:00　　　　　B. $D-1$ 日 08:45～09:45

C. $D-1$ 日 09:00～10:00　　　　　D. $D-1$ 日 09:45～10:45

答案：B

105. 国调中心和网调在 $D-1$ 日 11:45 至（　　），组织省间日前现货交易集中出清（D 指运行日）。

A. 12:15　　　　　B. 12:30　　　　　C. 12:45　　　　　D. 13:00

答案：C

106. 对可再生能源企业作为卖方主体参与省间电力现货的申报数据要求是（　　）。

A. 申报电力不得超过预测出力与预出清（预计划）之差

B. 申报电力不得超过装机容量与预出清（预计划）之差

C. 申报电力不得超过实际最大发电能力

D. 申报电力不得超过装机容量

答案：A

107. 省间电力现货交易中，火电和核电发电企业申报电力不得超过（　　）。

A. 机组额定容量与预出清（预计划）之差

B. 机组实际发电能力与预出清（预计划）之差

C. 机组额定容量

D. 机组实际发电能力

答案：B

108. 在省间现货交易中，某买方日前现货交易执行电量为 100MWh，在卖方节点的日前出清价格为 300 元/MWh，输电价格（含网损折价）为 20 元/MWh，日内现货交易执行电量为 10MWh，在卖方节点的日内出清价格为 350 元/MWh，该买方在省间现货交易中的支出为（　　）元。

A. 33500　　　　　B. 35000　　　　　C. 35500　　　　　D. 35700

答案：D

109. 省间电力现货交易中，不可抗力引发的发输变电设备异常，造成其他市场成员经济损失的，其设备所属的相关方不承担经济责任。不可抗力指对市场和电力系统有严重影响的（　　）的客观情况。

A. 不能预见　　　　　B. 不能停止　　　　　C. 不能避免　　　　　D. 不能克服

答案：ACD

110. 在省间电力现货交易规则中，发生（　　）情形，可对该市场主体实施强制退出并取消注册。

A. 经营主体违反国家有关法律法规和产业政策规定

B. 发生重大违约行为

C. 恶意扰乱市场秩序

D. 无正当理由，拒不执行调度指令

答案：ABCD

111. 省间电力现货交易中，风险干预流程包括（　　）。

A. 风险干预启动　　　B. 风险干预通知　　　C. 风险干预记录　　　D. 风险干预结束

答案：ABCD

112. 网损（也叫线损）指的是电能从发电厂传输到客户过程中，在（　　）各环节中所产生的电能损耗和损失。

A. 输电　　　　　　　B. 变电　　　　　　　C. 配电　　　　　　　D. 营销

答案：ABCD

113. 电力现货市场风险监测以（　　）为主。

A. 事前　　　　　　　B. 事中　　　　　　　C. 事后　　　　　　　D. 全过程

答案：AB

114. 电力现货组织中，以下属于市场干预措施的是（　　）。

A. 临时中止市场运行　　　　　　　　　B. 中止部分或全部规则的执行

C. 价格管制　　　　　　　　　　　　　D. 约谈经营主体

答案：ABC

二、填空题

1. 电力现货市场是指符合准入条件的经营主体开展（　　）、（　　）和（　　）电能量交易的市场。

答案：日前　日内　实时

2. 电力现货市场通过（　　　）形成体现（　　　）价值的市场出清价格，并配套开展调频、（　　　）等辅助服务交易。

答案：竞争　时空　备用

3. 电力现货市场应依序开展（　　　）、（　　　）和正式运行。

答案：模拟试运行　结算试运行

4. 市场限价一般分为（　　　）限价和（　　　）限价等。

答案：报价　出清

5. 不考虑网损的情况下，节点边际电价包含（　　　）和（　　　）分量。

答案：电能量　阻塞

6.（　　　）是指在给定的极短时段内向用户提供电能的边际成本，该电价不仅随时间变化，而且区分节点位置。

答案：容量电价

7. 分区边际电价是指当电网存在输电阻塞时，按（　　　）将市场分为几个不同的分区，并以分区内边际机组的价格作为该分区市场出清价格。

答案：阻塞断面

8. 现货市场运行地区，代理工商业用户购电的偏差电量应按照（　　　）价格结算。

答案：现货市场

9. 现货市场运行地区，辅助服务费用由发用电两侧按照（　　　）原则共同分担。

答案：公平合理

10. 参与电力现货交易的市场主体应具备电量数据分时计量能力，一般以（　　　）min为周期。

答案：15

11.（　　　）不平衡资金是在市场和计划双轨制下，由于非市场化用户用电量与政府定价上网电量出现偏差，导致电网企业购售价差出现的偏差费用。

答案：双轨制

12. 省间日前和日内现货交易结算电量为省间日前和日内现货交易的（　　　）电量，结算价格为省间日前和日内现货交易价格。

答案：执行

13. 市场主体在参与省间电力现货交易前需阅知《省间电力现货交易风险提示书》，并签订（　　　）。

答案：《省间电力现货交易承诺书》

14. 省间电力现货交易网络由（　　）、跨区跨省交直流输电通道和省内重要输电通道共同组成。

答案： 交易节点

15. 国调中心、网调直调机组按照（　　）的电力消纳方式确定其所属交易节点，其中多省消纳的机组可设为（　　）交易节点。

答案： 批复　独立

16. 省间现货交易中，买方市场主体在所在节点申报分时"电力-价格"曲线，考虑所有交易路径的（　　）、（　　）后，逐一折算到卖方节点。

答案： 输电网损　输电价格

17. 采用集中竞价对省间现货交易进行出清时，当存在价差相同的多个交易对时，按照（　　）分配交易对中的卖方节点送出需求和买方节点受入需求。

答案： 申报电力比例

18. 省间现货交易采用集中竞价方式出清时，某卖方节点的边际价格为该卖方节点最后一笔成交交易对中（　　）折算后价格与（　　）申报价格的（　　）。

答案： 买方　卖方　平均值

19. 省间电力现货交易中，买方主体在买入节点（输电工程落地点）买入电力 300MW，买入价格为 400 元/MW，输电工程输电价格为 150 元/MW，网损率为 4%，则折算到卖方节点的电力为（　　）MW，电价为（　　）元/MW。

答案： 312.5　240

20. 省间电力现货交易结算采用日清月结方式，（　　）日进行市场化交易结果清分，生成日清算结果，由电力交易机构出具结算依据，并向经营主体发布。

答案： D+5

21. 组织省间现货交易中的输电价格按政府主管部门核定价格执行，原则上按照（　　）收取输电费。

答案： 实际输送量

22. 省间电力现货交易涉及跨区跨省专项工程的按照（　　）电量进行结算。

答案： 实际物理计量

23. 为保证电网安全运行，满足输变电设备运行控制要求，需要在出清过程中对相关参数进行设置，其中各跨省区联络线相邻时段的输电功率变化幅度不超过（　　）MW。

答案： 600

24. 省间电力现货交易结果纳入跨省区联络线计划，作为（　　）的运行边界，原则上不跟随市场主体的实际发用电而变化。

答案： 省内市场

💬 25. 组织省间电力现货交易时，电力调度机构于（　　　）日将 D 日市场交易结果和实际执行情况等信息提供给电力交易机构（D 指运行日）。

答案： $D+1$

💬 26. 省间电力现货交易卖方节点的买方市场主体电力=买方市场主体申报电力/（　　　）。

答案： 1−线路网损率

💬 27. 现货市场运行过程中，因重大自然灾害、突发事件等原因导致电网运行安全风险较大时，市场运营机构应按照（　　　）的原则对市场进行干预。

答案： 安全第一

💬 28. 市场干预分为（　　　）干预和（　　　）干预。

答案： 政府　市场运营机构

三、判断题

❓ 1. 电力现货市场的经营主体包括各类型发电企业、电力用户（含电网企业代理购电用户和售电公司）。（　　　）

答案： 错

❓ 2. 电网企业代理购电用户不属于电力现货市场的经营主体。（　　　）

答案： 错

❓ 3. 国内大部分现货试点地区选择的是"全电量优化+节点电价"集中式市场模式。（　　　）

答案： 对

❓ 4.《电力现货市场基本规则（试行）》（发改能源规〔2023〕1217 号）中明确电力现货市场建设路径是以省间、省（区、市）/区域市场"两级市场、协同运行"起步。（　　　）

答案： 错

❓ 5. 电力现货市场并不能完全解决可再生能源消纳问题，现货市场本质是发现合理价格，充分反映市场供求关系。（　　　）

答案： 对

❓ 6. 电力现货技术支持系统满足结算试运行的启动条件是通过第三方校验并向经营主体公开校验报告，能够连续多日按照规则出清并为形成调度计划提供依据。（　　　）

答案： 对

? 7. 分区边际电价机制适用于电网阻塞程度较为严重、输电能力受限的地区。（　　）

答案： 错

? 8. 电力现货市场中的经营主体具有报价权和参与定价权。（　　）

答案： 对

? 9. 电力现货市场中各类型机组成本调查主要考虑机组的启动成本、变动成本（不含空载成本）和固定成本等变化趋势。（　　）

答案： 错

? 10. 电力现货市场中的定价机制主要有系统边际定价、分区边际定价、节点边际定价。（　　）

答案： 对

? 11. 边际机组形成率是指某个电厂形成边际机组的时段占整个竞价时段的比例，边际机组形成率越高，该电厂在市场中具有的市场力越弱。（　　）

答案： 错

? 12. 现货市场运行期间，已通过电能量市场机制完全实现系统调频功能的，原则上不再设置与现货市场并行的辅助服务品种。（　　）

答案： 错

? 13. 当市场价格达到价格限值且触发管控条件时，可由国家能源局派出机构、省（区、市）价格等有关主管部门根据职责作出市场干预决定，并委托市场运营机构实施市场干预。（　　）

答案： 对

? 14. 实时市场/平衡市场在实际运行前数小时组织实施，真实反映系统资源稀缺程度与系统阻塞程度，实现电力实时平衡和电网安全运行。（　　）

答案： 对

? 15. 实时电力现货市场兼有市场竞价交易与系统平衡调度的功能，发电上网电量都必须在实时市场中报价和中标。（　　）

答案： 对

? 16. 合理利用小时数主要与可再生能源发电在多大程度上参与市场相关，在现货市场改革中，可采用合理利用小时数内的可再生能源发电执行政府定价，超出合理利用小时数的可再生能源发电开展市场化交易的机制。（　　）

答案： 错

? 17. 电力市场预出清是调度机构根据发电厂商报价或修改的报价、用电负荷预测以及电

网运行状态，在日前/实时市场出清之前进行一系列的市场预测，无需公布市场预出清结果。（　　）

答案： 错

❓ 18. 边际机组指在边际出清模式下（含基于考虑安全约束的机组组合和经济调度的出清），提供新增下一兆瓦负荷电力需求的某一台或几台机组。（　　）

答案： 对

❓ 19. 阻塞平衡费用是指现货市场中，发电侧以节点电价进行电能电费结算，用户侧以统一结算点电价进行电能电费结算，由此导致的应收市场用户费用和应付发电企业费用之间的偏差费用。（　　）

答案： 对

❓ 20. 再调度法是一种实时消除阻塞的方法，这种阻塞管理方法可以直接改变日前市场中标的发电量和价格。（　　）

答案： 错

❓ 21. 在我国现货市场中，只采用了预出清，没有采用预调度计划。（　　）

答案： 对

❓ 22.《电力现货市场基本规则（试行）》（发改能源规〔2023〕1217 号）中结算条款仅适用于现货市场结算。（　　）

答案： 错

❓ 23. 根据《电力现货市场基本规则（试行）》（发改能源规〔2023〕1217 号），开展日前现货市场的地区，用户侧只参与报价出清，不进行结算。（　　）

答案： 错

❓ 24. 不平衡费用是结算过程中没有明确承担主体，需要向全部经营主体或部分经营主体分摊或返还的费用。（　　）

答案： 对

❓ 25. 电力现货市场中，电力用户关口计量点的电量数据由电网企业根据计量装置或计量电量数据拟合规则确定，并传输给电力交易机构。（　　）

答案： 对

❓ 26. 电力现货市场结算根据实际需要设置不平衡资金池，每项结算项目均需独立记录，分类明确疏导。（　　）

答案： 错

❓ 27. 在集中式市场中，中长期合约是物理合同，必须强制执行，合同偏差处理方式与非

现货模式下的处理方式保持一致。（　　）

答案：错

❓ 28. 电力辅助服务市场与电力现货市场具有强耦合性以及功能与经济上的互斥性，二者相辅相成。（　　）

答案：对

❓ 29. 电能与辅助服务独立出清是电能与辅助服务市场分别独立出清，出清顺序可以先电能后辅助服务，也可以先辅助服务后电能。（　　）

答案：对

❓ 30. 省间电力现货交易，主要是指在落实省间中长期交易基础上，利用省间通道输电能力，开展省间电能量交易。（　　）

答案：错

❓ 31. 我国省间电力现货市场包括日前、日内和实时市场。（　　）

答案：错

❓ 32. 省间电力现货市场属于实物交易。（　　）

答案：对

❓ 33. 省间现货交易的市场运营机构包括国调中心、网调、省调和北京电力交易中心。（　　）

答案：错

❓ 34. 北京电力交易中心负责向各省级电力交易机构提供省间电力现货交易出清结果、执行情况等信息。（　　）

答案：错

❓ 35. 省级电力交易机构负责省间现货交易中市场主体的注册管理。（　　）

答案：错

❓ 36. 省调负责组织省内现货市场预出清或预计划。（　　）

答案：对

❓ 37. 根据《省间电力现货交易规则（试行）》（国家电网调〔2021〕592号），经营主体由各地方政府主管部门负责准入，可在任一电力交易机构注册，一地注册、全国共享。（　　）

答案：对

❓ 38. 省间现货交易路径由卖方节点和买方节点之间的跨省跨区交直流输电通道和省内输

电通道链接形成。（　　）

答案： 错

❓ 39. 省间电力现货交易中，每个省只能有 1 个交易节点。（　　）

答案： 错

❓ 40. 组织省间电力现货交易时，输电网损需单独收取。（　　）

答案： 错

❓ 41. 省间电力现货交易采用集中出清方式。（　　）

答案： 错

❓ 42. 省间电力现货交易出清过程中，若买卖双方存在多个价差相同的交易对时，成交电力按照交易申报时间先后顺序进行分配。（　　）

答案： 错

❓ 43. 省间电力现货交易中，交易节点内部平衡紧张时，节点内部卖方经营主体可在省间电力现货交易中卖出电能。（　　）

答案： 错

❓ 44. 省间电力现货日内交易主要开展 24 个时段交易，也可根据实际情况组织临时交易。（　　）

答案： 对

❓ 45. 省内现货市场运行时，省内发电企业实际发电出力低于省间电力现货交易电力时，省间电力现货交易电力相应减少。（　　）

答案： 错

❓ 46. 市场运营机构按工作日组织省间日前现货交易。（　　）

答案： 错

❓ 47. 组织日内现货交易时，固定交易周期结果发布后，若在本交易周期内仍有新增富余电力外送和购电需求，可组织临时交易，需保证 $T-30\mathrm{min}$ 前将出清结果下发至省调，其中 T 为交易时段起始时刻。（　　）

答案： 错

❓ 48. 对于已参与中长期交易的经营主体，省间电力现货交易计量装置与中长期交易规定的计量装置设置原则上可以不一致。（　　）

答案： 错

❓ 49. 机组省间日前市场电能电费根据省间日前市场结算量与省间日前市场分时电价计算。（　　）

答案：对

❓ 50. 在现货市场申报前，各发电企业的中长期日结算电量须分解为交割日的分时电量结算曲线。（　　）

答案：对

❓ 51. 电力大用户（售电公司）参与现货交易时，初期采取"报价不报量"的方式，其申报的用电需求曲线作为自身参与日前电能量市场结算依据，并作为日前电能量市场出清的边界条件。（　　）

答案：错

❓ 52. 集中式现货模式下，发电机组参与日前现货电能量市场交易，其全天日前计划总电量等于中长期合约量时，所有电量均按中长期合约价进行结算。（　　）

答案：错

❓ 53. 省电力现货市场采用"中长期合约仅作为结算依据管理市场风险、现货交易采用全电量集中竞价"的交易模式，中长期交易结果不作为调度执行依据，因此现货市场中中长期合约对发电企业并不重要。（　　）

答案：错

❓ 54. 燃煤机组在现货市场的电能量报价中应包含环保电价，市场化电量对应的环保电价不再另行结算。（　　）

答案：对

❓ 55. 电能量和辅助服务费用按照市场出清结果结算。（　　）

答案：对

❓ 56. 省间电力现货交易结算采用日清月结方式，$D+5$ 日进行市场化交易结果清分（D 指运行日），生成日清算结果，由电力交易机构出具结算依据，并向市场主体发布。（　　）

答案：对

❓ 57. 省间电力现货出清结果作为省间电力现货交易结算依据。（　　）

答案：错

❓ 58. 当出现重大电源或电网故障、突发性社会事件、自然灾害等原因导致电力供应出现严重不足或电网运行出现较大风险时，电力调度机构可依据调度规程，按照"安全第一"的原则，及时调减或取消省间电力交易。（　　）

答案：对

四、简答题

🔘 1. 简述电力中长期与现货市场的功能定位区别。

答案： 电力中长期市场开展多年、年、季、月、周、多日等电能量交易，起到平衡长期供需、稳定市场预期的基础作用；电力现货市场开展日前、日内和实时电能量交易，起到更好发现电力实时价格，准确反映电能供需关系的作用。

🔘 2. 分别描述电力中长期与现货市场如何进行价格限制。

答案： 电力中长期市场中，除国家有明确规定的情况外，双边协商交易原则上不进行限价。集中竞价交易中，为避免市场操纵以及恶性竞争，可对报价或者出清价格设置上、下限。
电力现货市场中，市场限价包括报价限价和出清限价，报价限价不应超过出清限价范围。未建立容量成本回收机制的地区，市场限价应考虑机组固定成本回收；随着交易接近交割时间，市场价格上限应依次递增或持平。

🔘 3. 什么是安全校核？安全校核包括哪些分析方法？

答案： 安全校核是对检修计划、发电计划、市场出清结果和电网运行方式等内容，从电力系统运行安全角度分析的过程。
分析方法包括静态安全分析、暂态稳定分析、动态稳定分析、电压稳定分析等。

🔘 4. 什么是安全约束机组组合？

答案： 安全约束机组组合是指在满足电力系统安全性约束的条件下，以社会福利最大化或系统总电能供给成本最小化等为优化目标，制订多时段的机组开停机计划。

🔘 5. 什么是安全约束经济调度？

答案： 安全约束经济调度在满足电力系统安全性约束的条件下，以社会福利最大化或系统总电能供给成本最小化等为优化目标，制订多时段的机组发电计划。

🔘 6. 根据《电力现货市场基本规则（试行）》（发改能源规〔2023〕1217号），电能量批发市场有哪两种结算方式？

答案： 方式一：现货市场全电量按现货市场价格结算，中长期合同电量按中长期合同价格与中长期结算参考点的现货价格差值结算。
方式二：中长期合同电量按中长期合同价格结算，并结算所在节点/分区与中长期结算参考点的现货价格差值，实际电量与中长期合同电量的偏差按现货市场价格结算。

🔘 7. 根据《电力现货市场基本规则（试行）》（发改能源规〔2023〕1217号），电力市场风险类型包括哪些？

答案： 电力市场风险一共有六种类型，分别是电力供需风险、市场价格异常风险、电力系统安全运行风险、电力市场技术支持系统风险、网络安全风险、履约风险。

🔘 8.《省间电力现货交易规则（试行）》（国家电网调〔2021〕592号）规定省级电力交易

机构包括哪些职责？

答案：（1）负责市场主体注册工作。

（2）负责省内经营主体的交易申报及信息发布。

（3）配合北京电力交易中心开展信息披露有关工作。

（4）配合北京电力交易中心开展电力交易结算有关工作。

（5）法律法规所规定的其他权利和义务。

⊜ 9. 如何定义及选择省间现货交易路径？

答案：交易路径由卖方节点和买方节点之间的跨省区交直流输电通道和省内重要输电通道顺序链接形成。其中，一般情况下 1 个省为 1 个交易节点；当省内出现严重阻塞，且该阻塞相对频繁发生时，可定义多个交易节点。

任意一对卖方、买方节点间可选择多条交易路径开展交易，优先选择节点间输电价格（含网损折价）最低的交易路径开展交易。同一交易路径不重复经过同一交易节点。

⊜ 10. 简述省间电力现货交易的出清流程。

答案：（1）买方市场主体在所在节点申报分时"电力-价格"曲线，考虑所有交易路径的输电价格和输电网损后，逐一折算到卖方节点。

（2）在卖方节点，卖方市场主体报价按照从低到高排序，买方市场主体折算后价格从高到低排序。

（3）按照买卖双方价差递减的原则依次出清，价差最大的交易对优先成交，直至价差小于零或节点间交易路径可用输电容量等于零。存在多个价差相同的交易对时，成交电力按照交易申报电力比例进行分配。

（4）每成交一笔交易后，扣除该交易路径可用输电容量以及买卖双方对应的申报量。

（5）卖方节点最后一笔成交交易对中买方折算后价格与卖方申报价格的平均值为该卖方节点的出清价格。

（6）卖方节点价格叠加输电价格（含输电网损折价）为买方节点对应相应路径的出清价格。

⊜ 11. 如何处理省内发电企业在省间现货交易中的偏差？

答案：省内现货市场运行时，省内发电企业实际发电出力低于省间电力现货交易电力时，省间电力现货交易电力不变，少发电能按照省内现货市场价格向省内其他发电企业购买。省内现货市场未运行时，发电企业电量按照相关规则进行偏差考核。

⊜ 12. 省间电力现货交易采用集中竞价方式出清过程中，在考虑跨省区联络线输电容量的情况下，如何对成交电力进行校验。

答案：若相关交易对的成交电力超出某一跨省区联络线或输电断面的可用输电容量，则按比例缩减相关交易对的成交电力，形成各交易对在对应跨省区联络线及输电断面上的成交电力。

⊜ 13. 现货市场运行地区，省间电力现货出清结果如何与省内现货交易衔接。

答案： 现货试点地区现货市场运行期间，省间电力现货交易卖方成交结果作为送端关口负荷增量，买方成交结果作为受端关口电源参与省内出清。

⊜ 14. 同一交易时段，如何界定市场主体是否可以通过省间现货交易买入或卖出电能？

答案：（1）交易节点内部可再生能源富余时，节点内部买方市场主体不得在省间电力现货交易中买入电能。

（2）交易节点内部平衡紧张时，节点内部卖方市场主体不得在省间电力现货交易中卖出电能。

（3）对于可再生能源是否富余和电力平衡是否紧张的判定方法，由各地方政府主管部门确定或由各省调报地方政府主管部门确认同意。

⊜ 15. 卖方节点发电企业参与省间电力现货交易的收入如何计算？

答案： 省间电力现货交易收入=日前现货交易执行电量（卖方节点）×日前出清价格（卖方节点）+日内现货交易执行电量（卖方节点）×日内出清价格（卖方节点）。

⊜ 16. 买方节点电网企业、售电公司和电力用户参与省间电力现货交易的支出费用如何计算？

答案： 省间电力现货交易支出=日前现货交易执行电量（买方节点）×折算后日前出清价格（买方节点，含输电价格和网损折价）+日内现货交易执行电量（买方节点）×折算后日内出清价格（买方节点，含输电价格和网损折价）。

⊜ 17. 电力现货市场有哪些结算价格形成机制？

答案： 目前通行的电力现货交易结算价格形成机制有两种：①按各市场主体的报价结算，其电价通常被称为差别电价；②按照边际出清价格结算，这是一种统一的价格机制，即各市场主体按照统一的市场边际出清电价结算，所以也被称为统一价格结算。其中边际出清电价结算应用更加广泛，根据电力现货市场出清价格机制，又可具体分为按系统边际电价、分区边际电价和节点边际电价三种具体结算价格机制。

⊜ 18. 经营主体退出省间电力现货交易的相关流程与要求是什么？

答案： 退出省间电力现货交易的经营主体，应妥善处理现货交易相关事宜，由市场运营机构按规定进行注销，并向社会公示。经营主体退出市场后，停止其所有省间电力现货交易活动。强制退出的市场主体，1年内不得参与省间电力现货交易。

五、计算题

🕐 1. 在省间日前现货中，卖方节点 A 到买方节点 B 的交易路径输电价格为 90 元/MWh，线损率为 5%，卖方节点 A 到买方节点 C 的交易路径输电价格为 70 元/MWh，线损率为 10%，节点 B 申报的购电电力为 95MW，购电费为 360 元/MWh，节点 C 申报的购电电力为 90MW，购电费为 350 元/MWh，如图 4-1 所示。求解买方节点 B、C 分别折算到卖方节点 A 的购电电力和购电价格。

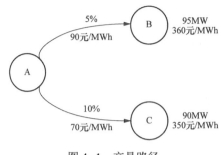

图 4-1　交易路径

答案： 将买方市场主体在买方节点申报的电力和价格按照所有可用交易路径，依如下公式折算到卖方节点：

折算到卖方节点的买方市场主体价格=买方市场主体报价-输电价格（含输电网损折价）。

折算到卖方节点的买方市场主体电力=买方市场主体申报电力/（1-线路网损率）。

节点 B 折算到节点 A 的购电电力 = 95/（1-5%）=100MW，节点 B 折算到节点 A 的购电价格 =（360-90）×（1-5%）= 256.5 元/MWh。

节点 C 折算到节点 A 的购电电力 = 90/（1-10%）=100MW，节点 C 折算到节点 A 的购电价格 =（350-70）×（1-10%）= 252 元/MWh。

🕐 2. 在省间日前现货中，卖方节点到买方节点间存在两条交易路径，如图 4-2 所示。交易路径一由通道 A、通道 B 的顺序连接而成。交易路径二由通道 C 组成。其中，通道 A、通道 B 和通道 C 的输电价格分别为 100 元/MWh、60 元/MWh、40 元/MWh，各通道网损率依次为 8%、10%、5%。假设买方节点内某市场主体申报电力和价格分别为 100MW 和 300 元/MWh，求解买方节点申报电力和价格折算通过两条交易路径到卖方节点分别是多少？

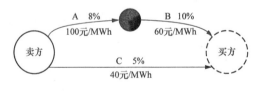

图 4-2　交易路径

答案： 经交易路径一依次计算经通道 B、通道 A 折算后的结果。

经通道 B 折算后结果：

折算后的电力 =100/（1-10%）= 111.111MW。

折算后的电价 =（300-60）×（1-10%）= 216 元/MWh。

经通道 A 折算后结果：

折算后的电力 =111.111/（1-8%）= 120.773MW。

折算后的电价 =（216-100）×（1-8%）= 106.72 元/MWh。

经交易路径二折算后结果：

折算后的电力 =100/（1-5%）= 105.263MW。

折算后的电价 =（300−40）×（1−5%）= 247 元/MWh。

⏲ 3. 某一时刻，A 省申报购电 250MW，报价共分为 5 段，每段报价电力 50MW，报价分别为 300、400、500、600、800 元/MWh。卖方 B 省申报售出火电 150MW，报价 450 元/MWh。B 省可以通过直流 1 送往 A 省，如图 4-3 所示。请问 B 省可以送出多少电力，出清价格是多少，A 省的出清价格是多少？（注：直流不考虑网损，具有足够的可用空间；B 省省内输电价格为 25 元/MWh，直流 1 输电费为 30 元/MWh）

图 4-3　A、B 省间直流输电情况

答案： A 省报价 800 元/MWh 折算至 B 省的价格 = 800−30−25 = 745＞450 元/MWh。

A 省报价 600 元/MWh 折算至 B 省的价格 = 600−30−25 = 545＞450 元/MWh。

A 省报价 500 元/MWh 折算至 B 省的价格 = 500−30−25 = 445＜450/MWh。

当 A 省折算价大于 B 省报价时，A 省可与 B 省达成现货交易，所以 A 省报价为 600、800 元/MWh 的电力可以与 B 省达成交易。

因此，A 省购电电力 P=100MW，不考虑直流网损，B 省售电电力=A 省购电电力=100MW，B 省与 A 省最后一笔成交的 A 省报价为 600 元/MWh，因此 A 省折算至卖方 B 省的价格 = 600−30−25 = 545元/MWh。

B 省出清价格 =（545+450)/2 = 497.5 元/MWh。

A 省出清价格= 497.5+30+25 = 552.5 元/MWh。

⏲ 4. 某一时刻，A 省申报购电 400MW，报价 410 元/MWh。C 省申报售出风电 120MW，报价 100 元/MWh；B 省申报售出火电 400MW，报价分为两段，其中 250MW 报价 300 元/MWh，150MW 报价为 360 元/MWh。B 省可以通过直流 1 送 A 省，C 省可通过直流 2+直流 1 送 A 省，如图 4-4 所示。问 B 省、C 省的出清电量、出清价格是多少，A 省购得 B 省、C 省的出清价格分别是多少？（直流不考虑网损，具有足够的可用空间；B 省省内输电价格为 25 元/MWh，C 省为 28 元/MWh；直流 1 输电费为 34 元/MWh，直流 2 输电费为 27 元/MWh）

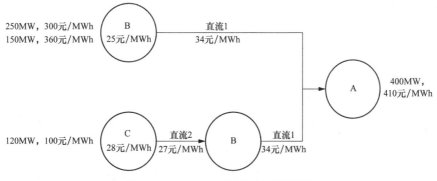

图 4-4　A、B、C 省间输电通道情况

答案： A省折算至C省价格1= 410−34−27−28 = 321 元/MWh；价差1= 321−100 = 221 元/MWh。
A省折算至B省价格2 = 410−34−25 = 351 元/MWh；300＜价格2＜360，因此A省可购得B省报价为300 元/MWh的电力，价差2 = 351−300 = 51 元/MWh。

按照价差匹配原则，价差1＞价差2，A省优先与C省成交120MW，后与B省成交250MW。

因此，C省出清价格 =（321+100）/2 = 210.5 元/MWh。

A省购C省电力的出清价格=210.5+28+27+34=299.5 元/MWh。

B省出清价格=（351+300）/2=325.5 元/MWh。

A省购B省电力的出清价格=325.5+25+34=384.5 元/MWh。

⏱ 5. 在省间日前现货中，卖方节点A到买方节点B的交易路径输电价格为80 元/MWh、可用容量为180MW，卖方节点A到买方节点C的交易路径输电价格为60 元/MWh、可用容量为20MW，节点A申报售出电力180MW、申报售出价格210 元/MWh，节点B折算到节点A的申报购电电力为160MW、申报购电价格为330 元/MWh，节点C折算到节点A的申报购电电力为80MW、申报购电价格为310 元/MWh，假设只有A、B、C节点参与出清且A送B与A送C的交易路径无共用输电通道，如图4-5所示，不考虑输电网损，求解A送B与A送C的出清电力、A、B、C节点出清价格。

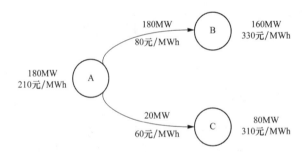

图4-5　A、B、C省间输电通道情况

答案： 因为A、B节点价差=330−210 =120 元/MWh＞A、C 节点价差=310−210 =100 元/MWh，所以：

（1）A、B节点先出清，出清电力160MW，满足A送B交易路径可用容量要求。

（2）A、C节点后出清，考虑A送交易路径可用容量要求后，出清电力为 min［20，（180−160）］=20MW。

（3）A节点边际出清价格是A、C节点出清时买卖报价的平均值，即（210+310）/2=260 元/MWh。

（4）B节点出清价格是A节点出清价格叠加输电价格，即260+80=340 元/MWh。

（5）C节点出清价格是A节点出清价格叠加输电价格，即260+60=320 元/MWh。

⏱ 6. 某省调以1个独立节点参与省间电力现货交易。该省网某直调新能源场站A装机容量为120MW，包含一个调度AGC控制单元，并注册了对应容量的交易单元。该场站无断面受限。根据日前预测，6 月 14 日 12:00～13:00 电网平衡紧张、新能源消纳存在缺口，电网将出现调峰困难。该省调编制并披露了 6 月 14 日各新能源场站的日前预计划，并通知各直调场站积极参与省间现货售电交易。6 月 14 日场站 A 的功率预测和日前预计划见表 4-1。

表 4-1　　　　　　　　6 月 14 日场站 A 的功率预测和日前预计划

时段	12:15	12:30	12:45	13:00
短期功率预测（MW）	90	90	90	90
超短期功率预测（MW）	100	100	90	90
日前预计划（MW）	20	20	20	20

（1）计算场站 A 参与 6 月 14 日省间现货日前售电的最大可申报功率上限，填写至表 4-2。

表 4-2　　　　　　　　　场站 A 最大可申报功率上限

时段	12:15	12:30	12:45	13:00
日前可申报功率上限（MW）				

（2）场站 A 参与 6 月 14 日日前省间现货售电时，在交易平台实际填报的该日各时段申报电力和价格见表 4-3。

表 4-3　　　　　　场站 A 申报 6 月 14 日日前省间现货的各时段电力和价格

时段	12:15	12:30	12:45	13:00
日前申报功率（MW）	100	100	70	70
申报价格（元/MWh）	60	60	110	110

该省调省间现货系统日前交易申报信息校验、申报信息汇总、市场出清、出清结果分解、出清结果披露等环节均按照《省间电力现货交易规则（试行）》（国家电网调〔2021〕592 号）要求正常开展。出清结果显示，该省调所在节点申报价格不大于 90 元/MWh 的售电交易中标，出清价格为 290 元/MWh。请计算场站 A 在 6 月 14 日日前省间现货市场的总中标量（MWh）、总售电收益（元）。

（3）6 月 14 日日内省间现货市场正常开展，计算场站 A 参与 6 月 14 日省间日内现货售电的最大可申报功率上限，填写至表 4-4。

表 4-4　　　　　　　　　场站 A 最大可申报功率上限

时段	12:15	12:30	12:45	13:00
日内可申报功率上限（MW）				

（4）6 月 14 日场站 A 按日内可申报功率上限参与各时段日内售电申报，申报价格均为 0 元/MWh。日内出清结果显示，场站 A 各时段申报量均中标 50%，出清价格均为 220 元/MWh。请计算场站 A 在 6 月 14 日省间现货日内市场的总中标量（MWh）、总售电收益（元）。

（5）6 月 14 日该省网实际调峰情况与日前预测完全一致。请计算场站 A 在各调峰时段的实际发电出力（假设场站 A 实际出力曲线与 AGC 指令曲线一致），填写至表 4-5。

表 4-5　　　　　　　　　　　场站 A 在各调峰时段的实际发电出力情况

时段	12:15	12:30	12:45	13:00
实际发电出力（MW）				

请计算场站 A 参与 6 月 14 日省间现货日前、日内售电后，相对于不参与省间现货市场，可减少多少调峰弃电电量（MWh）？可提升多少经济收益（元）？（不考虑发电成本、补贴收益等）。

答案：（1）最大可申报功率上限见表 4-6。

表 4-6　　　　　　　　　　　　最大可申报功率上限

时段	12:15	12:30	12:45	13:00
日前可申报功率上限（MW）	70	70	70	70

（2）该场站中标结果见表 4-7。

表 4-7　　　　　　　　　　　　各时段电力和价格

时段	12:15	12:30	12:45	13:00
日前申报功率（MW）	70	70	0	0
中标价格（元/MWh）	290	290	—	—

日前售电中标量（70+70）/4 = 35MWh，日前售电收益 35×290 = 10150 元。

（3）场站 A 最大可申报功率上限见表 4-8。

表 4-8　　　　　　　　　　　场站 A 最大可申报功率上限

时段	12:15	12:30	12:45	13:00
日内可申报功率上限（MW）	10	10	70	70

（4）日内售电中标量（5+5+35+35）/4=20MWh。

日内售电收益 20×220=4400 元。

（5）场站 A 在各调峰时段的实际发电出力情况见表 4-9。

表 4-9　　　　　　　　　　场站 A 在各调峰时段的实际发电出力情况

时段	12:15	12:30	12:45	13:00
实际发电出力（MW）	95	95	55	55

调峰弃电减少量 35+20=55MWh。

经济收益提升 10150+4400=14550 元。

🕐 7. 某省现货市场采用集中式市场模式，双偏差结算。假设该省某台送端省百万机组 15min 内，日前参与省间现货市场售电电量为 40MWh，该机组在省间日前现货对应成交的购电省出清价格为 850 元/MWh，对应输电通道的输电价格和网损折价为 160 元/MWh。该机组对应时段中长期合同电量为 150MWh，中长期价格为 400 元/MWh，省内日前现货出清机端电力为 1000MW，厂用电率为 4%，省内日前现货出清价格为 350 元/MWh，机组实际上网电量为 260MWh，省内实时现货出清价格为 390 元/MWh，则该机组这 15min 总的结算费用是多少？

答案：省间日前现货结算费用=40×（850-160）= 27600 元。

中长期结算费用=150×400=60000 元。

省内日前现货出清上网电量=1000×（1-4%）/4=240MWh。

省内日前现货结算费用=（240-150-40）×350=17500 元。

省内实时现货结算费用=（260-240）×390=7800 元。

总结算费用=27600+60000+17500+7800=112900 元。

⏱ 8. 如图 4-6 所示的系统，基础数据见表 4-10，出清时段为 1h，3 台机组中，机组 1 和 3 为火电机组，参与竞价，机组 2 为水电机组，按照固定出力发电，3 台机组都处于运行状态，不串通报价，不考虑启动成本和空载成本。如果 3 台机组均按照边际成本报价。试计算：

（1）计算市场出清结果，包括各节点的 LMP 和各机组的出清出力、各支路潮流和各台机组的利润。

（2）如果机组 1 和用户签订了 200MW 的差价合约，合约价格为 370 元/MWh，合约参考结算点为用户所在节点，阻塞剩余在发电侧和用户侧平均分配，然后分分别在发电侧和负荷侧按照中标电量的比例分配。计算各台机组的利润。

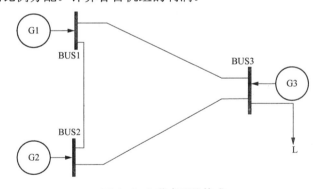

图 4-6　3 节点系统构成

表 4-10　　　　　　　　　　　　　　3 节点系统基础数据

支路编号	始节点	末节点	电抗（p.u.）	线路热稳极限（MW）
1	1	2	0.1	300
2	1	3	0.1	300
3	2	3	0.2	300

机组编号	节点	最小出力（MW）	最大出力（MW）	边际成本（元/MWh）
G1	1	200	400	300
G2	2	150	150	0
G3	3	100	200	450

负荷编号	节点	需求（MW）
L	3	600

答案: 根据边际成本排序,G2＜G1＜G3。

G2 先出清,因此 $P_{G2}=150\text{MW}$。

由于每条线路均有热温极限,因此

$P_{G1}\times0.3/0.4+P_{G2}\times0.2/0.4\leqslant300$。

$P_{G1}\times0.1/0.4+P_{G2}\times0.2/0.4\leqslant=300$。

得出 $P_{G1}\leqslant300\text{MW}$,因此 $P_{G1}=300\text{MW}$。

$P_{G3}=600-300-150=150\text{MW}$。

支路潮流:

$P_{12}=P_{G1}\times0.1/0.4-P_{G2}\times0.1/0.4=0\text{MW}$。

$P_{13}=P_{G1}\times0.3/0.4+P_{G2}\times0.2/0.4=300\text{MW}$。

$P_{23}=P_{G1}\times0.1/0.4+P_{G2}\times0.2/0.4=150\text{MW}$。

节点电价:

对于节点 1,由于 P_{G1} 还有剩余出力,因此 LMP1=300 元/MWh

对于节点 2,若单一增加 P_{G1} 出力,支路 13 会越线路上限,因此需要 G1 和 G3 同时增加出力。此时

$\Delta P_{G1}\times0.1/0.4-\Delta P_{G3}\times0.2/0.4=0$。

$\Delta P_{G1}+\Delta P_{G3}=1$。

$\Delta P_{G1}=2/3,\ \Delta P_{G3}=1/3$。

LMP2 $=\Delta P_{G1}\times300+\Delta P_{G3}\times450=350$ 元/MWh。

对于节点 3,LMP3 $=450$ 元/MWh。

机组利润:

$R_1=（300-300）\times P_{G1}=0$。

$R_2=（350-0）\times P_{G2}=52500$ 元。

$R_3=（450-450）\times P_{G3}=0$ 元。

总阻塞费用 $=PL\times LMP3-P_{G1}\times LMP1-P_{G2}\times LMP2-P_{G3}\times LMP3$

$=600\times450-300\times300-150\times350-150\times450=60000$ 元。

阻塞剩余分配后 $C_1=60000\times300/600/2=15000$ 元。

$C_2=60000\times150/600/2=7500$ 元。

$C_3=60000\times150/600/2=7500$ 元。

对于机组 1:利润 $=R_1+200\times（370-450）+C_1=-1000$ 元。

对于机组 2:利润 $=R_2+C_2=60000$ 元。

对于机组 3:利润 $=R_3+C_3=7500$ 元。

六、论述题

📋 1. 电力现货交易与中长期交易有哪些差异？

答案： 电力现货交易与中长期交易的差异主要体现在以下五方面。

（1）交易标的物有差异。电力现货交易的标的物一般为 15min 的电力或备用、调频等辅助服务，电力中长期交易的标的物一般为更长时间段（月、多日）的电能量（可以明确电力曲线）或可中断负荷、调压等辅助服务。

（2）交易标的物交割时间不同。电力现货交易标的物的交割时间为未来一天、几个小时或几十分钟，电力中长期交易标的物的交割时间为未来多年、年、季度、月、周或多日。

（3）与电力系统实际运行的耦合程度不同。电力现货交易需详细考虑机组组合、电网方式等约束问题，电力中长期交易一般仅考虑发电用电能力约束、不考虑电网运行方式约束。

（4）交易标的物交割方式有差异。电力现货交易合同属于要求物理执行的实物合同，电力中长期交易合同可以物理执行也可以非物理执行（差价合约方式的金融合同）。

（5）功能有所不同。电力负荷随时间变化具有一定的规律性和波动性，一天之内电力供需平衡关系差异较大，电力现货交易可以较为精细地分时段出清，价格随时间变化，主要目的是实现电力资源短期优化配置、促进可再生能源消纳，发现价格并提供经济信号；电力中长期交易的交易时间更长，主要目的是促进电力资源中长期优化配置，引导电力投资以保障电力供应，实现发电企业容量成本回收。

📋 2. 请描述电力中长期与现货市场如何进行衔接。

答案： 现货市场运行地区，应开展电力中长期分时段带曲线交易，通过自主协商或集中交易方式确定中长期交易合同曲线或曲线形成方式，并约定分时电量、分时价格、结算参考点等关键要素。其中，跨区跨省交易卖方成交结果作为送端关口负荷增量，买方成交结果作为受端关口电源参与省内出清结算，省间交易结果作为省间交易电量的结算依据。

其中，集中式现货交易一般与中长期金融交易衔接，发用电双方必须全部电量参与现货交易，发用电曲线完全由现货交易确定，中长期交易主要是管理市场风险的差价合同。分散式现货交易一般与中长期实物合同衔接，发用双方在日前阶段以中长期实物合同为基础自行确定日发用电曲线，并通过现货交易平衡电力曲线偏差。

📋 3. 电力现货交易主要有几种交易模式？不同交易模式的差异是什么？

答案： 电力现货主要有集中式交易和分散式交易两种模式。集中式现货采用全电量集中竞价方式进行交易，现货交易确定发电（用电）企业的完整日发（用）电曲线，一般配合采用双边差价合约模式的中长期交易；分散式现货采用部分电量竞价方式进行现货交易，配合采用物理双边合约的中长期交易，现货交易主要用于平衡日前（日内、实时）发用电曲线与中长期合同分解曲线之间的偏差。

集中式现货交易与分散式现货交易的差异有三个方面：一是参与交易的电量规模不同，集中式现货交易中，市场主体的全部电量必须参与现货交易；分散式现货交易中，市场主体的部分电量参与现货交易。二是现货交易出清算法不同，集中式现货交易采用安全约束机组组合、安全约束经济调度等复杂出清算法，需要考虑机组组合、经济调度等系统运行整体问题；分散式现货交易出清算法相对简单，以中长期交易机组组合为基础，仅考虑电力偏差调整等问题。三是出清电价结果不同，集中式现货交易的出清结果一般为节点边际电价，能够比较精细地考虑电能的时间、空间价值；分散式现货交易的出清结果一般为分区边际电价或系统边际电价。

📄 4. 谈一谈电力现货市场的远期建设主要任务。

答案：（1）持续完善适应新型电力系统的电力市场机制，通过市场时空价格信号实现源网荷储各环节灵活互动、高效衔接，促进保障电力供应安全充裕。

（2）推动制定统一的市场准入退出、交易品种、交易时序、交易执行结算等规则体系和技术标准，加强国家市场、省（区、市）/区域电力市场间的相互耦合、有序衔接。

（3）不断推动各类经营主体平等参与市场，扩大新型经营主体参与交易范围，形成平等竞争、自主选择的市场环境。

📄 5. 某省电力市场交易发生市场主体恶意串通操纵市场的行为，并严重影响交易结果，该省的国家能源局派出机构、省（区、市）价格等有关主管部门作出通过价格管制进行市场干预的决定，请描述受委托的市场运营机构应如何实施干预。

答案：首先，市场干预期间的干预触发条件、干预规则等由国家能源局派出机构和省（区、市）价格等有关主管部门制定，并在省（区、市）/区域市场交易规则中明确。若干预期间机组总发电收入低于核定的总发电成本（包含调用停机机组的启动成本），应按照核定的总发电成本对机组进行结算。

其次，市场运营机构须按要求记录干预的原因、措施，分析存在的问题，形成管制定价方案建议，方案的制定应综合考虑市场供需情况、电力稀缺价值以及机组变动成本等因素，定期根据市场运行情况更新、调整计算方法，并同步建立与结算联动的机制。同时尽快向国家能源局派出机构、省（区、市）价格等有关主管部门备案。

与此同时，市场运营机构应公布市场干预情况原始日志，包括干预时间、干预人员、干预操作、干预原因。涉及《电力安全事故应急处置和调查处理条例》（中华人民共和国国务院令第599号）规定电力安全事故等级的事故处理情形除外。

第五章　电力辅助服务市场

一、不定项选择题

🔘 1. 下列选项中属于有功平衡服务的是（　　）。

A.自动电压控制　　　B.备用　　　　　C.调相运行　　　　D.爬坡

答案： BD

🔘 2. 下列选项中属于无功平衡服务的是（　　）。

A.自动电压控制　　　B.备用　　　　　C.转动惯量　　　　D.爬坡

答案： A

🔘 3. 事故应急及恢复服务包括（　　）。

A.稳定切功率服务　　B.稳定切机服务　　C.稳定切负荷服务　　D.黑启动服务

答案： BCD

🔘 4. 电力辅助服务管理实施细则原则上主要明确通过（　　）方式获取的电力辅助服务品种的相关机制。

A.义务提供　　　　　B.市场化竞争　　　C.固定补偿　　　　D.公开招标

答案： AC

🔘 5. 电力辅助服务固定补偿方式确定补偿标准时应综合考虑（　　）等因素，按"补偿成本、合理收益"的原则确定补偿力度。

A.电力辅助服务成本　　　　　　　　B.竞争情况

C.合理收益　　　　　　　　　　　　D.性能表现

答案： ACD

🔘 6. 根据《电力辅助服务管理办法》（国能发监管规〔2021〕61号），电力调度机构应及时向电力交易机构按信息类型推送考核、补偿和分摊公示信息，由电力交易机构于次月10日之前向所有市场主体公示。并网主体对公示有异议的，应在（　　）个工作日内提出复核。电力调度机构在接到并网主体问询的（　　）个工作日内，应进行核实并予以答复。

A.1，1　　　　　　　B.2，2　　　　　　C.3，3　　　　　　D.4，4

答案： C

7. 根据《电力辅助服务管理办法》（国能发监管规〔2021〕61 号），转动惯量的固定补偿参考因素包括（　　）。

A. 社会平均容量成本

B. 提供有偿辅助服务的投资成本

C. 由于提供电力辅助服务而减少的有功发电量损失

D. 按低于电网投资新建无功补偿装置和运行维护成本的原则

答案：ABC

8. 根据《华中省间电力调峰及备用辅助服务市场运营规则》（华中监能市场〔2022〕229 号），省间调峰辅助服务卖方包括调峰资源富余省的（　　）。

A. 单机容量 200MW 及以上的统调并网燃煤火电机组

B. 单机容量 200MW 及以上的统调并网抽蓄机组（抽水方式）

C. 单机容量 300MW 及以上的统调并网燃煤火电机组

D. 单机容量 300MW 及以上的统调并网抽蓄机组（抽水方式）

答案：CD

9. 区域电力调度机构、省级电力调度机构组织服务卖方省市场主体进行华中辅助服务市场省间备用辅助服务交易日前市场申报，申报价格为服务卖方机组的（　　）。

A. 日前备用容量跨省调用价格　　　　　B. 日前备用容量跨省预留价格

C. 日内备用容量跨省调用价格　　　　　D. 日内备用容量跨省预留价格

答案：ABC

10. 华中省间电力调峰及备用辅助服务市场相关交易信息发布分为（　　）。

A. 小时信息发布　　　B. 日信息发布　　　C. 月信息发布　　　D. 年信息发布

答案：BCD

11. 下列选项不属于辅助服务的是（　　）。

A. 发电调度　　　B. 旋转备用　　　C. 频率控制　　　D. 调峰

答案：A

12. 固定补偿方式确定补偿标准时应综合考虑电力辅助服务成本、性能表现及合理收益等因素，按"（　　）"的原则确定补偿力度。

A. 补偿成本、合理收益　　　　　　　　B. 准许成本、合理收益

C. 准许收益、合理成本　　　　　　　　D. 补偿成本、固定收益

答案：A

13. 根据《电力辅助服务管理办法》（国能发监管规〔2021〕61 号），新建发电机组调试运行期形成的差额资金纳入（　　）资金管理。

A. 市场不平衡　　　　　　　　　　　　B. 电力辅助服务补偿

C.用户侧差额   D.发电侧差额

答案：B

14. 根据《电力辅助服务管理办法》（国能发监管规〔2021〕61号），通过采取购买调峰资源或调峰服务方式建设的可再生能源发电项目，入市前项目主体应向（ ）申报承担电力辅助服务责任的主体，并报国家能源局派出机构备案。

A.调度机构   B.交易机构

C.当地能源监管机构   D.当地电力主管部门

答案：A

15. 辅助服务过补偿，可能导致（ ）。

A.电力灵活性资源短缺   B.资源错配，提高供电成本

C.可再生能源消纳困难   D.电力现货市场价格激增

答案：B

16. 理论上，在信息足够透明的前提下，（ ）将获得更佳的整体经济效益，能够更有效地体现辅助服务提供主体的机会成本。

A.电能量市场与辅助服务市场独立出清

B.电能量市场与辅助服务市场联合出清

C.先出清电能量市场，再出清辅助服务市场

D.先出清辅助服务市场，再出清电能量市场

答案：B

17. 电能量与辅助服务联合出清是以电能量与辅助服务（ ）最小为优化目标。

A.总成本   B.边际成本   C.平均成本   D.机会成本

答案：A

18. 成熟的调频辅助服务市场通常采用（ ）与实时市场相结合、（ ）与双边合约共存的混合市场模式。

A.日前市场，强制调用   B.日前市场，集中交易

C.平衡市场，集中交易   D.平衡市场，强制调用

答案：B

19. 调频辅助服务调节效果通过（ ）衡量。

A.调频速率   B.调频容量   C.调频里程   D.调频精度

答案：C

20. 电能量和辅助服务联合优化时，如果机组不对备用进行报价（或者机组备用报价为0），则（ ）。

A. 备用边际价格为 0

B. 备用边际价格不为 0

C. 不能直接判断备用边际价格是否为 0

D. 备用边际价格等于电能量边际价格

答案：C

21. 电力系统辅助服务的电压控制服务的作用为（ ）。

A. 正常运行状态下的电压调整能力

B. 正常运行中保持系统频率正常

C. 在紧急情况下提供足够的无功

D. 在紧急情况下提供足够的有功

答案：AC

22. 有偿辅助服务的提供者主要包括（ ）。

A. 并网发电企业　　　B. 储能设备　　　C. 需求侧　　　D. 新能源发电企业

答案：ABC

23. 长期辅助服务合同适用于需求量变化很小以及提供服务的多少主要由设备特性决定的辅助服务，以下符合条件的是（ ）。

A. 旋转备用　　　B. 深度调峰　　　C. 电压调整　　　D. 黑启动

答案：CD

24. 2019 年年初，东北电力辅助服务市场升级，首次增设旋转备用交易品种，该项辅助服务产品的实现目标可以归纳为"（ ）"。

A. 压低谷、顶尖峰　　　B. 压尖峰、抬低谷　　　C. 削峰填谷　　　D. 以上选项都不对

答案：A

25. 以下关于调频辅助服务市场日内正式出清模式的描述，正确的是（ ）。

A. 日前不开展市场出清，日内开展正式出清，出清结果用于调用及结算

B. 日内正式出清时，调频辅助服务市场可与电能量市场联合出清或顺序出清

C. 联合出清情况下，机组电能计划作为调频市场的边界条件

D. 顺序出清情况下，在电能量市场前出清时，调频市场中标结果作为电能量市场的边界条件，使用中标机组的中标容量修正其参与电能量市场的可调上下限

答案：ABD

26. 澳大利亚电力市场的辅助服务市场的模式为（ ）。

A. 投标型

B. 双边合同型

C. 投标型和双边合同型结合

D. 统一型

答案：D

27. 加州电力市场的辅助服务市场的模式为（ ）。

A. 投标型

B. 双边合同型

C. 投标型和双边合同型结合

D. 统一型

答案：A

28. 具有供应地域性，也就是原则上需要就地平衡的辅助服务是（ ）。

A. 调频服务　　　　B. 备用服务　　　　C. 黑启动服务　　　　D. 无功服务

答案：D

29. 新英格兰电力联营体模式下的辅助服务市场的模式为（ ）。

A. 投标型　　　　　　　　　　B. 双边合同型

C. 投标型和双边合同型结合　　D. 统一型

答案：A

30. 有偿电力辅助服务的市场化方式包括（ ）等。鼓励新型储能、可调节负荷等并网主体参与电力辅助服务。

A. 集中竞价　　　　　　　　　B. 公开招标/挂牌/拍卖

C. 分摊　　　　　　　　　　　D. 双边协商

答案：ABD

31. 调频市场出清结果发布内容包括但不限于（ ）。

A. 调频服务供应商的报价　　　　B. 调频辅助服务供应商调频结算时段的价格

C. 调频服务供应商的中标结果　　D. 其他需要公布的市场信息

答案：BCD

32. 辅助服务市场信息从发布时间上可分为（ ）。

A. 事前信息　　　　B. 事中信息　　　　C. 事后信息　　　　D. 公开信息

答案：ABC

33. 对调频市场日前出清结果进行审核的内容包括（ ）。

A. 调频市场的总供给容量是否满足总需求容量

B. 调频服务供应商的结算均价

C. 是否满足电网安全约束要求

D. 各调频服务供应商的中标情况

答案：ACD

34. 启停调峰机组可获得的收益分为（ ）两部分。

A. 启停补偿　　　　B. 停机影响补偿　　　　C. 停机时间补偿　　　　D. 停机维护补偿

答案：AD

35. 以下辅助服务品种中属于有功功率调节辅助服务的是（ ）。

A. 深度调峰　　　　B. 调相运行　　　　C. AVC　　　　D. AGC

答案：AD

36. 调峰辅助服务的固定补偿参考因素主要包括（　　）。

A. 社会平均容量成本

B. 提供调峰服务的投资成本

C. 提供调峰服务而减少的发电量损失

D. 提供调峰服务的调节成本

答案：ABC

37. 按照"（　　）、（　　）"的原则，建立电力用户参与的辅助服务分担共享机制，积极开展跨区跨省辅助服务交易。

A. 谁获利　　　　　B. 谁分摊　　　　　C. 谁受益　　　　　D. 谁承担

答案：CD

38. "两个细则"电费包括（　　）。

A. 考核费用

B. 分摊费用

C. 返还费用

D. 提供辅助服务所得费用

答案：ABCD

39. 电力辅助服务信息披露内容应包括但不限于（　　）等信息类型。

A. 考核　　　　　B. 补偿　　　　　C. 分摊　　　　　D. 具体品种

答案：ABCD

40. 《电力辅助服务管理办法》（国能发监管规〔2021〕61 号）中提供服务的主体包括（　　）等能够响应电力调度指令的可调节负荷（含通过聚合商、虚拟电厂等形式聚合）。

A. 传统高载能工业负荷

B. 具备技术条件的居民农业

C. 电动汽车充电网络

D. 新型储能

答案：ACD

41. 电力辅助服务计量以（　　）的数据等为依据。

A. 电力调度指令

B. 调度自动化系统采集的实时数据

C. 市场交易合同

D. 电能量计量装置

答案：ABD

42. 辅助服务强制供应方法的缺点包括（　　）。

A. 可能会引发不必要的投资，造成辅助服务资源供应量超过实际需要

B. 强制供应方法引发的电厂成本难以回收

C. 一定会带来垄断

D. 很难鼓励技术或商业革新

答案：ABD

43. 下列关于辅助服务的说法正确的是（　　）。

A. 自动电压控制固定补偿参考因素包括按低于电网投资新建无功补偿装置和运行维护成本

的原则

B. 稳定切负荷固定补偿参考因素包括用户损失负荷成本

C. 稳定切机固定补偿参考因素包括稳控投资成本、错失参与其他市场的机会成本和机组启动成本

D. 黑启动服务的费用包括黑启动设备的折旧费用和黑启动机组的运行费用

答案： ABC

44. 下列关于辅助服务交易的说法正确的是（   ）。

A. AGC 交易优先级别高于有功市场　　　　B. 混合交易法兼顾了公平性与经济性

C. 黑启动是电网恢复阶段的一个过程　　　　D. 辅助服务的购买和调用不是一回事

答案： ABCD

45. 在市场化探索阶段，为健全市场形成价格新机制，明确电力辅助服务的补偿和分摊费用，可以采用（   ）的方式。

A. 固定补偿　　　　B. 随机补偿　　　　C. 双边协商　　　　D. 市场化形成

答案： AD

46. 我国电力辅助服务市场建设经历了极其独特的发展历程，包括（   ）阶段。

A. 不补偿　　　　　　　　　　　　B. 全电价统一补偿

C. 发电企业交叉补偿　　　　　　　　D. 市场化探索

答案： BCD

47.（   ）是指当电力系统频率偏离目标频率时，常规机组通过调速系统的自动反应、新能源和储能等并网主体通过快速频率响应，调整有功出力减少频率偏差所提供的服务。

A. 一次调频　　　　B. 二次调频　　　　C. 有功调频　　　　D. 无功调频

答案： A

48. 根据《电力辅助服务管理办法》（国能发监管规〔2021〕61 号），聚合商、虚拟电厂参与方式同电力用户（   ）。

A. 委托代理　　　　B. 独立参与　　　　C. 聚合参与　　　　D. 联合参与

答案： B

49. 二次调频是指并网主体通过自动功率控制技术，包括自动发电控制（AGC）、自动功率控制（APC）等，跟踪电力调度机构下达的指令，按照一定调节速率（   ）调整发用电功率，以满足电力系统频率、联络线功率控制要求的服务。

A. 及时　　　　B. 实时　　　　C. 迅速　　　　D. 事后

答案： B

50. 电力辅助服务品种补偿方式包括（   ）。

A. 义务提供　　　　B. 随机补偿　　　　C. 固定补偿　　　　D. 市场化方式

答案：ACD

51. （   ）遵照电力辅助服务管理实施细则和市场交易规则，负责电力辅助服务的选取、调用、计量和费用计算、数据统计、公示、核对、技术支持系统建设运行。

A. 交易机构　　　　B. 电力调度机构　　　C. 能源监管部门　　　D. 电力主管部门

答案：B

52. 下列属于电力辅助服务卖方的是（   ）。

A. 火电　　　　B. 抽水蓄能　　　　C. 自备电厂　　　　D. 负荷侧市场主体

答案：ABCD

53. 负荷侧市场主体包括参与电力辅助服务市场交易的（   ）。

A. 传统高载能工业负荷　　　　B. 工商业可中断负荷

C. 农业负荷　　　　D. 电动汽车充电网络

答案：ABD

54. 负荷侧市场主体的权利和义务包括（   ）。

A. 自愿参与市场提供服务、自行承担市场风险

B. 服从调控中心调度管理

C. 负责按规定提供辅助服务能力相关的基础技术参数

D. 获取服务收益

答案：ABD

55. 下列属于电力辅助服务市场中交易中心权利和义务的是（   ）。

A. 负责提供结算依据

B. 负责市场主体的注册管理

C. 组织开展电力辅助服务市场交易

D. 负责监测和分析市场运营情况，防控市场风险

答案：AB

56. 下列属于电力辅助服务市场中电网企业权利和义务的是（   ）。

A. 负责建设、运行、维护辅助服务市场交易平台

B. 负责保障电网及输配电设施安全稳定运行

C. 负责按规则进行辅助服务市场交易的财务结算

D. 按规定及时、完整、准确报送和披露有关信息

答案：BCD

二、填空题

💬 1. 电力辅助服务的种类分为（　　　）、（　　　）和（　　　）。

答案： 有功平衡服务　无功平衡服务　事故应急及恢复服务

💬 2. 有功平衡服务包括（　　　）、调峰、备用、（　　　）、爬坡等电力辅助服务。

答案： 调频　转动惯量

💬 3. 调频是指电力系统频率偏离目标频率时，并网主体通过（　　　）、（　　　）等方式，调整有功出力、减少频率偏差所提供的服务。

答案： 调速系统　自动功率控制

💬 4. 二次调频是指并网主体通过（　　　）技术，跟踪电力调度机构下达的指令，按照一定调节速率实时调整发用电功率，以满足电力系统频率、联络线功率控制要求的服务。

答案： 自动功率控制

💬 5. 备用是指为保证电力系统可靠供电，在调度需求指令下，并网主体通过预留（　　　），并在规定的时间内响应调度指令所提供的服务。

答案： 调节能力

💬 6. 爬坡是指为应对（　　　）等不确定因素带来的系统净负荷短时大幅变化，具备较强负荷调节速率的并网主体根据调度指令调整出力，以维持系统（　　　）所提供的服务。

答案： 可再生能源发电波动　功率平衡

💬 7. （　　　）是指电力系统发生故障时，稳控装置正确动作后，发电机组自动与电网解列所提供的服务。

答案： 稳定切机服务

💬 8. （　　　）是指电力系统大面积停电后，在无外界电源支持的情况下，由具备自启动能力的发电机组或抽水蓄能、新型储能等所提供的恢复系统供电的服务。

答案： 黑启动

💬 9. 电力辅助服务的提供方式分为（　　　）电力辅助服务和（　　　）电力辅助服务。

答案： 基本　有偿

💬 10. 基本电力辅助服务为并网主体（　　　）提供，（　　　）补偿。

答案： 义务　无需

💬 11. 根据《电力辅助服务管理办法》（国能发监管规〔2021〕61 号），国家能源局派出机构结合当地电网运行需求和特性，按照"（　　　）、谁获利；（　　　）、谁承担"的原则，确定各类电力辅助服务品种、补偿类型并制定具体细则。

答案： 谁提供　谁受益

💬 12. 跨区跨省送电配套电源机组原则上根据（ ）在送端或受端电网参与电力辅助服务，不重复参与送、受两端电力辅助服务管理。

答案：调度关系

💬 13. 华中辅助服务市场省间电力调峰及备用辅助服务市场包括（ ）和（ ）两个交易品种。

答案：省间调峰辅助服务 省间备用辅助服务

💬 14. 华中辅助服务市场省间电力调峰辅助服务需求由调峰资源不足省（ ）电力调度机构代理申报。

答案：省级

💬 15. 华中辅助服务市场日前省间调峰辅助服务交易采用集中竞价、（ ）机制。

答案：统一边际电价出清

💬 16. 燃煤火电机组参与华中辅助服务市场省间调峰辅助服务交易的跨省外购落地电量视为（ ）。

答案：已发电量

💬 17. 抽蓄机组参与华中辅助服务市场省间调峰辅助服务交易形成的跨省交易电量视为所在省省级电网企业的（ ），并实际调用抽蓄机组相应抽水电量。

答案：外购电量

💬 18. 华中辅助服务市场省间调峰辅助服务产生的售出电量按相关分摊细则分摊至服务（ ）方省相关发电机组。

答案：买

💬 19. 华中辅助服务市场省间备用辅助服务交易日前由服务买方省省级电力调度机构申报次日备用需求曲线，包括日前备用容量跨省（ ）需求曲线和日前备用容量跨省（ ）需求曲线。

答案：调用 预留

💬 20. 根据《华中省间电力调峰及备用辅助服务市场运营规则》（华中监能市场〔2022〕229 号），当服务卖方省市场主体的备用供给或输电通道能力不满足服务买方省的备用需求时，成交价格为符合调用条件的服务卖方省市场主体（ ）申报电价。

答案：最高

💬 21. 华中辅助服务市场备用容量跨省调用形成的跨省交易电量视为服务买方省省级电网企业的（ ）。

答案：外购电量

💬 22. 华中辅助服务市场日内交易周期内仍有新增辅助服务交易需求时，可组织临时交易，需保证 $T-$（　　）min 前将出清结果下发至省级电力调度机构（交易时段起始时刻为 T）。

答案： 30

💬 23. 市场主体在首次参与华中省间电力调峰及备用辅助服务市场交易前，应在系统中签订（　　）。

答案： 交易进场协议

💬 24. 省间电力辅助服务交易相关输电费、线损由（　　）方承担。

答案： 购电

💬 25. 华中省间电力辅助服务月信息应在次月第（　　）个工作日前发布。各市场主体如对发布的交易信息有异议，应在信息发布后的（　　）个工作日内向电力调度机构提出核对要求。

答案： 10　3

三、判断题

❓ 1. 一次调频是指当电力系统频率偏离目标频率时，常规机组通过调速系统的自动反应、新能源和储能等并网主体通过快速频率响应，增加有功出力、减少频率偏差所提供的服务。（　　）

答案： 错

❓ 2. 调峰是指为跟踪系统负荷的峰谷变化及可再生能源出力变化，并网主体根据调度指令进行的发用电功率调整或设备启停所提供的服务。（　　）

答案： 对

❓ 3. 转动惯量是指在系统经受扰动时，并网主体根据自身惯量特性提供响应系统频率变化率的快速负阻尼，阻止系统频率突变所提供的服务。（　　）

答案： 错

❓ 4. 电压控制服务是指为保障电力系统电压稳定，并网主体根据调度下达的电压、无功出力等控制调节指令，向电网吸收无功功率，或调整无功功率分布所提供的服务。（　　）

答案： 错

❓ 5. 调相运行是指发电机不发出有功功率，只向电网输送感性无功功率的运行状态，起到调节系统无功、维持系统电压水平的作用。（　　）

答案： 对

❓ 6. 基本电力辅助服务为并网主体义务提供，适当补偿。（　　）

答案： 错

❓ 7. 鼓励新型储能、可调节负荷等并网主体参与电力辅助服务。（　　）

答案： 对

❓ 8. 电力辅助服务提供方有义务向电力调度机构申报基础技术参数以确定电力辅助服务能力，或满足相关技术参数指标的要求。（　　）

答案： 对

❓ 9. 电力辅助服务管理实施细则主要明确通过市场化竞争方式获取的电力辅助服务品种的相关机制。（　　）

答案： 错

❓ 10. 对采用电力辅助服务管理实施细则管理的电力辅助服务品种，考核费用的收支管理可独立进行或与补偿费用一并进行。（　　）

答案： 对

❓ 11. 现货市场运行期间，已通过电能量市场机制完全实现系统调峰功能的，原则上不再设置与现货市场并行的调峰辅助服务品种。（　　）

答案： 对

❓ 12. 由于跨省跨区线路检修停运等原因，跨省跨区配套机组临时向其他地区送电期间，原则上应参与受端辅助服务管理。（　　）

答案： 错

❓ 13. 有偿电力辅助服务所提供的电力辅助服务应达到规定标准，鼓励采用固定补偿方式确定承担电力辅助服务的并网主体。（　　）

答案： 错

❓ 14. 国家能源局及其派出机构负责电力辅助服务的监督与管理。（　　）

答案： 对

❓ 15. 根据《华中省间电力调峰及备用辅助服务市场运营规则》（华中监能市场〔2022〕229 号），同一交易时段，省间备用辅助服务的买方主体可以作为省间调峰辅助服务的买方主体，省间备用辅助服务的卖方主体可以作为省间调峰辅助服务的卖方主体。（　　）

答案： 错

❓ 16. 根据《华中省间电力调峰及备用辅助服务市场运营规则》（华中监能市场〔2022〕229 号），市场优先开展省间调峰辅助服务交易，再进行省间备用辅助服务交易。（　　）

答案： 错

❓ 17. 华中电力辅助服务市场，抽蓄机组仅参与日前省间调峰辅助服务交易。（　　）

答案： 对

❓ 18. 华中电力辅助服务市场省间调峰辅助服务交易服务卖方燃煤火电机组按照运行出力范围进行分档报价，由第一档至第七档按照递增原则逐段申报。（　　）

答案： 错

❓ 19. 当华中电力辅助服务市场省间调峰辅助服务服务卖方省市场主体的调峰供给或输电通道能力不满足服务买方省的调峰需求时，成交价格为符合调用条件的服务卖方省市场主体最高申报价格。（　　）

答案： 错

❓ 20. 华中电力辅助服务市场省间备用辅助服务服务卖方机组按照备用预留范围进行分档报价，由第一档至第六档按照非递减原则逐段申报。（　　）

答案： 对

❓ 21. 华中电力辅助服务市场日前省间备用辅助服务交易按照先备用容量跨省调用、后备用容量跨省预留的顺序开展。（　　）

答案： 对

❓ 22. 在华中地区，在满足电网安全和电力平衡约束的条件下，根据备用容量跨省调用（预留）"电力–价格"曲线，将每个时段服务卖方省市场主体的可提供备用能力按照价格从低到高排序，直至满足该时段服务买方省的备用需求，形成边际出清价格及中标量。（　　）

答案： 对

❓ 23. 在华中地区，机组日前跨省预留的备用容量在日内实际调用后，按照相关出清价格结算交易电量，相应的备用容量跨省预留容量购买费用按照相关出清价格结算交易容量，相应的备用容量跨省预留容量购买费用同时结算。（　　）

答案： 错

❓ 24. 通过集中交易方式获取的辅助服务主要是与有功功率平衡相关的服务，包括二次调频、旋转备用、替代备用等。无功功率平衡服务仍采用强制提供或双边合约的方式获取。（　　）

答案： 对

❓ 25. 在未开展现货市场地区，按照"两个细则"要求，深度调峰辅助服务交易收益每日清算，费用分摊按月度结算。（　　）

答案： 对

❓ 26. 调峰辅助服务市场主要采用申报价格结算。（　　）

答案： 错

❓ 27. 出力调整受到输电线路约束限制的机组不适合作为平衡服务辅助服务的备选机组。（　　）

答案： 对

❓ 28. 固定补偿方式确定补偿标准时应综合考虑电力辅助服务成本、性能表现及合理收益等因素，按"准许成本、合理收益"的原则确定补偿力度。（　　）

答案： 错

❓ 29. 根据《电力辅助服务管理办法》（国能发监管规〔2021〕61 号），电力用户参与电力辅助服务仅可采用独立参与方式。（　　）

答案： 错

❓ 30. 调频辅助服务供应方进行调频服务的时段，可以同时参与深度调峰交易或启停调峰交易。（　　）

答案： 错

❓ 31. 国内非现货地区有偿调峰辅助服务市场仅包括深度调峰交易。（　　）

答案： 错

❓ 32. 当调度现货及辅助服务市场技术支持平台运行异常导致发布的市场出清结果出现差错时，需联系专业人员修改程序，校正出清结果，并及时向市场成员发布。（　　）

答案： 错

❓ 33. 对基本辅助服务不补偿，不考核。（　　）

答案： 错

❓ 34. 参与辅助服务发电商可以获利，而且与出售电能是密切相关的。（　　）

答案： 对

❓ 35. 旋转备用是指为了保证可靠供电，电力调度机构指定的并网发电机组通过预留一定的发电容量所提供的服务。（　　）

答案： 对

❓ 36. 现货市场中，从电力辅助服务补偿费用的结构上看，调峰、调频及备用为最主要的服务类型。（　　）

答案： 错

❓ 37. 电力系统运行特征决定了辅助服务必须是统一、计划、协调地进行。（　　）

答案：对

? 38. 发电机组和需求侧能够提供的辅助服务相同。（　　）
答案：错

? 39. 辅助服务计入电力公司的供电成本，不需要用户承担。（　　）
答案：错

? 40. 辅助服务获取的机制分为强制机制和市场机制。（　　）
答案：对

? 41. 辅助服务市场又称不平衡市场，是提供规定条件（电压、频率）下维持供电和需求间实时平衡服务的市场。（　　）
答案：对

? 42. 辅助服务是电能市场的附属物，能通过电价来回收成本。（　　）
答案：错

? 43. 辅助服务提供的市场机制总是优于强制机制。（　　）
答案：错

? 44. 辅助服务为发电企业提供了不同于电能销售的盈利机会，不会影响电能销售。（　　）
答案：错

? 45. 利用辅助服务可以解决电力系统的动态问题，如大扰动后电力系统的暂态稳定问题、小扰动后电力系统的静态稳定问题，以及电力系统的低频振荡问题等。（　　）
答案：对

? 46. 深度调峰服务是在缺乏现货市场情况下的一种特殊的辅助服务。（　　）
答案：对

? 47. 我国目前的电力辅助服务补偿费用主要来源于用户分摊费用。（　　）
答案：错

? 48. 系统调度可以签订长期备用合同以减少备用不足的风险或降低成本，辅助服务的提供者可以通过参与短期市场或实时市场的竞争来提供服务。（　　）
答案：对

? 49. 一台机组必须运行在技术允许的最大输出功率，才能承担旋转备用、无功支持等辅助服务。（　　）
答案：错

❓ 50. 自动发电控制、深度调峰、旋转备用、无功支持等辅助服务都采用集中竞价的方式由调度机构采购。（　　）

答案： 错

❓ 51. 稳定切负荷服务是指发电机组在系统大停电时，在无外来电源情况下进行自启动，为恢复系统供电而向电力系统提供的辅助服务。（　　）

答案： 错

❓ 52. 参与国家指令性计划、地方政府协议以及跨省跨区市场化交易的送电发电机组按国家计划、地方政府协议送电量优先发电，暂不承担辅助服务义务。（　　）

答案： 错

❓ 53. 因为发电机组提供有功功率辅助服务和电能量都占用发电机组容量，因此互为机会成本。（　　）

答案： 对

❓ 54. 电力辅助服务市场的建设提升了火电机组参加灵活调节的积极性，降低了新能源弃电率，促进了节能减排。（　　）

答案： 对

❓ 55. 委托代理参与方式是电力用户可由代理其参与电力中长期交易的售电公司，或聚合商、虚拟电厂签订委托代理协议，按照公平合理原则协商确定补偿和分摊方式，参与电力辅助服务。（　　）

答案： 对

❓ 56. 参与国家指令性计划、地方政府协议以及跨区跨省市场化交易的送电发电机组按照跨区跨省电力交易标准和要求参与电力辅助服务管理。（　　）

答案： 错

❓ 57. 电力调度机构应及时向电力交易机构按信息类型推送考核、补偿和分摊公示信息，由电力交易机构于次月 4 日之前向所有市场主体公示。（　　）

答案： 错

❓ 58. 与电力用户开展跨区跨省 "点对点" 电能量交易的发电机组参与辅助服务管理，应当获得相应的电力辅助服务补偿。（　　）

答案： 对

❓ 59. 电力交易机构遵照电力辅助服务管理实施细则和市场交易规则，负责电力辅助服务的选取、调用、计量和费用计算、数据统计、公示、核对、技术支持系统建设运行。
（　　）

答案: 错

❓ 60. 为保证电力系统平衡和安全,电力辅助服务应按照国家、行业有关标准或规定进行选取和调用。( )
答案: 对

❓ 61. 并网主体参与有偿电力辅助服务时,应根据其提供电力辅助服务的种类和性能,按照公平公正公开原则,制定统一的补偿或分摊标准。( )
答案: 错

❓ 62. 现货市场运行期间,已通过电能量市场机制完全实现系统备用功能的,原则上不再设置与现货市场并行的备用辅助服务品种。( )
答案: 错

❓ 63. 省级以下电力调度机构直接调度的并网主体(含自备电厂),具备相关调度、计量、结算等要求的,可通过独立单元、聚合商和第三方代理等形式,纳入所在地电力辅助服务管理实施细则或市场交易规则的管理范围。( )
答案: 对

❓ 64. 电力用户签订的带负荷曲线电能量交易合同中应明确承担电力辅助服务的责任和费用等相关条款,并满足所参与电力辅助服务的技术要求,参照发电企业标准进行补偿和分摊,随电力用户电费一并结算。( )
答案: 对

❓ 65. 调度机构负责通过信息披露平台向所有市场主体披露相关考核和补偿结果,制定信息披露标准格式,开放数据接口。( )
答案: 错

四、简答题

📑 1. 电力辅助服务的作用是什么?
答案: 电力辅助服务的作用是维护电力系统的安全稳定运行,保证电能质量。

📑 2. 根据《电力辅助服务管理办法》(国能发监管规〔2021〕61 号),电力辅助服务可由哪些主体提供?
答案: 电力辅助服务可由火电、水电、核电、风电、光伏发电、光热发电、抽水蓄能、自备电厂等发电侧并网主体,电化学、压缩空气、飞轮等新型储能,传统高载能工业负荷、工商业可中断负荷、电动汽车充电网络等能够响应电力调度指令的可调节负荷(含通过聚合商、虚拟电厂等形式聚合)等主体提供。

3. 什么是备用电力辅助服务？

答案： 备用是指为保证电力系统可靠供电，在调度需求指令下，并网主体通过预留调节能力，并在规定的时间内响应调度指令所提供的服务。

4. 什么是无功平衡电力辅助服务？

答案： 无功平衡服务即电压控制服务。电压控制服务是指为保障电力系统电压稳定，并网主体根据调度下达的电压、无功出力等控制调节指令，通过自动电压控制（AVC）、调相运行等方式，向电网注入、吸收无功功率，或调整无功功率分布所提供的服务。

5. 什么是转动惯量电力辅助服务？

答案： 转动惯量是指在系统经受扰动时，并网主体根据自身惯量特性提供响应系统频率变化率的快速正阻尼，阻止系统频率突变所提供的服务。

6. 什么是黑启动服务？

答案： 黑启动是指电力系统大面积停电后，在无外界电源支持的情况下，由具备自启动能力的发电机组或抽水蓄能、新型储能等所提供的恢复系统供电的服务。

7. 什么是一次调频和二次调频？

答案： 一次调频是指当电力系统频率偏离目标频率时，常规机组通过调速系统的自动反应、新能源和储能等并网主体通过快速频率响应，调整有功出力减少频率偏差所提供的服务。二次调频是指并网主体通过自动功率控制技术，包括自动发电控制（AGC）、自动功率控制（APC）等，跟踪电力调度机构下达的指令，按照一定调节速率实时调整发用电功率，以满足电力系统频率、联络线功率控制要求的服务。

8. 什么是爬坡电力辅助服务？

答案： 爬坡是指为应对可再生能源发电波动等不确定因素带来的系统净负荷短时大幅变化，具备较强负荷调节速率的并网主体根据调度指令调整出力，以维持系统功率平衡所提供的服务。

9. 事故应急及恢复服务包括哪些电力辅助服务？

答案： 事故应急及恢复服务包括稳定切机服务、稳定切负荷服务和黑启动服务。

10. 根据《电力辅助服务管理办法》（国能发监管规〔2021〕61 号），电力用户可采取哪些方式参与电力辅助服务？

答案：（1）独立参与方式：具备与电力调度机构数据交互，且能够响应实时调度指令的可调节负荷，根据系统运行需要和自身情况，响应电力调度机构调节指令，调节自身用电负荷曲线，提供电力辅助服务，并参与电力辅助服务补偿和分摊。

（2）委托代理参与方式：电力用户可由代理其参与电力中长期交易的售电公司，或聚合商、虚拟电厂签订委托代理协议，按照公平合理原则协商确定补偿和分摊方式，参与电力辅助服务。聚合商、虚拟电厂参与方式同电力用户独立参与。

11. 根据《电力辅助服务管理办法》（国能发监管规〔2021〕61 号），简述电力辅助服务补偿费用的分摊原则。

答案：（1）为电力系统运行整体服务的电力辅助服务，补偿费用由发电企业、市场化电力用户等所有并网主体共同分摊，逐步将非市场化电力用户纳入补偿费用分摊范围。

（2）原则上，为特定发电侧并网主体服务的电力辅助服务，补偿费用由相关发电侧并网主体分摊。

（3）为特定电力用户服务的电力辅助服务，补偿费用由相关电力用户分摊。

12.《电力辅助服务管理办法》（国能发监管规〔2021〕61 号）对跨区跨省配套电源机组参加电力辅助服务有何规定？

答案： 跨区跨省送电配套电源机组原则上根据调度关系在送端或受端电网参与电力辅助服务，不重复参与送、受两端电力辅助服务管理。

13. 根据《电力辅助服务管理办法》（国能发监管规〔2021〕61 号），电力用户电力辅助服务费用的补偿和分摊有哪些方式？

答案： 费用补偿和分摊可采取以下两种方式。

（1）电力用户直接承担方式：与电力用户开展电能量交易的发电企业相应交易电量不再参与电力辅助服务费用分摊，由电力用户按照当地实施细则有关规定分摊电力辅助服务费用。

（2）电力用户经发电企业间接承担方式：电力用户与发电企业开展电能量交易时约定交易电价含电力辅助服务费用的，发电企业相应交易电量应继续承担电力辅助服务费用分摊。电力用户也可与发电企业自行约定分摊比例，在各自电费账单中单独列支。

14. 根据《电力辅助服务管理办法》（国能发监管规〔2021〕61 号），固定补偿方式和市场化补偿形成机制确定补偿标准时应遵循什么原则？

答案： 固定补偿方式确定补偿标准时应综合考虑电力辅助服务成本、性能表现及合理收益等因素，按"补偿成本、合理收益"的原则确定补偿力度；市场化补偿形成机制应遵循考虑电力辅助服务成本、合理确定价格区间、通过市场化竞争形成价格的原则。

15. 电力辅助服务市场的设计原则是什么？

答案： 电力辅助服务市场遵循"谁受益、谁承担"的原则。市场定价机制应保证供应者收回成本，还要保障其合理的利润。另外，也应考虑辅助服务使用者的承受能力。

16. 省级深度调峰、启停调峰市场在什么情况下启动？

答案： 启动深度调峰市场交易一般应满足以下条件之一：一是系统负备用不足；二是可再生能源无法实现全额保障性消纳，可能导致弃电或向省外售电，或购买其他省负备用辅助服务。

当预计系统负备用不足且深度调峰交易无法满足电网调峰需求时，可启动启停调峰交易。

17. 市场主体对辅助服务考核、补偿和分摊等情况存在异议时，如何处理？

答案：电力调度机构应及时向电力交易机构按信息类型推送考核、补偿和分摊公示信息，由电力交易机构于次月 10 日之前向所有市场主体公示。并网主体对公示有异议的，应在 3 个工作日内提出复核。电力调度机构在接到并网主体问询的 3 个工作日内，应进行核实并予以答复。并网主体经与电力调度机构协商后仍有争议的，可向国家能源局派出机构提出申诉。无异议后，由电力调度机构执行，并将结果报国家能源局派出机构。

18. 根据《华中省间电力调峰及备用辅助服务市场运营规则》（华中监能市场〔2022〕229 号），省间调峰辅助服务交易和省间备用辅助服务交易分别指什么？

答案：省间调峰辅助服务交易是指在省内调峰资源无法满足省网调峰需要的情况下，以市场化方式开展的日前、日内调峰资源跨省调用。

省间备用辅助服务交易是指省内备用资源无法满足省网电力平衡所需的备用容量预留要求时，以市场化方式开展的备用资源跨省共享，包括备用容量跨省预留和调用。

五、论述题

1. 电力辅助服务的提供来源有哪些？

答案：（1）电源方面：传统上，辅助服务的提供来源主要为水电机组、火电机组和电网设备，在核电占比较高的国家和地区，核电机组也是辅助服务的提供来源。随着技术进步，可再生能源不仅作为电能量的生产者、辅助服务的使用者，也可以通过调节发电出力在必要时提供辅助服务，电储能装置的引入，使其可控性得以大幅改善。远端电源也可以利用科学的调控手段参与提供辅助服务，在必要时为系统安全运行提供支持。

（2）电网方面：电网侧的 SVC、调相机等装置，可以发挥辅助服务资源的作用。

（3）储能方面：储能装置包含抽水蓄能、电化学储能、飞轮储能、压缩空气储能等多种形式，通过控制电能与化学能、动能、势能等能量形式的转化，实现电能的吸纳和释放。由于部分电储能装置充放电过程相对于传统机组更为快速，控制也更为精确，已应用于改善电网调频效果、平滑间歇性能源出力、负荷跟踪等方面。

（4）需求侧方面：需求响应一方面结合电储能装置，另一方面由负荷集成商对成规模的可控负荷集中控制，通过施加一定的控制策略，在满足日常生产生活需求的同时，发挥整体调节潜力。可进一步采用"虚拟电厂"将分布式发电机组、可控负荷和分布式储能设施有机结合，辅以配套的调控技术、通信技术成为对各类分布式能源进行整合调控的载体，作为一个特殊电厂参与电力辅助服务市场和电网运行。

2. 论述电能量与辅助服务联合出清和独自出清的差异。

答案：（1）出清定价原理的差异。联合出清模式同步考虑电能量、辅助服务的经济性目标、物理性约束；独立出清则先后分别考虑各自的目标和约束。联合出清模式中辅助服务的出清价格排序依据是满足各种约束下，辅助服务申报价格以及在电能量市场未中标的机会成本之和；独立出清的辅助服务出清价格排序依据是满足各种约束下，辅助服务的申报价格。
（2）对市场资源配置效率影响的差异。电能量与辅助服务独立出清模式下，由于调频市场与电能量市场的出清目标分离优化，系统整体的机会成本会部分淹没，社会效益将低于联合优化情况。而且独立出清模式下可能会出现价格倒置的问题，即低质量的备用价格可能高于其他高质量的辅助服务品种的价格；分离交易辅助服务的结果，虽然可以使购买每种单独辅助服务品种的成本最低，但不一定能将购买所有辅助服务品种的总成本降至最低，若调用高效率低价格的机组提供辅助服务，则需调用一些低效率高价格的机组来提供电能量，这可能会增加电能量的价格。电能量与辅助服务联合出清模式下，对电能量、调频、备用的调用整体遵循实现系统整体社会福利最大的原则，这可以实现最经济的电能量与辅助服务安排、最大化市场资源配置效率。
（3）技术实现难度、市场运营复杂度、监管难度的差异。一般在市场建设初期考虑采用独立出清模式，因为其出清逻辑相对简单，实施和运行相对容易，市场成员更容易理解市场规则并作出正确决策，市场管理者易于追溯运行结果，市场监管机构容易监督市场。联合优化需要考虑的因素与约束条件较多，对市场运营机构的出清组织、安全校核工作、结果合理性分析，以及市场成员成熟等提出了更高要求。

3. 为什么要建立电力辅助服务市场？
答案： 电力辅助服务市场是电力市场体系中的一部分。电力是商品，在电力市场中，不能要求市场主体无偿提供或无条件使用辅助服务，必须以市场手段发现每一项辅助服务的价格，厘清各辅助服务提供者的贡献、各使用者使用了哪些辅助服务、使用量和费用是多少等，通过市场进一步还原电力商品属性。

近年来，电网结构、电源结构发生重大变化。风电、光伏等新能源快速发展，其出力的不稳定性和不确定性对电网辅助服务提出了额外的要求。同时，用电结构变化导致峰谷差日益加大，对调峰服务的需求增加，辅助服务提供者为此付出了更多的成本，需要通过市场方式得到回报并获取一定利润。建立电力辅助服务市场，将推动煤电企业由电量型向电力型的转型，有利于可再生能源通过市场方式获得更大发电空间，促进可再生能源的消纳和利用。

4. 电力辅助服务市场与"两个细则"有什么区别？
答案： 与传统的《并网发电厂辅助服务管理实施细则》和《发电厂并网运行管理细则》（简称"两个细则"）相比，建立辅助服务市场，一是在辅助服务供应侧改变了由调度指定提供者的方式，形成竞争机制，通过市场竞争确定辅助服务的提供者，实现市场对资源的优化配置；二是以总服务费最低为原则，通过市场发现辅助服务的价格，反映其真实价值；三是在辅助服务使用侧，"两个细则"中以月度为考核周期，由于周期较长，辅助服务的提供者与使用者身份可能出现转换，提供量与使用量可能变化，难以反映真实的状况，辅助服务市场以较小的交易周期（如每 15min 或更短周期）进行交易和结算，可以清晰地区分出交易周期内服务的提供者、使用者及其量、费。

目前，各省电力辅助服务市场以调峰、调频为主要交易品种，无功电压调节、黑启动等暂未纳入辅助服务市场。已纳入辅助服务市场的，一般在"两个细则"中不再重复补偿及考核，未纳入的，仍执行"两个细则"相关规定。

📋 5. 调峰属于辅助服务市场范畴吗？

答案： 火电机组调峰按其调峰幅度可以分为基本调峰和深度调峰、启停调峰三种运行方式。基本调峰是指机组在规定的最小技术出力到额定出力范围内，为了跟踪负荷的峰谷变化而有计划的、按照一定调节速度进行的出力调整。深度调峰是指机组在规定的最小技术出力水平以下进行的出力调整。各地对基本调峰负荷率的规定有所不同，一般为 50%～60%。启停调峰一般是指机组为满足电网调峰需求，在 24 小时内从停机解列到启动并网的一次运行状态转换。

从某种意义上说，基本调峰和深度调峰属于电能量市场的范畴。但是，火电机组深度调峰运行时，煤耗率远高于基本调峰，且长时间深度调峰对火电机组本身运行不利，易导致机组发生故障，降低设备寿命，增加检修费用；启停调峰也需要付出高额成本。这些额外的调峰服务需要通过市场方式得到应有的回报。因此，现阶段将深度调峰、启停调峰纳入辅助服务市场有一定的合理性，将来可以考虑与现货市场相衔接。

📋 6. 如何考虑抽水蓄能机组在深度调峰市场交易的出清顺序？

答案： 抽水蓄能组在深度调峰市场可以与火电等其他市场主体按报价统一出清，也可以考虑优先启用抽水蓄能机组。

抽水蓄能机组在实现能量转换时存在能量损失，在一个抽水、发电的循环运行过程中，抽水电量大于发电电量，其效率一般为 75%左右，即抽水、发电损耗约为 25%。但是，抽水蓄能机组在电网调峰、备用等方面具有较大的灵活性，在深度调峰市场优先调用抽水蓄能机组不仅在低谷起到提升负荷水平的作用，而且可以作为高峰时段的重要电源，在全天的电力平衡充分发挥作用，并且可以作为电网的事故备用。对于峰谷差大，火电低负荷运行持续时间长的地区，抽水蓄能机组的合理运用，可以减少火电机组的开机台数，改善在网运行火电工况，提高运行效率，降低煤耗。此外，长时间深度调峰对火电机组本身运行不利，易导致机组发生故障，降低设备寿命，增加检修费用；火电机组深度调峰还可能影响排放指标，锅炉低负荷运行情况下，可能存在氮氧化物排放超标问题。

因此，在深度调峰市场可以根据需要优先启用抽水蓄能机组，但是在有其他市场主体报价时，应考虑优先启用的抽水蓄能机组作为价格接受者参与市场。

📋 7. 申报设备容量不满足电网深度调峰需求或启停调峰需求时，如何处理？

答案： 一般来说，当所有参与深度调峰的申报设备容量均已调用，仍不能满足电网调峰需求时，可根据规则，以调峰总服务费最低为原则，逐档强制调用未申报机组的深度调峰能力。被强制调用机组按该交易时段内同负荷率区间申报机组最低报价结算。如同负荷率区间无报价，则按相邻的上个区间最低报价结算。如无机组申报，可无偿强制调用机组。

如参与启停调峰的申报机组均已调用，仍不能满足电网调峰需求，可根据规则强制调用未申报机组。被强制调用机组按该交易时段同一容量等级火电机组最低报价结算。如无机组申报，可无偿强制调用机组。

第六章 市场合同

一、不定项选择题

1. 现货市场模式主要分为分散式和集中式两种。其中，分散式主要以（　　）为基础。

A. 中长期实物合同 　　　　　　　　B. 中长期差价合同

C. 用户协商合同 　　　　　　　　　D. 市场统一固定模板合同

答案： A

2. 现货市场模式主要分为分散式和集中式两种。其中，集中式主要以（　　）为基础。

A. 中长期实物合同 　　　　　　　　B. 中长期差价合同

C. 用户协商合同 　　　　　　　　　D. 市场统一固定模板合同

答案： B

3. 可靠性合同能够向发电商提供激励，促使他们新建发电容量实现用户期望的供电（　　）。

A. 电能质量 　　　　B. 可靠性目标 　　　　C. 时间 　　　　D. 电能价格

答案： B

4. 厂网间购售电合同指（　　）与（　　）根据政府电力主管部门下达的年度计划电量签订的交易合同。

A. 发电企业 　　　　B. 售电公司 　　　　C. 电网企业 　　　　D. 电力用户

答案： AC

5. 执行政府定价或者政府指导价的，在合同约定的交付期限内政府价格调整时，按照（　　）的价格计价。

A. 签订时 　　　　B. 约定时 　　　　C. 成立时 　　　　D. 交付时

答案： D

6. 合同的权利义务关系终止，不影响合同中（　　）和清理条款的效力。

A. 仲裁 　　　　B. 免责 　　　　C. 结算 　　　　D. 格式

答案： C

7. 供用电合同的履行地点，按照当事人约定；当事人没有约定或者约定不明确的，

（ ）为履行地点。

A. 合同签订地　　　　　　　　　　　B. 供电人所在地

C. 供电设施的产权分界处　　　　　　D. 用电人所在地

答案：C

8. 当事人在订立合同过程中知悉的商业秘密或者其他应当保密的信息，（ ）不得泄露或者不正当地使用；泄露、不正当地使用该商业秘密或者信息，造成对方损失的，应当承担赔偿责任。

A. 合同成立前　　　　　　　　　　　B. 合同成立后

C. 无论合同是否成立　　　　　　　　D. 合同解除前

答案：C

9. 市场主体应当指定专人管理（ ），并妥善保管相关合同数据。

A. 电子秘钥　　　B. 电子签章　　　C. 电子合同　　　D. 电子签名

答案：B

10. 根据《售电公司管理办法》（发改体改规〔2021〕1595 号），因触发保底服务对批发合同各方、电力用户造成的损失由（ ）承担。

A. 用户　　　　　　　　　　　　　　B. 拟退出的售电公司

C. 发电企业　　　　　　　　　　　　D. 电网公司

答案：B

11. （ ）指电网在已有交易或合同基础上可进一步用于交易的剩余输电容量。

A. 容量效益裕度　　B. 电量效益裕度　　C. 电力效益裕度　　D. 可用输电容量

答案：D

12. 输配电合同为（ ）承担电力交易输配电责任、与各类市场主体之间的三方合同。

A. 发电企业　　　B. 电网企业　　　C. 售电公司　　　D. 配售电企业

答案：B

13. 《购售电合同》终止后，有关（ ）在合同终止后仍然有效。

A. 争议解决　　　B. 经济补偿　　　C. 违约责任　　　D. 保密条款

答案：ABCD

14. 依据《国家发展改革委办公厅关于组织开展电网企业代理购电工作有关事项的通知》（发改办价格〔2021〕809 号），电网企业首次代理工商业用户购电时，应至少提前 1 个月通知用户，期间应积极履行告知义务，与电力用户签订（ ）。

A. 发用电合同　　　B. 购售电合同　　　C. 零售合同　　　D. 代理购电合同

答案：D

15. 根据《北京电力交易中心跨区跨省电力中长期交易实施细则（修订稿）》（京电交市〔2022〕26 号），跨区跨省电力中长期交易中，电网企业依据跨区跨省优先发电计划，作为购电方，签订（   ）及（   ）；作为输电方，签订和履行交易合同。

A. 发用电合同   B. 购售电合同

C. 厂网间优先发电合同   D. 跨区跨省交易合同

答案：CD

16. 根据《北京电力交易中心跨区跨省电力中长期交易实施细则（修订稿）》（京电交市〔2022〕26 号），市场主体无法履约的，应至少提前（   ）天以书面形式告知电网企业、售电公司、发电企业、电力交易机构等相关方，将所有已签订的购售电合同履行完毕或转让，并处理好相关事宜。

A. 45   B. 30   C. 15   D. 10

答案：A

17. 跨区跨省交易结束后，交易组织方不需要及时发布（   ）。

A. 交易电量   B. 交易价格   C. 交易时间   D. 合同签订时间

答案：D

18. 根据《北京电力交易中心跨区跨省电力中长期交易实施细则（修订稿）》（京电交市〔2022〕26 号），北京电力交易中心分类汇总执行日之前的所有跨区跨省交易合同电量及电力曲线并推送至（   ），推送时间统筹考虑生产计划安排所需时间。

A. 市场管理委员会   B. 电力调度机构   C. 国调中心   D. 能源监管办

答案：C

19. 合同的内容由当事人约定，条款一般包括（   ）。

A. 违约责任   B. 解决争议的方法

C. 履行期限、地点和方式   D. 价款或者报酬

答案：ABCD

20. 根据《北京电力交易中心跨区跨省电力中长期交易实施细则（修订稿）》（京电交市〔2022〕26 号），以年度优先发电计划合同和年度市场化交易分月电量及电力曲线作为月度交易边界，开展月度双边协商和集中交易，市场主体须签订（   ）。

A. 电力曲线合同   B. 电价合同

C. 优先发电计划合同   D. 分月电量合同

答案：A

21. 合同中免责条款无效的情形包括（   ）。

A. 当事人超越经营范围的   B. 造成对方人身损害的

C. 超越权限订立的   D. 因故意或者重大过失造成对方财产损失的

答案：BD

⏱ 22. 规范签订《购售电合同》，合同内容应（　　），约定购售电双方的权利、义务和违约责任。

A. 依法合规、公平对等　　　　　　　　B. 优先考虑地方政府利益

C. 优先考虑国有发电企业利益　　　　　D. 优先考虑电网公司利益

答案：A

⏱ 23. 根据《北京电力交易中心跨区跨省电力中长期交易实施细则（修订稿）》（京电交市〔2022〕26 号），交易各方可根据电力供需形势变化，经协商一致，通过交易平台对交易合同中未发生的交易电量和分月安排等内容，在（　　）通过合同交易进行调整；在不影响第三方利益的前提下，可在北京电力交易中心组织下协商调整合同条款，各方对变更条款进行确认。

A. 合同执行周期前　　B. 合同执行周期内　　C. 合同执行周期后　　D. 合同结算前

答案：B

⏱ 24. 根据《北京电力交易中心跨区跨省电力中长期交易实施细则（修订稿）》（京电交市〔2022〕26 号），跨区跨省输电工程停运期间，跨区跨省输电工程配套电源（　　）通过市场化方式参与其他跨区跨省通道交易，执行市场化交易合同曲线。

A. 经市场管理委员会同意后　　　　　　B. 经国家能源局派出机构同意后

C. 可以　　　　　　　　　　　　　　　D. 不可以

答案：C

⏱ 25. 根据《北京电力交易中心跨区跨省电力中长期交易实施细则（修订稿）》（京电交市〔2022〕26 号），月度交易开市前，相关市场主体可参与合同交易。原则上，合同转让交易只能对（　　）及后续月份的年度（多月）交易合同分解电量及电力曲线进行转让。

A. 月前　　　　　　　B. 当月　　　　　　　C. 次月　　　　　　　D. 月内

答案：C

⏱ 26. 根据《北京电力交易中心绿色电力交易实施细则（修订稿）》（京电交市〔2023〕44 号），电力用户或售电公司与发电企业签订绿色电力交易合同，应明确（　　）等事项。

A. 购售方　　　　　　　　　　　　　　B. 交易电量（电力）

C. 电价及偏差补偿　　　　　　　　　　D. 免责条款

答案：BC

⏱ 27. 根据《售电公司管理办法》（发改体改规〔2021〕1595 号），售电公司被强制退出，其所有已签订但尚未履行的购售电合同优先通过（　　）的方式处理。

A. 自主协商　　　　　　　　　　　　　B. 以转让、拍卖等方式转给其他售电公司

C. 零售用户与其他售电公司重新签订　　D. 由保底售电公司代理

答案：A

🎯 28. 根据《售电公司管理办法》（发改体改规〔2021〕1595 号），自愿退出售电公司对继续履行购售电合同确实存在困难的，其批发合同及电力用户按照有关要求（　　）。

A. 由保底售电公司承接　　　　　　　B. 自动解约

C. 以转让、拍卖等方式转给其他售电公司　　D. 公开竞价

答案：A

🎯 29. 根据《售电公司管理办法》（发改体改规〔2021〕1595 号），执行保底零售价格满一个月后，电力用户可自主选择与其他售电公司（包括保底售电公司）协商签订新的（　　）。

A. 供用电合同　　　B. 电量合同　　　C. 代理购电合同　　D. 零售合同

答案：D

🎯 30. 根据《电力中长期交易基本规则》（发改能源规〔2020〕889 号），参加市场化交易的电力用户，允许在合同期满的（　　），按照准入条件参加批发或零售交易。

A. 下一个季度　　　B. 下一个月　　　C. 下一个年度　　　D. 本年度

答案：C

🎯 31. 根据《电力中长期交易基本规则》（发改能源规〔2020〕889 号），完成市场注册且已开展交易的电力用户，合同期满后未签订新的交易合同但发生实际用电时，不再按照（　　）电价结算。

A. 政府目录　　　B. 集中竞价交易　　　C. 市场交易均价　　　D. 中长期交易

答案：A

🎯 32. 电能量批发市场的中长期合约按照中长期合同约定价格结算时，日前市场出清曲线与中长期合约偏差部分按照（　　）价格结算，实际执行曲线与日前市场出清曲线偏差部分按照实时市场价格结算。

A. 中长期合约　　　B. 实际执行曲线　　　C. 日前市场出清　　　D. 日前市场出清曲线

答案：C

🎯 33. 根据《电力中长期交易基本规则》（发改能源规〔2020〕889 号），以下关于购售电合同签订的说法错误的是（　　）。

A. 购售电合同应明确购电方、售电方、输电方、偏差电量计量、资金往来信息等内容

B. 电力交易机构出具的电子交易确认单不作为执行依据

C. 电子合同与纸质合同具备同等效力

D. 购售电合同原则上应当采用电子合同签订

答案：B

34. 对双边协商交易，交易日是指双边协商交易合同（　　）的日历日。

A. 签订 　　　　　　 B. 提交 　　　　　　 C. 生效 　　　　　　 D. 交割

答案：B

35. 中长期交易是对未来某一时期内交割电力产品或服务的交易，包含数年、年、月、周、多日等不同时间尺度。中长期交易合同包括（　　）和（　　）。

A. 物理合同，金融合同 　　　　　　 B. 差价合同，金融合同

C. 金融合同，计划合同 　　　　　　 D. 物理合同，计划合同

答案：A

36. 可靠性合同本质上是系统运营者从发电企业购买的（　　）。

A. 差价合约 　　 B. 看涨期权 　　 C. 看跌期权 　　 D. 电价合约

答案：B

37. 金融输电权就像是一种金融（　　），即日前市场中两个节点电价之间的差价合同。

A. 双边合同 　　 B. 期权合同 　　 C. 互换合同 　　 D. 期货合同

答案：C

38. 电力金融市场合同通常不涉及电力实物商品的交割，取而代之的是（　　）交割。

A. 合约 　　　　 B. 现金 　　　　 C. 资源 　　　　 D. 输电权

答案：B

39. 厂网间购售电合同原则上在（　　）完成合同签订，最晚应于合同执行年第一季度内完成签订。未完成签订的，厂网间购售电交易按照相应年度、月度交易计划执行。

A. 交易执行前 　　　　　　 B. 交易执行中

C. 交易执行后一天内 　　　　 D. 交易执行后一周内

答案：A

40. 法人代表不能亲自签订合同时，合同签订人必须提供（　　）。

A. 印签 　　　　　　　　 B. 法人代表授权委托书

C. 公司公章 　　　　　　 D. 公司合同专用章

答案：B

41. 电力交易合同变更原则上需在每月（　　）前，由发电企业通过电力交易平台向电力交易机构提出年度合同次月及后续月份电量变更申请（申请内容包括调整的合同名称及编号、次月及以后各月的合同电量调整值、调整原因等），并由购电方确认。

A. 20 　　　　 B. 21 　　　　 C. 22 　　　　 D. 23

答案：D

42. 合同承办部门起草合同时，可选用（　　）作为合同参考文本。

A. 国家或地方有关行政部门制定并强制适用的文本

B. 公司发布的统一合同文本

C. 行业参考性示范文本

D. 其他合同文本

答案：ABCD

43. 根据《国家发展改革委 国家能源局关于做好 2023 年电力中长期合同签订履约工作的通知》（发改运行〔2022〕1861 号），以下不属于电力中长期合同"六签"的是（　　）。

A. 全签　　　　　　B. 长签　　　　　　C. 文件签　　　　　　D. 安全签

E. 分时段签

答案：CD

44. 合同"六签"中，长签是指签订（　　）甚至更长周期的交易合同。

A. 1～2 年　　　　B. 2～3 年　　　　C. 3～4 年　　　　D. 4～5 年

答案：B

45. 在差价合同中，买卖双方可以商定商品的履约价格和交易数量。签订差价合同后，其就可以和其他市场参与者一样参与集中市场。一旦集中市场上的交易已经完成，差价合同就可以按照（　　）方式进行结算。

A. 如果差价合同的履约价格低于市场价格，购买方需要向卖出方支付一定金额，它等于这两种价格的差价乘以合同规定的交易数量

B. 如果差价合同的履约价格高于集中市场价格，购买方需要向卖出方支付一定金额，它等于这两种价格的差价乘以合同规定的交易数量

C. 如果差价合同的履约价格高于集中市场价格，卖出方需要向购买方支付一定的金额，它等于这两种价格的差价乘以合同规定的交易数量

D. 如果差价合同的履约价格低于集中市场价格，卖出方需要向购买方支付一定的金额，它等于这两种价格的差价乘以合同规定的交易数量

答案：BD

46. 双边协商交易合同的必要合约要素包括（　　）。

A. 合约周期　　　　B. 交易电量　　　　C. 分解曲线　　　　D. 交易价格

答案：ABCD

47. 根据《国家电网有限公司关于进一步服务电力零售市场建设与规范运营的通知》（国家电网交易〔2023〕306 号），以零售套餐与（　　）为抓手，促进零售市场规范高效、公开透明运作。全面加强零售市场运行监测，及时防范市场风险，保障市场主体合法权益。

A. 零售市场　　　　B. 零售合同　　　　C. 批发市场　　　　D. 批发合同

答案：B

48. 根据《国家电网有限公司关于进一步服务电力零售市场建设与规范运营的通知》（国家电网交易〔2023〕306号），基于标准化零售套餐，建立完善（　　）、（　　）的零售市场合同文本，纳入相关交易规则。

A. 标准化　　　　　　B. 规范化　　　　　　C. 结构化　　　　　　D. 模式化

答案：AC

49. 根据《国家电网有限公司关于进一步服务电力零售市场建设与规范运营的通知》（国家电网交易〔2023〕306号），提升零售合同签订灵活性，建立完善年度、月度合同签订、解除和套餐变更等机制，有效适应中长期连续运营以及现货市场运行需要，有序衔接零售合同（　　）与（　　）、（　　），防范电力用户无合同运行或同时签订多家售电公司等风险。

A. 签订　　　　　　　B. 履约　　　　　　　C. 解除　　　　　　　D. 变更

答案：BCD

50. 根据《国家电网有限公司关于推进绿电绿证市场建设助力能源消费绿色低碳转型的通知》（国家电网交易〔2022〕710号），要严格遵守绿电交易的定义、市场规则和管理流程，健全完善省内绿电交易市场，实现年、季、月常态开市，月内连续运营，开展绿电交易（　　），促进绿电市场平稳高效运营。

A. 合同订立　　　　　B. 合同分解　　　　　C. 合同转让　　　　　D. 合同调整

答案：C

51. 根据《关于推进售电侧改革的实施意见》的通知，发电公司、电网企业、售电公司和用户应根据有关电力交易规则，按照自愿原则签订（　　）。电力交易机构负责提供结算依据，电网企业负责收费、结算，负责归集交叉补贴，代收政府性基金，并按规定及时向有关发电公司和售电公司支付电费。

A. 三方意向　　　　　B. 三方协议　　　　　C. 三方合同　　　　　D. 三方签章

答案：C

52. 根据《国家发展改革委 国家能源局关于做好 2023 年电力中长期合同签订履约工作的通知》（发改运行〔2022〕1861 号），为确保市场主体高比例签约提出的措施包括（　　）。

A. 推进电力中长期合同电子化运转

B. 鼓励签订多年中长期合同

C. 推动优先发电计划通过电力中长期合同方式落实

D. 完善分时段交易组织方式

答案：ABC

53. 现货运行后，若用户未对某一笔年度分月中长期双边协商交易合同进行分解，电力交易中心的处理方法应是（　　）。

A. 将该合同进行均分，后续允许进行调整　　B. 不做处理

C. 将该合同进行均分，后续不允许调整　　D. 将该合同终止

答案：A

54. 购售电合同约定的争议解决方式包括（　　）。

A. 申诉　　　　　　　B. 协商　　　　　　　C. 调解　　　　　　　D. 仲裁

答案：BCD

55. 金融合同仅约定财务交割责任，不作为市场主体发用电计划制订依据，其交易形式包括（　　）。

A. 远期　　　　　　　B. 期货　　　　　　　C. 期权　　　　　　　D. 互换

答案：ABCD

56. 以下需要执行国家电网公司购售电输电类统一合同文本的是（　　）。

A. 跨区跨省电能交易购售电合同　　　　　B. 抽水蓄能电站购售电合同

C. 趸购电合同　　　　　　　　　　　　　D. 高压供用电合同

答案：ABC

57. 中长期交易在非现货集中式市场模式下的合同类型及处理合同偏差的方式分别为（　　）。

A. 物理合同、日清月结　　　　　　　　　B. 物理合同、月清月结

C. 差价合约、日清月结　　　　　　　　　D. 差价合约、月清月结

答案：D

58. 中长期交易在非现货分散式市场模式下的合同类型及处理合同偏差的方式分别为（　　）。

A. 物理合同、日清月结　　　　　　　　　B. 物理合同、月清月结

C. 差价合约、日清月结　　　　　　　　　D. 差价合约、月清月结

答案：B

59. 《中华人民共和国合同法》规定：合同成立的地点是（　　）。

A. 合同签订地　　　　　　　　　　　　　B. 合同承诺生效地

C. 当事人户籍所在地　　　　　　　　　　D. 当事人主营业地

答案：B

60. 《购售电合同》为《中华人民共和国合同法》中的（　　）。

A. 委托合同　　　　B. 买卖合同　　　　C. 保管合同　　　　D. 借贷合同

答案：B

61. 根据《电力交易平台术语》（Q/GDW 10821—2021），合同备案是指将签订的合同或

协议上报到（　　）进行备案的过程。

A. 电力主管部门
B. 电力监管机构
C. 电力主管部门及电力监管机构
D. 第三方平台

答案：C

62. 下列关于购售电合同签订要求的说法，不正确的是（　　）。

A. 发电厂购售电合同原则上应由省级及以上电网公司直接组织签订。其中，非统调电厂购售电合同可委托所辖地区供电公司组织签订，不再需要省级及以上公司审批

B. 签订购售电合同的发电厂应具有独立的法人资质，或拥有上级法人单位的书面授权

C. 对未经国家有关部门审批或核准、未按规定组织验收或验收不合格的发电厂，不得与其签订购售电合同。对于未持有发电业务许可证的发电企业，须经电力监管机构同意后，签订购售电合同

D. 凡执行政府下达年度发电计划的，年度购售电合同的签订工作应在接收到政府年度计划后的一个月内完成；其他购售电合同的签订工作原则上在合同期限到来前一个月之前完成

答案：A

63. 下列关于购售电合同管理工作的说法，不正确的是（　　）。

A. 与统调电厂签订的所有购售电合同，均应报相应的电力监管机构备案。非统调电厂购售电合同备案可以根据实际情况参照执行

B. 属于备案范围内的年度购售电合同应在签订并生效后的一个月内，报相应的电力监管机构备案

C. 与统调电厂签订的短期购售电合同，可以在每季度首月的前15个工作日内，报相应的电力监管机构备案。没有签订短期合同的，应将交易凭证存档检查

D. 当政府有关部门年中重新调整年度发电量计划时，如购售电合同对计划调整事项作出约定的，不必另行签订合同，同时可将调整计划文件的复印件向相应的电力监管机构报备

答案：B

二、填空题

1. 中长期合约要素主要包括合约起止时间、合约电量、交易价格、（　　）等要素，以电子合同的方式签订。

答案：交易曲线

2. 跨区跨省交易中，合同变更指购售双方对（　　）部分交易电量、电力曲线、价格等进行协商变更，交易方式主要为（　　）。

答案：未执行　双边协商

3. 各级调控机构依据电力市场规则、有关合同或者协议，实施（　　）、（　　）、

（　　　）调度。

答案： 公平　公开　公正

💬 4. 发电企业、电力用户、售电公司等市场主体要牢固树立市场意识、法律意识、契约意识、（　　　）。

答案： 信用意识

💬 5. 根据《北京电力交易中心绿色电力交易实施细则（修订稿）》（京电交市〔2023〕44号），市场主体应事先明确（　　　）偏差补偿方式，并列入合同条款。

答案： 绿色电力环境价值

💬 6. 根据《北京电力交易中心跨区跨省电力中长期交易实施细则（修订稿）》（京电交市〔2022〕26号），跨区跨省电力中长期电力用户按照细则参与跨区跨省交易，签订和履行交易合同，提供交易所必需的电力电量需求、（　　　）以及相关生产信息。

答案： 典型负荷曲线

💬 7. 在跨区跨省交易中，合同转让指合同其中一方经营主体对（　　　）的合同全部或部分转让给（　　　）。

答案： 未履行　第三方

💬 8. 跨区跨省中有关合同的交易包括合同（　　　）、（　　　）。

答案： 变更　转让

💬 9. 根据《售电公司管理办法》（发改体改规〔2021〕1595号），售电公司与电力用户签订合同内容应包括合同期限、电量及分月计划、费用结算、（　　　）。

答案： 用户偏差处理方式

💬 10. 根据《电力中长期交易基本规则》（发改能源规〔2020〕889号），各相关市场成员可将电力交易机构出具的（　　　）视同为电子合同作为执行依据。

答案： 电子交易确认单

💬 11. 市场主体签订的跨省跨区交易合同是（　　　）与（　　　）的法律依据。

答案： 交易执行　结算

💬 12. 当系统运营商以签订合同的方式购买平衡资源时，应在合同中明确（　　　）。

答案： 执行费

💬 13. 零售合同是指（　　　）与（　　　）针对电力零售交易事项签订的商务合同。

答案： 售电公司　零售用户

💬 14. 根据《电力中长期交易基本规则》（发改能源规〔2020〕889号），全部合同约定交易曲线的，按照（　　　）形成次日发电计划。

答案： 合同约定曲线

💬 15. 合同常见的价格形式包括固定价格、（　　　）。

答案： 浮动价格

💬 16. 期货交易所组织标准化合同的集中竞价交易和连续撮合交易，包括执行期为（　　　）及以上的标准化差价合同、标准化远期合同、期货合同、期权合同等。

答案： 一个月

💬 17. 按照交易方的数量划分，电力市场中的合同可以分为双边合同和（　　　）。

答案： 多边合同

💬 18. 集中式现货交易采用全电量集中竞价、中长期差价合同等方式对冲（　　　）风险。

答案： 现货市场

💬 19. 规范购售电合同签订工作，要按照与地方电厂的（　　　）及时签订购售电合同，杜绝（　　　）。

答案： 结算关系　无合同购电

💬 20. 完成市场注册且已开展交易的电力用户，合同期满后未签订新的交易合同但发生实际用电时，参加批发交易的用户按照各地规则进行（　　　）结算，参加零售交易的用户按照保底价格进行结算。

答案： 偏差

💬 21. 根据《电力中长期交易基本规则》（发改能源规〔2020〕889 号），各市场成员应当根据交易结果或者政府下达的计划电量，参照（　　　）签订购售电合同。

答案： 合同示范文本

💬 22. 申请退出跨区跨省市场的市场成员，应至少提前（　　　）以书面形式告知电力交易机构、电网企业等相关方，将所有已生效的（　　　）合同、（　　　）合同履行完毕或转让，并处理好相关事宜。

答案： 45 天　购售电　交易

💬 23. 各种金融性的长期合同、期货和期权合同等必须在（　　　）市场中具体化。

答案： 日前

💬 24. 根据《电力中长期交易基本规则》（发改能源规〔2020〕889 号），（　　　）电量和（　　　）电量的分月计划可由合同签订主体在（　　　）前进行调整和确认。

答案： 优先发电　基数　月度执行

💬 25. 合同的订立必须要经过（　　　）、（　　　）两个法定阶段。

答案： 要约　承诺

💬 26. 金融合同的时间要素包括（　　）（　　）（　　）。

答案： 交易日　到期日　交割日

💬 27. 在优先安排优先发电合同输电容量的前提下，鼓励（　　）（　　）（　　）利用剩余输电容量直接进行跨区跨省交易。

答案： 发电企业　售电公司　电力用户

💬 28. 电网企业（含关联企业）所属售电公司，不得通过电力交易机构、电力调度机构、电网企业获得售电竞争方面的（　　）以及超过其他售电公司的优势权利。

答案： 合同商务信息

💬 29. 电子合同与纸质合同具备（　　）法律效力。

答案： 同等

💬 30. 发电权交易、合同转让交易应当遵循购售双方的意愿，不得人为设置条件，原则上鼓励清洁、高效机组替代（　　）发电。

答案： 低效机组

💬 31. 远期合约和期权在投资风险、交易方式、用途、合约类型、交易方式等方面均有所不同，其中在合约类型方面，（　　）不是标准化的合同，（　　）是一种高度标准化的合约。

答案： 远期合约　期权

💬 32. （　　）合约是指交易双方约定在未来的某一确定时间内，按照事先商定的价格，以预先确定的方式买卖一定数量的某种标的物的合约。

答案： 远期

💬 33. 以双边协商和滚动撮合形式开展的电力中长期交易鼓励（　　），以集中竞价交易形式开展的电力中长期交易应当实现（　　）。双边合同在双边交易申报截止时间前均可提交或者修改。

答案： 连续开市　定期开市

💬 34. 允许发用双方在协商一致的前提下，可在合同执行（　　）前进行动态调整。鼓励市场主体通过（　　）交易实现月度发用电计划调整，减少合同执行偏差。

答案： 一周　月内（多日）

💬 35. 购售电合同原则上应当采用电子合同签订，电力交易平台应当满足国家电子合同有关规定的技术要求，市场成员应当依法使用可靠的（　　），电子合同与纸质合同具备同等效力。

答案： 电子签名

💬 36. 根据《电力中长期交易基本规则》（发改能源规〔2020〕889 号），年度合同的执行周期内，（   ）前，在购售双方一致同意且不影响其他市场主体交易合同执行的基础上，允许通过电力交易平台调整后续各月的（   ），保持（   ）不变，调整后的分月计划需通过电力调度机构安全校核。

答案：次月交易开始　合同分月计划　合同总量

💬 37. 在分散式市场模式下，电力交易以签订（   ）为基础，发用双方在日前阶段自行确定日发用电曲线。

答案：实物合同

💬 38. （   ）是双方当事人在合同中订立的，事先通过约定来限制或者免除其未来关于此合同相关责任的条款。

答案：免责条款

💬 39. 中长期交易可以是（   ）合同、（   ）合同等一种或多种形式签订。

答案：实物　差价

💬 40. 在集中式市场中，中长期合约是金融性质的差价合约，分解曲线和合约价格仅作为结算依据，无中长期偏差电量考核，对合同偏差电量采取（   ）偏差结算方式。

答案：现货市场

💬 41. 如果差价合同的履约价格（   ）集中市场价格，购买方需要向卖出方支付一定金额，它等于这两种价格的差价乘以合同规定的交易数量。

答案：高于

💬 42. 在跨区跨省交易中，合同变更交易电量、电力时，仅可进行（   ）。

答案：调减

💬 43. 《国家发展改革委　国家能源局关于做好 2024 年电力中长期合同签订履约工作的通知》（发改运行〔2023〕1662 号）中指出，各地政府主管部门要积极引导各类经营主体签订多年期电力中长期合同，推进（   ）、（   ）、（   ）等签订多年期电力中长期合同。

答案：跨省跨区　省内优先发电规模计划　绿电交易

💬 44. 根据《关于有序放开发用电计划的实施意见》，（   ）合同原则上至少为期一年，双方必须约定违约责任，否则合同不得中途中止。

答案：直接交易

💬 45. 根据《关于全面放开经营性电力用户发用电计划的通知》（发改运行〔2019〕1105 号），积极支持中小用户由售电公司代理参加市场化交易，中小用户需与售电公司签订（   ），与电网企业签订（   ），明确有关权责义务。

答案：代理购电合同　　供用电合同

💬 46.《国家发展改革委 国家能源局关于做好 2024 年电力中长期合同签订履约工作的通知》（发改运行〔2023〕1662 号）中指出，在落实现行煤电上网电价机制基础上，鼓励各地政府主管部门指导相关经营主体在电力中长期合同中设立（　　）与（　　）价格挂钩的联动条款。

答案：交易电价　　上下游商品

💬 47. 根据《国家发展改革委 国家能源局关于加快建设全国统一电力市场体系的指导意见》（发改体改〔2022〕118 号），要培育多元竞争的市场主体，有序放开发用电计划，推动将（　　）、（　　）计划转化为政府授权的中长期合同。

答案：优先发电　　优先购电

💬 48. 根据《国家发展改革委办公厅关于组织开展电网企业代理购电工作有关事项的通知》（发改办价格〔2021〕809 号），在现货市场未运行的地方，电网企业代理购电用户（　　）未申报用电曲线，以及申报用电曲线但分时电价峰谷比例（　　）当地分时电价政策要求的，用户用电价格应当按照当地分时电价政策规定的时段划分及浮动比例执行。

答案：代理购电合同　　低于

💬 49. 跨区跨省交易中，售方的交易合同转让原则上应保持购方落地省的（　　）不变，购方的交易合同转让原则上应保持售方的（　　）不变。

答案：落地价格　　上网价格

💬 50. 对冲是指拥有实物仓位的市场参与者，在市场上买卖（　　），用来提高其实体业务的盈利能力。

答案：金融合同

💬 51. 金融输电权是一种在日前市场中让市场主体抵消（　　）的合同。

答案：输电阻塞成本

💬 52. 金融输电权是为市场交易者规避价格波动风险而设立的金融工具，它通过（　　）合同实现，这个合同的支付取决于电力现货市场的成交结果。

答案：金融支付

💬 53. 根据《中共中央 国务院关于进一步深化电力体制改革的若干意见》（中发〔2015〕9 号），鼓励（　　）与（　　）之间签订长期稳定的合同，建立并完善实现合同调整及偏差电量处理的交易平衡机制。

答案：用户　　发电企业

💬 54. 根据《中共中央 国务院关于进一步深化电力体制改革的若干意见》（中发〔2015〕9

号），鼓励售电主体创新服务，向用户提供包括（　　　）、综合节能和用能咨询等增值服务。

答案：合同能源管理

💬 55. 《国家发展改革委 国家能源局关于做好 2024 年电力中长期合同签订履约工作的通知》（发改运行〔2023〕1662 号）中提出探索畅通批发、零售市场价格传导机制，按照国家相关价格政策要求，逐步推动批发市场形成的（　　　）信号通过（　　　）方式向零售用户合理传导。

答案：分时价格　市场化

💬 56. 按照《国家发展改革委 国家能源局关于做好 2023 年电力中长期合同签订履约工作的通知》（发改运行〔2022〕1861 号），在市场主体已授权的前提下，可通过交易平台自动履行电子签约手续，并形成规范的（　　　）。

答案：电子合同制式文本

💬 57. 根据《国家发展改革委 国家能源局关于做好 2024 年电力中长期合同签订履约工作的通知》（发改运行〔2023〕1662 号），各地政府主管部门要建立健全市场交易信用监管机制，根据市场信用状况开展分级履约监管，对连续（　　　）个月无法按时履约的经营主体进行约谈。

答案：3

💬 58. 跨区跨省交易中，采用灵活浮动价格机制的交易（原交易开展时应填报初始价格），每月（　　　）前，填报要约的经营主体应在交易平台填报上月浮动后的（　　　）价格，若未填报，则按初始价格出具结算依据。

答案：第 3 个工作日　变更

💬 59. 计划合同电量指依据政府或其授权部门下达的计划，在购售电双方签订的合同中约定的（　　　）电量。

答案：非竞争

💬 60. 根据《国家电网有限公司关于加快建设全国统一电力市场体系的实施意见》（国家电网体改〔2022〕717 号），省间交易优先落实电网安全保供支撑电源电量，持续完善签订政府授权的（　　　）合同，落实国家送电计划、政府间送电协议。

答案：带曲线中长期

💬 61. 根据《国家电网有限公司关于加快建设全国统一电力市场体系的实施意见》（国家电网体改〔2022〕717 号），建立与新能源特性相适应的中长期分时段电力交易机制，推动新能源参与（　　　）交易，引导新能源签订较长期限中长期合同。

答案：带曲线

💬 62. 根据《国家发展改革委 国家能源局关于做好 2024 年电力中长期合同签订履约工作

的通知》（发改运行〔2023〕1662 号），鼓励新能源按照"（　　）"原则，联合调节性电源与用户签订电力中长期合同，推动消纳责任权重向（　　）传导。

答案： 煤电与新能源联营　用户侧

💬 63. 根据《北京电力交易中心有限公司关于电力交易机构推进全国统一电力市场建设的有关工作意见》（京电交市〔2023〕4 号），2025 年，建成完善以中长期合同落实政府计划以及用户参与省间交易机制，常态化开展（　　）交易，初步建立省间输电权市场。

答案： 多通道集中优化

💬 64. 根据《北京电力交易中心有限公司关于电力交易机构推进全国统一电力市场建设的有关工作意见》（京电交市〔2023〕4 号），推动省内中长期市场按工作日连续开市，以（　　）方式实现电能量交易及合同交易融合，满足市场主体灵活响应供需变化的要求。

答案： 标准能量块

💬 65. 根据《国家发展改革委　国家能源局关于做好 2023 年电力中长期合同签订履约工作的通知》（发改运行〔2022〕1861 号），规范有序做好电力中长期合同签订履约工作，充分发挥中长期合同（　　）、（　　）作用，保障电力平稳运行。

答案： 压舱石　稳定器

💬 66. 根据《国家发展改革委　国家能源局关于做好 2023 年电力中长期合同签订履约工作的通知》（发改运行〔2022〕1861 号），各地应按照"照付不议、偏差结算"原则，加快建立和完善偏差结算机制，引导市场主体按照（　　）安排发用电计划。

答案： 合同电量

💬 67. 交易各方协商一致，可以解除合同。合同解除，须按照原交易合同形式，签订解除协议。其中，售电公司与其签约用户协议解除购售电签约关系后，售电公司及其签约用户与电网企业（含配售电公司）在（　　）后解除三方供用电合同。合同解除后，已履行部分仍然有效，尚未履行部分不再履行。

答案： 电费结清

💬 68. 某并网电站和电网结算时除了签订上网电量购电合同，还应该签订下网（　　）。

答案： 供用电合同

💬 69. 根据《国家发展改革委　国家能源局关于加快建设全国统一电力市场体系的指导意见》（发改体改〔2022〕118 号），要培育多元竞争的市场主体，有序放开发用电计划，分类推动（　　）、热电联产、（　　）、（　　）等优先发电主体参与市场。

答案： 燃气　新能源　核电

三、判断题

❓ 1. 合同不生效、无效、被撤销或者终止的，不影响合同中有关解决争议方法的条款效力。（   ）

答案： 对

❓ 2. 根据《国家电网有限公司关于进一步服务电力零售市场建设与规范运营的通知》（国家电网交易〔2023〕306 号），按照与用户合同约定，依据信息披露相关办法及时规范提供用户用电量、用电曲线等信息，支撑用户更好参与中长期分时段交易与现货市场。（   ）

答案： 对

❓ 3. 根据《关于推进电力市场建设的实施意见》，优先购电和优先发电视为年度电能量交易签订合同。（   ）

答案： 对

❓ 4. 合约交易是指市场主体通过签订电能买卖合同进行的交易，合同价格可以通过双方协商、市场竞争或按国家有关规定确定，合同期限为月度。（   ）

答案： 错

❓ 5. 在跨区跨省交易中，责任偏差电量原则上采用按日清分、月度结算、月结月清的方式结算。（   ）

答案： 对

❓ 6. 差价合同是指根据事先约定的合同价格以及合同交割对应的市场价格（如现货价格）之差进行结算的一种金融合同。（   ）

答案： 对

❓ 7. 优先发电电量分月计划的执行偏差主要通过预挂牌上下调机制处理，也可通过其他偏差处理机制处理。（   ）

答案： 对

❓ 8. 在电价高价时期，若发电不足，可靠性合同合约机组将面临惩罚。（   ）

答案： 对

❓ 9. 在合同路径法输电成本分摊中，双边合同应分摊的固定成本为合同经过的各路线分摊成本之和。（   ）

答案： 对

❓ 10. 在输电成本分摊方法中，合同路径法适用于集中竞价的情景。（   ）

答案： 错

❓ 11. 电力用户或售电公司与发电企业签订绿色电力交易合同，应明确交易电量、价格

（包括电能量价格、绿证价格）等事项。（ ）

答案：对

? 12. 电力中长期市场与现货市场的衔接中，中长期合同分解是指得到按时间分解的电量合同曲线。（ ）

答案：对

? 13. 可靠性合同的签订使发电容量缺乏引起的高价时期的盈利减少，减少了投机现象。（ ）

答案：对

? 14. 可靠性合同增加了边际发电机组所面临的风险。（ ）

答案：错

? 15. 省间电力现货交易合同以市场主体在报价前签订的电子承诺书和包含交易结果、电子签名的电子交易单为依据，不再签订纸质合同。（ ）

答案：对

? 16. 可用输电容量是指在现有的输电合同基础上，实际物理输电网络中剩余的、可用于商业使用的传输容量。（ ）

答案：对

? 17. 用户可以结合自身负荷特性，自愿选择与发电企业或电网企业签订保供电协议、可中断负荷协议等合同，约定各自的辅助服务权利与义务。（ ）

答案：对

? 18. 两部制电价的用户，私自超过合同约定的容量用电的，需立即拆除私增容设备、补交电费、承担违约使用电费，并停止向其供电。（ ）

答案：错

? 19. 金融合同不需要实际交割，并且可以自行平仓。（ ）

答案：对

? 20. 电网企业代理购电的工商业用户，选择下一季度起直接参与市场交易，电网企业代理购电相应终止，由此产生的偏差责任原则上不予考核，能够单独统计的偏差电量由与电网企业成交的市场化机组合同电量等比例调减。（ ）

答案：对

? 21. 根据《电力中长期交易基本规则》（发改能源规〔2020〕889 号），跨区跨省的政府间协议原则上在上一年度的 12 月底前预测和下达总体电力电量规模和分月计划，由购售双方签订相应的购售电合同。（ ）

答案：错

❓ 22. 根据《售电公司管理办法》（发改体改规〔2021〕1595 号），保底售电公司承接合同后，原批发合同和零售合同的电量、电价等由购售双方自行确定。（　　）

答案：错

❓ 23. 金融输电权只能通过分配或拍卖获得，而互换合同可通过金融性的场外交易市场或交易所获得。（　　）

答案：对

❓ 24. 电力差价合同属于一种实物合同，交易双方签订差价合同的目的是为了对冲市场价格波动引起的财务风险。（　　）

答案：错

❓ 25. 在双边协商交易中，交易双方通过自主协商决定交易事项，依法依规签订电网企业参与的三方合同。（　　）

答案：对

❓ 26. 根据供需双方事先的合同约定，在电网峰荷时段调度机构向用户发出信号，经用户响应后中断部分负荷的做法是可中断负荷控制。（　　）

答案：对

❓ 27. 跨区跨省通道波动偏差电量采用结算周期内送出省电网企业当月代理购电价格结算。若购售双方在交易合同中另行明确的，按合同相关约定执行。（　　）

答案：对

❓ 28. 现货市场实物合同分解中自动分解的日交易曲线不能进行人工调整。（　　）

答案：错

❓ 29. 合同电量滚动调整，可采用发电侧合同电量按周滚动调整，用户侧合同电量日结月清或者按月滚动调整。（　　）

答案：错

❓ 30. 对当事人利用合同实施危害国家利益、社会公共利益行为的，市场监督管理和其他有关司法部门依照法律、行政法规的规定负责监督处理。（　　）

答案：错

❓ 31. 期权交易的最后一天，是期货合同到期日的前一天。（　　）

答案：对

❓ 32. 暂停期满或每一日历年内累计暂停用电时间超过三个月者，不论用户是否申请恢复用电，供电企业须从期满之日起，按合同约定的容量计收其基本电费。（　　）

答案：错

❓ 33. 通过场外市场（包括电子经纪平台）交易的远期产品是需要未来数月进行实物交割的一种合同，如果该产品已经完成标准化，在受监管的交易所进行交易，则称之为期权合同。（　　）
答案：错

❓ 34.《国家发展改革委　国家能源局关于做好 2024 年电力中长期合同签订履约工作的通知》（发改运行〔2023〕1662 号）中鼓励各地区可考虑季节、月份、度夏度冬高峰时段等因素，探索时段划分方式的动态调整机制。（　　）
答案：错

❓ 35. 在保证电网安全运行的基础上，绿色电力交易合同优先安排，保证交易结果的优先执行。（　　）
答案：对

❓ 36. 如果发电商与电力用户签订了以其发电成本作为成交价格的合同，那么发电商属于平头。（　　）
答案：对

❓ 37. 在合同签订日所在月份内交割的合同通常称为超短期合同。（　　）
答案：错

❓ 38. 期货合同在进行买卖时，唯一可变化的因素就是价格。（　　）
答案：对

❓ 39. 中长期市场化合同"六签"中的"全签"是指年度以上中长期合同签约电量不低于前 5 年用电量平均值的 80%，通过月度合同签订保障合同签约电量不低于 90%～95%。（　　）
答案：错

❓ 40. 发电企业、售电公司、电力用户共同的权利和义务只有履行合同。（　　）
答案：错

❓ 41. 分散式电力市场是电力市场模式之一，主要以中长期差价合同管理市场风险，配合现货交易采用全电量集中竞价的电力市场模式。（　　）
答案：错

❓ 42. 相关市场主体在电力交易平台达成交易生成电子合同后，为了保证合同的可溯源性，仍需再次签订线下纸质合同。（　　）
答案：错

❓ 43. 电力期货合同属于非标准化电力远期合同，以特定价格进行买卖，在将来某一特定时间开始交割，并在特定时间段内持续等量交割。（   ）

答案： 错

❓ 44. 期货和远期合同不属于无条件交付的固定合同。（   ）

答案： 错

❓ 45. 在对场外交易的合同进行转让时，标准化合同往往对市场参与者具有较强的吸引力。（   ）

答案： 对

❓ 46. 边界潮流法可以弥补合同路径法不能考虑旁路潮流的不足，也可用于两个成员按双边合同送电时计算应分摊的转运费。（   ）

答案： 对

❓ 47. 当事人订立合同，可以采用书面形式、口头形式或者其他形式。以电子数据交换、电子邮件等方式有表现所载内容的数据电文不可视为书面形式。（   ）

答案： 错

❓ 48. 发电企业、售电公司、电力用户未履行完交易合同和交易结算的，可自愿申请退出。（   ）

答案： 错

❓ 49. 根据《国家发展改革委办公厅 国家能源局综合司关于做好电力现货市场试点连续试结算相关工作的通知》（发改办能源规〔2020〕245 号），各类跨区跨省优先发电和市场化中长期交易，均应由购买方和发电企业签订双边中长期交易合同，并明确分时结算曲线或形成分时结算曲线的具体规则。（   ）

答案： 对

❓ 50. 双边协商交易中，由卖方提交交易申请，买方进行交易确认。（   ）

答案： 对

❓ 51. 根据《国家发展改革委办公厅 国家能源局综合司关于做好电力现货市场试点连续试结算相关工作的通知》（发改办能源规〔2020〕245 号），各地政府主管部门、国家能源局派出机构要对市场主体的中长期合同签约履约情况进行核查，特殊情况下，经双方协商一致市场主体可以事后补签中长期合同。（   ）

答案： 错

❓ 52. 金融合同可以选择实际交割产品，也可以进行现金交割。（   ）

答案： 错

❓ 53. 现货试点省份可以采用事后调整中长期交易合同曲线的方式减少计划与市场衔接产生的不平衡资金。（　　）

答案： 错

❓ 54. 对绿电交易合同进行转让时，无需再次通过电力调度机构安全校核。（　　）

答案： 错

❓ 55. 在现货市场运行地区，绿电交易作为中长期合约按照现货市场规则执行，并按市场规则进行结算。（　　）

答案： 对

❓ 56. 分散式和集中式两种市场是非泾渭分明的两种互斥模式，在分散式电力市场中不存在财务性合同，在集中式电力市场中也不可能存在实务性合同。（　　）

答案： 错

❓ 57. 根据各地实际情况，燃煤发电可能存在优先发电合同，而其他发电类型一定存在优先发电合同。（　　）

答案： 错

❓ 58. 根据《电力中长期交易基本规则》（发改能源规〔2020〕889 号），因电网安全约束必须开启的机组，约束上电量超出其合同电量的部分，由各地根据实际情况在交易细则中明确，鼓励采用政府定价的方式确定价格。（　　）

答案： 错

❓ 59. 根据《电力中长期交易基本规则》（发改能源规〔2020〕889 号），各机组下调电量按照机组月度集中交易电量、月度双边交易电量、年度分月双边交易电量、计划电量的顺序扣减相应合同电量。（　　）

答案： 对

❓ 60. 根据《国家发展改革委 国家能源局关于做好 2023 年电力中长期合同签订履约工作的通知》（发改运行〔2022〕1861 号），对于跨省跨区中长期交易，送受端市场主体签订合同后，需严格按照合同约定的送电规模、曲线、价格执行，极端情况下政府相关部门可以适当干预。（　　）

答案： 错

❓ 61. 我国现货试点省中，山西省、山东省的中长期交易合同是物理执行的。（　　）

答案： 错

❓ 62. 跨区跨省交易中，合同变更是需要通过电力调度机构安全校核。（　　）

答案： 错

❓ 63. 网厂间购售电合同目前仅支持电子合同形式签订。（　　）

答案： 错

❓ 64. 购售电合同、交易合同和市场化零售业务协议签订完成后无需再向政府电力管理部门、电力监管机构报备。（　　）

答案： 错

❓ 65. 电力批发交易发生争议时，市场成员可自行协商解决，协商无法达成一致时可提交电力主管部门和监管部门、电力市场管理委员会调解处理，也可提交仲裁委员会仲裁或向人民法院提起诉讼。（　　）

答案： 对

❓ 66. 中长期市场化合同"六签"中的"见签"是指引入当地政府见签电力中长期交易合同。（　　）

答案： 错

❓ 67. 实物合同是指合同双方根据实际供需情况自行签订，并要求按照合约条款以实物而非现金交割执行的合同。（　　）

答案： 对

❓ 68. 根据《关于进一步做好电力现货市场建设试点工作的通知》（发改办体改〔2021〕339号），各地应做好跨区跨省送受电中长期合约签订工作，引导市场主体通过双边协商等方式签订一年及以上中长期合同，条件不允许可不约定分时曲线。（　　）

答案： 错

❓ 69. 根据《关于深化电力现货市场建设试点工作的意见》（发改办能源规〔2019〕828号），各类跨省跨区中长期优先发电合同和中长期市场化交易合同双方，均需提前约定交易曲线作为结算依据。（　　）

答案： 对

❓ 70. 根据《北京电力交易中心绿色电力交易实施细则（修订稿）》（京电交市〔2023〕44号），绿色电力交易可根据中长期规则、省间细则、省内交易规则的相关规定，按月或更短周期开展合同转让等交易。（　　）

答案： 错

❓ 71. 因不可抗力不能履行合同可免除所有责任。（　　）

答案： 错

❓ 72. 合同任何一方因未能尽其努力采取合理措施或不予配合或处理不当，致使损失扩大的，则其扩大部分的损失由该方负责。（　　）

答案：对

❓ 73. 合同未经双方同意，签约的任何一方均无权将其在合同项下的所有或部分权利和义务转让给第三方。（　　）

答案：对

❓ 74. 发电企业可以先签订《购售电合同》，后办理电力监管部门颁发的发电业务许可证。（　　）

答案：错

四、简答题

📋 1.《关于做好 2021 年电力中长期合同签订工作的通知》（发改运行〔2020〕1784 号）中对中长期合同的签订提出了"六签"要求，"六签"具体包括哪些内容？

答案："六签"包括全签、长签、见签、分时段签、规范签和电子签。

（1）全签，用户签约电量不低于上一年实际用电量的 95%或前三年用电量平均值，生产经营调整较大的用户可适当放宽至不低于 90%。

（2）长签，按年度签订合同，鼓励签订 2～3 年甚至更长周期的合同。

（3）见签，引入电网企业参与签约，引入信用监管机构见证签约。

（4）分时段签，根据各地实际按若干时段签订合同。

（5）规范签，要出台合同范本并推广应用。

（6）电子签，推进线上签订电子合同。

📋 2. 按照交易周期划分，交易合同可以分为哪几种？合同的有效期限分别为多长？

答案：按照交易周期划分，交易合同可以分为多年交易合同、年度交易合同、季度交易合同、月度交易合同和月内短期交易合同等。

（1）多年交易合同指合同的有效期为 1 年以上的交易合同。

（2）年度交易合同指合同的有效期为 3 个月至 1 年的交易合同。

（3）季度交易合同指合同的有效期为 1 个月至 3 个月的交易合同。

（4）月度交易合同指合同的有效期为 1 个月的交易合同。

（5）月内短期交易合同指合同的有效期为不满 1 个月的交易合同。

📋 3. 双边交易合同和集中竞价交易合同的签订流程是怎么样的？

答案：（1）双边交易合同签订流程：购售双方协商→达成交易意向→通过电力交易平台提交→电力调度机构安全校核→交易结果发布→签订电子合同。

（2）集中竞价交易合同签订流程：购售双方申报交易意向协商→提交电力交易平台撮合→电力调度机构安全校核→交易结果发布→签订电子合同。

📋 4. 电力交易合同变更的原则是什么？

答案: 电力交易合同变更原则上需在每月 23 日前,由发电企业通过电力交易平台向电力交易机构提出年度合同次月及后续月份电量变更申请(申请内容包括调整的合同名称及编号、次月及以后各月的合同电量调整值、调整原因等),并由购电方确认。合同变更与调整的具体申报时间可由电力交易机构在交易公告中明确。电力交易机构审核不通过,则通过电力交易平台退回申请并提供退回理由。经电力交易机构和电力调度机构安全校核通过后,原合同下月起终止执行,变更后的合同下月起自动生效,并作为编制月度交易计划和电量结算的依据。

5. 电力交易合同解除的原则是什么?

答案: 交易各方协商一致,可以解除合同。合同解除,须按照原交易合同形式,签订解除协议。其中,售电公司与其签约用户协议解除购售电签约关系后,售电公司及其签约用户与电网企业(含配售电公司)在电费结清后解除三方供用电合同。合同解除后,已履行部分仍然有效,尚未履行部分不再履行。

6. 什么是电能量交易合同?

答案: 电能量交易合同是指符合准入条件的发电企业与电力用户(售电公司)经双边协商、集中竞价、挂牌等方式,在电力交易平台达成电力电量、电价的购售电交易,并形成合同。

7. 什么是零售市场合同?

答案: 零售市场合同是指在电力零售市场中,零售用户与售电公司通过平等协商建立购售电关系后所签订的合同,又称双边协商零售交易合同。

8. 如何对交易合同进行备案?

答案: 购售电合同、交易合同和市场化零售业务协议签订完成 5 个工作日内向政府电力管理部门、电力监管机构报备。转受让合同应在签订后 5 个工作日内向电力监管机构备案,备案合同信息应全面,包括但不限于转受让电量、价格、周期及结算等内容。

9. 市场主体在签订合同后执行合同不到位将承担什么责任?

答案: 《中华人民共和国民法典》第五百七十七条规定,当事人一方不履行合同义务或者履行合同义务不符合约定的,应当承担继续履行、采取补救措施或者赔偿损失等违约损失。

市场主体在签订合同后执行合同不到位,相应的市场主体可根据合同约定要求其承担违约责任。同时,该市场主体履行合同不到位的行为还可能根据相应的交易规则进行偏差电量电费结算,可能承担偏差考核电费,并纳入失信管理。

10. 电子交易合同在哪里查询?

答案: 市场主体使用电子钥匙登录电力交易平台,在合同模块中可查询其签订的相关合同。

11. 交易合同可以变更或调整吗?

答案: 对于双边协商方式形成的年度电能交易合同,经交易双方协商一致,可以在保持合同总量不变的前提下，向电力交易机构提出次月及后续月份的分月电量调整申请，经电力交易机构审核、电力调度机构安全校核后，作为编制月度交易执行计划和结算的依据。集中竞价、挂牌交易签订的交易合同不能进行合同变更。厂网间购售电合同电量根据政府主管部门下达的计划以及电力交易机构制订的月度交易计划进行调整。

五、计算题

年度交易中，发电企业 A 和售电公司 A 通过双边协商交易，成交 8 月电量 10000MWh，价格为 497.16 元/MWh。月度交易中，发电企业 A 将该笔 8 月合同部分转让给发电企业 B，电量 2000MWh、电价 432 元/MWh；售电公司 A 将该笔 8 月合同部分转让给售电公司 B，电量 2500MWh、电价 440 元/MWh。请计算月度交易合同转让中，发电企业 A 和售电公司 A 的收益。

答案： 月度交易合同转让中，发电企业 A 的收益=2000×（497.16-432）=130320元。售电公司 A 的收益=2500×（440-497.16）=-142900元。

第七章 信息披露

一、不定项选择题

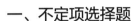 1. 信息披露是指信息披露主体（　　）、（　　）与电力市场相关信息的行为。

A. 提供　　　　　　　　B. 发布　　　　　　　　C. 申明　　　　　　　　D. 以上都不是

答案：AB

2. 信息披露主体包括（　　）。

A. 发电企业　　　　　　B. 电网企业　　　　　　C. 电力用户　　　　　　D. 电力交易机构

答案：ABCD

3. 根据《电力市场信息披露基本规则》（国能发监管〔2024〕9 号），电力交易机构的职责包括（　　）。

A. 负责电力市场信息披露的实施

B. 负责市场经营主体信息披露平台登录账号运维管理工作

C. 负责电力市场信息披露管理办法制定

D. 负责制定全国统一的信息披露标准数据格式

答案：ABD

4. 根据《电力市场信息披露基本规则》（国能发监管〔2024〕9 号），电力市场信息分为（　　）。

A. 公众信息　　　　　　B. 公开信息　　　　　　C. 特定信息　　　　　　D. 私密信息

答案：ABC

5. 根据《电力市场信息披露基本规则》（国能发监管〔2024〕9 号），下列属于发电企业公众信息的是（　　）。

A. 企业全称　　　　　　B. 企业性质　　　　　　C. 企业开户账号　　　　D. 企业联系方式

答案：ABD

6. 根据《电力市场信息披露基本规则》（国能发监管〔2024〕9 号），下列属于发电企业公开信息的是（　　）。

A. 电厂调度名称　　　　　　　　　　　　　　　B. 机组投运日期

C. 机组出力受限情况　　　　　　　　　　　　　D. 机组检修及设备改造计划

答案：ABCD

🖊 7. 根据《电力市场信息披露基本规则》（国能发监管〔2024〕9 号），下列属于发电企业特定信息的是（　　）。

A. 市场交易申报信息   B. 合同信息

C. 机组实际出力和发电量   D. 机组出力受限情况

答案：ABC

🖊 8. 根据《电力市场信息披露基本规则》（国能发监管〔2024〕9 号），下列属于售电公司公众信息的是（　　）。

A. 企业资产信息   B. 从业人员信息

C. 售电公司零售套餐产品信息   D. 财务审计报告（如有）

答案：ABC

🖊 9. 根据《电力市场信息披露基本规则》（国能发监管〔2024〕9 号），下列属于售电公司公开信息的是（　　）。

A. 履约保函信息   B. 从业人员信息

C. 售电公司零售套餐产品信息   D. 财务审计报告（如有）

答案：AD

🖊 10. 根据《电力市场信息披露基本规则》（国能发监管〔2024〕9 号），下列属于售电公司特定信息的是（　　）。

A. 市场交易申报信息   B. 与发电企业签订的交易合同信息

C. 售电公司批发侧月度结算电量   D. 财务审计报告（如有）

答案：ABC

🖊 11. 根据《电力市场信息披露基本规则》（国能发监管〔2024〕9 号），下列属于电力用户公众信息的是（　　）。

A. 企业工商注册时间   B. 企业联系方式

C. 企业变更情况   D. 企业配建储能信息（如有）

答案：ABC

🖊 12. 根据《电力市场信息披露基本规则》（国能发监管〔2024〕9 号），下列属于电力用户公开信息的是（　　）。

A. 企业变压器报装容量   B. 企业联系方式

C. 企业变更情况   D. 企业配建储能信息（如有）

答案：AD

🖊 13. 根据《电力市场信息披露基本规则》（国能发监管〔2024〕9 号），下列属于电力用户特定信息的是（　　）。

A. 市场交易申报信息   B. 企业用电信息

C. 可参与系统调节的响应能力   D. 用电需求信息

答案：ABCD

⭐ 14. 根据《电力市场信息披露基本规则》（国能发监管〔2024〕9 号），下列属于独立储能公众信息的是（　　）。

A. 额定容量   B. 企业用电信息   C. 联系方式   D. 企业变更情况

答案：ACD

⭐ 15. 根据《电力市场信息披露基本规则》（国能发监管〔2024〕9 号），下列属于独立储能公开信息的是（　　）。

A. 投运日期   B. 接入电压等级

C. 最大充放电功率   D. 市场交易合同信息

答案：ABC

⭐ 16. 根据《电力市场信息披露基本规则》（国能发监管〔2024〕9 号），下列属于独立储能特定信息的是（　　）。

A. 市场交易申报信息   B. 最大最小响应能力

C. 充放电电力电量信息   D. 充放电爬坡速率

答案：ABCD

⭐ 17. 根据《电力市场信息披露基本规则》（国能发监管〔2024〕9 号），下列信息中属于售电公司年度需要披露的信息的是（　　）。

A. 资产信息   B. 从业人员信息

C. 零售套餐产品信息   D. 售电公司年报

答案：ABD

⭐ 18. 根据《电力市场信息披露基本规则》（国能发监管〔2024〕9 号），下列信息中属于电网企业月度需要披露的信息的是（　　）。

A. 代理购电信息   B. 电力业务许可证

C. 发电机组装机及发电总体情况   D. 全社会以及分产业用电量信息

答案：ACD

⭐ 19. 根据《电力市场信息披露基本规则》（国能发监管〔2024〕9 号），下列信息中属于电力交易机构年度需要披露的信息的是（　　）。

A. 退市市场经营主体名单   B. 电力市场运行情况

C. 市场结构情况   D. 交易机构基本信息

答案：BC

20. 根据《电力市场信息披露基本规则》（国能发监管〔2024〕9号），下列信息中属于电力调度机构及时更新披露的信息的是（　　）。

A. 市场出清模块算法及运行参数

B. 发电机组、独立储能完成整套设备启动试运行时间

C. 日前、日内平均申报电价

D. 新能源总出力预测

答案：ABC

二、填空题

1. 市场运营机构包括（　　）和（　　）。

答案：电力交易机构　电力调度机构

2. 信息披露应当遵循安全、（　　）、（　　）、（　　）、及时、易于使用的原则。

答案：真实　准确　完整

3. 信息披露主体应严格按照本规则要求披露信息，并对其披露信息的（　　）、（　　）、（　　）、（　　）负责。

答案：真实性　准确性　完整性　及时性

4. 电力市场信息应在（　　）上进行披露，在确保信息安全的基础上，按信息公开范围要求，可同时通过（　　）、（　　）等渠道发布。

答案：信息披露平台　信息发布会　交易机构官方公众号

5. 电力市场信息按照（　　）、（　　）、（　　）、（　　）、（　　）等周期开展披露。

答案：年　季　月　周　日

6. 信息披露主体在（　　）、（　　）信息之前应在信息披露平台签订（　　）。

答案：披露　查阅　信息披露承诺书

7. 信息披露承诺书中应明确（　　）、（　　）等条款。

答案：信息安全　保密责任与义务

8. 国家能源局及其派出机构组织电力交易机构对各市场成员披露信息的（　　）、（　　）、（　　）等情况作出评价，评价结果向（　　）公布。

答案：及时性　完整性　准确性　所有市场成员

9. 信息披露主体包括发电企业、售电公司、电力用户、（　　）、电网企业和（　　）。

答案：新型主体（独立储能等）　市场运营机构

10. 电力市场信息分为（　　）、（　　）、（　　）三类。

答案： 公众信息　公开信息　特定信息

💬 11. 信息调整是指市场成员扩增或变更本规则规定披露的信息，包括（　　），变更披露内容、披露范围、（　　）等。

答案： 新增披露信息　披露周期

💬 12. 电力市场信息封存中的市场边界信息包括外来（外送）电曲线、（　　）、预测信息、（　　）、电网约束信息等。

答案： 检修停运类信息　新能源发电曲线

三、判断题

❓ 1. 各地区根据电力市场运营情况，若存在无法满足本规则要求的信息披露内容，电力交易机构应立即向国家能源局或其派出机构书面报备。（　　）

答案： 错

❓ 2. 信息披露主体按照标准数据格式在信息披露平台披露信息，披露的信息保留或可供查询的时间不少于1年。（　　）

答案： 错

❓ 3. 信息披露应以结构化数据为主，非结构化信息采用 PDF 等文件格式。（　　）

答案： 对

❓ 4. 预测类信息在交易申报开始前披露，运行类信息在运行日当日披露。（　　）

答案： 错

❓ 5. 现货未开展的地区或时期，可根据市场运行需要披露周、日信息，现货市场不结算试运行期间也须披露现货市场相关信息。（　　）

答案： 错

❓ 6. 信息的封存期限为5年，特殊情形除外。（　　）

答案： 对

❓ 7. 市场成员的工作人员不得公开发表可能影响市场成交结果的言论。（　　）

答案： 错

❓ 8. 市场边界信息不属于电力市场信息封存范畴。（　　）

答案： 错

❓ 9. 售电公司因业务不熟悉未及时进行信息披露，不会影响其电力交易信用评价。（　　）

答案： 错

❓ 10. 发电企业的企业变更情况属于其公众信息。（　　　）

答案： 对

❓ 11. 原则上，市场成员不可以申请扩增或变更信息。（　　　）

答案： 错

❓ 12. 任何市场成员不得违规获取或者泄露未经授权披露的信息。（　　　）

答案： 对

四、简答题

📑 1. 根据《电力市场信息披露基本规则》（国能发监管〔2024〕9 号），信息披露主体包括哪些？

答案： 信息披露主体包括发电企业、售电公司、电力用户、新型主体（独立储能等）、电网企业和市场运营机构。市场运营机构包括电力交易机构和电力调度机构。

📑 2. 根据《电力市场信息披露基本规则》（国能发监管〔2024〕9 号），电力交易机构的职责有哪些？

答案： 电力交易机构负责电力市场信息披露的实施，以电力交易平台为基础设立信息披露平台，做好国家能源局及其派出机构、政府相关部门、市场经营主体信息披露平台登录账号运维管理工作。电力交易机构制定全国统一的信息披露标准数据格式，在保障信息安全的前提下提供数据接口服务。相关数据接口标准另行制定。

📑 3. 根据《电力市场信息披露基本规则》（国能发监管〔2024〕9 号），市场成员对披露的信息内容、时限等有异议或者疑问时该如何处理？

答案： 市场成员对披露的信息内容、时限等有异议或者疑问时，可向电力交易机构提出，电力交易机构根据《电力市场信息披露基本规则》（国能发监管〔2024〕9 号）规定要求相关信息披露主体予以解释及配合。

📑 4. 根据《电力市场信息披露基本规则》（国能发监管〔2024〕9 号），电力市场信息分为哪几类，分别是什么？

答案： 电力市场信息可分为公众信息、公开信息、特定信息三类。

（1）公众信息，是指向社会公众披露的信息。

（2）公开信息，是指向有关市场成员披露的信息。

（3）特定信息，是指根据电力市场运营需要向特定市场成员披露的信息。

📑 5. 根据《电力市场信息披露基本规则》（国能发监管〔2024〕9 号），发电企业应当披露的公众信息包括哪些？

答案： 发电企业应当披露的公众信息包括以下内容：

（1）企业全称、企业性质、所属集团、工商注册时间、统一社会信用代码、股权结构、法定代表人、电源类型、装机容量、联系方式等。

（2）企业变更情况，包括企业更名或法定代表人变更，企业增减资、合并、分立、解散及申请破产的决定，依法进入破产程序、被责令关闭等重大经营信息。

（3）与其他市场经营主体之间的股权关联关系信息。

（4）其他政策法规要求向社会公众披露的信息。

6. 根据《电力市场信息披露基本规则》（国能发监管〔2024〕9号），发电企业应当披露的公开信息包括哪些？

答案： 发电企业应当披露的公开信息包括以下内容：

（1）电厂机组信息，包括电厂调度名称、所在地市、电力业务许可证（发电类）编号、机组调度管辖关系、投运机组台数、单机容量及类型、投运日期、接入电压等级、单机最大出力、机组出力受限的技术类型（如流化床、高背压供热）、抽蓄机组最大及最小抽水充电能力、静止到满载发电及抽水时间等。

（2）配建储能信息（如有）。

（3）机组出力受限情况。

（4）机组检修及设备改造计划。

7. 根据《电力市场信息披露基本规则》（国能发监管〔2024〕9号），发电企业应当向特定市场成员披露的特定信息包括哪些？

答案： 发电企业应当向特定市场成员披露的特定信息包括以下内容：

（1）市场交易申报信息、合同信息。

（2）核定（设计）最低技术出力，核定（设计）深调极限出力，机组爬坡速率，机组边际能耗曲线，机组最小开停机时间，机组预计并网和解列时间，机组启停出力曲线，机组调试计划曲线，调频、调压、日内允许启停次数，厂用电率，热电联产机组供热信息等机组性能参数。

（3）机组实际出力和发电量、上网电量、计量点信息等。

（4）发电企业燃料供应情况、燃料采购价格、存储情况、供应风险等。

（5）发电企业批发市场月度售电量、售电均价。

（6）水电、新能源机组发电出力预测。

8. 根据《电力市场信息披露基本规则》（国能发监管〔2024〕9号），售电公司应当披露的公众信息包括哪些？

答案： 售电公司应当披露的公众信息包括以下内容：

（1）企业全称、企业性质、售电公司类型、工商注册时间、注册资本金、统一社会信用代码、股权结构、经营范围、法定代表人、联系方式、营业场所地址、信用承诺书等。

（2）企业资产信息，包括资产证明方式、资产证明出具机构、报告文号（编号）、报告日期、资产总额、实收资本总额等。

（3）从业人员信息，包括从业人员数量、职称及社保缴纳人数等。

（4）企业变更情况，包括企业更名或法定代表人变更，企业增减资、合并、分立、解散及申请破产的决定，或者依法进入破产程序、被责令关闭等重大经营信息，配电网运营资质变化等。

（5）售电公司年报信息，内容包括但不限于企业基本情况、持续满足市场准入条件情况、财务情况、经营状况、业务范围、履约情况、重大事项，信用信息、竞争力等。

（6）售电公司零售套餐产品信息。

（7）与其他市场经营主体之间的股权关联关系信息。

（8）其他政策法规要求向社会公众披露的信息。

9. 根据《电力市场信息披露基本规则》（国能发监管〔2024〕9号），售电公司应当披露的公开信息包括哪些？

答案： 售电公司应当披露的公开信息包括以下内容：

（1）履约保函、保险缴纳金额、有效期等信息。

（2）拥有配电网运营权的售电公司应当披露电力业务许可证（供电类）编号、配电网电压等级、配电区域、配电价格等信息。

（3）财务审计报告（如有）。

10. 根据《电力市场信息披露基本规则》（国能发监管〔2024〕9号），售电公司应当向特定市场成员披露的特定信息包括哪些？

答案： 售电公司应当向特定市场成员披露的特定信息包括以下内容：

（1）市场交易申报信息。

（2）与代理用户签订的购售电合同信息或者协议信息。

（3）与发电企业签订的交易合同信息。

（4）售电公司批发侧月度结算电量、结算均价。

（5）可参与系统调节的响应能力和响应方式等。

11. 根据《电力市场信息披露基本规则》（国能发监管〔2024〕9号），电力用户应当披露的公众信息包括哪些？

答案： 电力用户应当披露的公众信息包括以下内容：

（1）企业全称、企业性质、行业分类、用户类别、工商注册时间、统一社会信用代码、法定代表人、联系方式、经营范围、所属行业等。

（2）企业变更情况，包括企业更名或法定代表人变更，企业增减资、合并、分立、解散及申请破产的决定，依法进入破产程序、被责令关闭等重大经营信息。

（3）与其他市场经营主体之间的股权关联关系信息。

（4）其他政策法规要求向社会公众披露的信息。

🔲 12. 根据《电力市场信息披露基本规则》（国能发监管〔2024〕9 号），电力用户应当披露的公开信息包括哪些？

答案： 电力用户应当披露的公开信息包括以下内容：

（1）企业用电类别、接入地市、用电电压等级、自备电源（如有）、变压器报装容量以及最大需量等。

（2）配建储能信息（如有）。

🔲 13. 根据《电力市场信息披露基本规则》（国能发监管〔2024〕9 号），电力用户应当向特定市场成员披露的特定信息包括哪些？

答案： 电力用户应当向特定市场成员披露的特定信息包括以下内容：

（1）市场交易申报信息。

（2）与发电企业、售电公司签订的购售电合同信息或协议信息。

（3）企业用电信息，包括用电户号、用电户名、结算户号、用电量及分时用电数据、计量点信息等。

（4）可参与系统调节的响应能力和响应方式等。

（5）用电需求信息，包括月度、季度、年度的用电需求安排。

（6）大型电力用户计划检修信息。

🔲 14. 根据《电力市场信息披露基本规则》（国能发监管〔2024〕9 号），独立储能应当披露的公众信息包括哪些？

答案： 独立储能应当披露的公众信息包括以下内容：

（1）企业全称、企业性质、额定容量、工商注册时间、统一社会信用代码、股权结构、经营范围、法定代表人、联系方式等。

（2）企业变更情况，包括企业更名或法定代表人变更，企业增减资、合并、分立、解散及申请破产的决定，依法进入破产程序、被责令关闭等重大经营信息。

（3）与其他市场经营主体之间的股权关联关系信息。

（4）其他政策法规要求向社会公众披露的信息。

🔲 15. 根据《电力市场信息披露基本规则》（国能发监管〔2024〕9 号），独立储能应当披露的公开信息包括哪些？

答案： 独立储能应当披露的公开信息包括以下内容：

（1）调度名称、调度管辖关系、投运日期、接入电压等级、机组技术类型（电化学、压缩空气等）、所在地市。

（2）满足参与市场交易的相关技术参数，包括额定充（放）电功率、额定充（放）电时间、最大可调节容量、最大充放电功率、最大持续充放电时间等。

🔲 16. 根据《电力市场信息披露基本规则》（国能发监管〔2024〕9 号），独立储能应当向特定市场成员披露的特定信息包括哪些？

答案： 独立储能应当向特定市场成员披露的特定信息包括以下内容：

（1）市场交易申报信息、合同信息。

（2）性能参数类信息，包括提供调峰、调频、旋转备用等辅助服务的持续响应时长，以及最大最小响应能力、最大上下调节功（速）率、充放电爬坡速率等。

（3）计量信息，包括户名、发电户号、用电户号、结算户号、计量点信息、充放电电力电量等信息。

🌐 17. 根据《电力市场信息披露基本规则》（国能发监管〔2024〕9 号），电网企业应当披露的公众信息包括哪些？

答案： 电网企业应当披露的公众信息包括以下内容：

（1）企业全称、企业性质、工商注册时间、统一社会信用代码、法定代表人、联系方式、供电区域等。

（2）与其他市场经营主体之间的股权关联关系信息。

（3）政府定价信息，包括输配电价、政府核定的输配电线损率、各类政府性基金及其他市场相关收费标准等。

（4）代理购电信息，包括代理购电电量及构成、代理购电电价及构成、代理购电用户分电压等级电价及构成等。

（5）其他政策法规要求向社会公众披露的信息。

🌐 18. 根据《电力市场信息披露基本规则》（国能发监管〔2024〕9 号），电网企业应当披露的公开信息包括哪些？

答案： 电网企业应当披露的公开信息包括以下内容：

（1）电力业务许可证（输电类、供电类）编号。

（2）发电机组装机、电量及分类构成（含独立储能）情况。

（3）年度发用电负荷实际情况。

（4）全社会用电量及分产业用电量信息（转载披露）。

（5）年度电力电量供需平衡预测及实际情况。

（6）输变电设备建设、投产情况。

（7）市场经营主体电费违约总体情况。

（8）需求响应执行情况。

🌐 19. 根据《电力市场信息披露基本规则》（国能发监管〔2024〕9 号），电网企业应当向特定市场成员披露的特定信息包括哪些？

答案： 电网企业应当向特定市场成员披露的特定信息包括以下内容：

（1）向电力用户披露历史用电数据、用电量等用电信息。

（2）经电力用户授权同意后，应允许市场经营主体获取电力用户历史用电数据、用电量等信息。

20. 根据《电力市场信息披露基本规则》（国能发监管〔2024〕9 号），市场运营机构应当披露的公众信息包括哪些？

答案： 市场运营机构应当披露的公众信息包括以下内容：

（1）电力交易机构全称、工商注册时间、股权结构、统一社会信用代码、法定代表人、服务电话、办公地址、网站网址等。

（2）电力市场公开适用的法律法规、政策文件、规则细则类信息，包括交易规则、交易相关收费标准，以及制定、修订市场规则过程中涉及的解释性文档等。

（3）业务标准规范，包括注册流程、争议解决流程、负荷预测方法和流程、辅助服务需求计算方法、电网安全校核规范、电力市场服务指南、数据通信格式规范等。

（4）信用信息，包括市场经营主体电力交易信用信息（经政府部门同意）、售电公司违约情况等。

（5）电力市场运行情况，包括市场注册、交易总体情况。

（6）强制或自愿退出且公示生效后的市场经营主体名单。

（7）市场结构情况，可采用 HHI、Top-m 等指标。

（8）市场暂停、中止、重新启动等情况。

（9）其他政策法规要求向社会公众披露的信息。

21. 根据《电力市场信息披露基本规则》（国能发监管〔2024〕9 号），市场运营机构应当披露的公开信息包括哪些？

答案： 市场运营机构应当披露的公开信息包括以下内容：

（1）报告信息，包括信息披露报告等定期报告、经国家能源局派出机构或者地方政府电力管理部门认定的违规行为通报、市场干预情况，电力现货市场第三方校验报告、经审计的收支总体情况（收费的电力交易机构披露）等。

（2）交易日历，包括多年、年、月、周、多日、日各类交易安排。

（3）电网主要网络通道示意图。

（4）约束信息，包括发输变电设备投产、检修、退役计划，关键断面输电通道可用容量，省间联络线输电可用容量，必开必停机组名单及总容量，开停机不满最小约束时间机组名单等。

（5）参数信息，包括市场出清模块算法及运行参数、价格限值、约束松弛惩罚因子、节点分配因子及其确定方法、节点及分区划分依据和详细数据等。

（6）预测信息，包括系统负荷预测、电力电量供需平衡预测、省间联络线输电曲线预测、发电总出力预测、非市场机组总出力预测、新能源（分电源类型）总出力预测、水电（含抽蓄）出力预测等。

（7）辅助服务需求信息，包括各类辅助服务市场需求情况，具备参与辅助服务市场的机组台数及容量、用户及售电公司总体情况。

（8）交易公告，包括交易品种、经营主体、交易方式、交易申报时间、交易合同执行开始时间及终止时间、交易参数、出清方式、交易约束信息、交易操作说明、其他准备信息等必要信息。

（9）中长期交易申报及成交情况，包括参与的主体数量、申报电量、成交的主体数量、最终成交总量及分电源类型电量、成交均价及分电源类型均价、中长期交易安全校核结果及原因等。

（10）绿电交易申报及成交情况，包括参与的主体数量、申报电量、成交的主体数量、最终成交总量、成交均价等。

（11）省间月度交易计划。

（12）现货、辅助服务市场申报出清信息，包括各时段出清总量及分类电源中标台数和电量、出清电价、输电断面约束及阻塞情况等。

（13）运行信息，包括机组状态、实际负荷、系统备用信息，重要通道实际输电情况、实际运行输电断面约束情况、省间联络线潮流、重要线路与变压器平均潮流，发输变电设备检修计划执行情况、重要线路非计划停运情况、发电机组非计划停运情况，非市场机组实际出力曲线，月度发用电负荷总体情况等。

（14）市场结算总体情况，包括结算总量、均价及分类构成情况，绿电交易结算情况，省间交易结算情况，不平衡资金构成、分摊和分享情况，偏差考核情况等。

（15）电力并网运行管理考核和返还明细情况，包括各并网主体分考核种类的考核费用、返还费用、免考核情况等。

（16）电力辅助服务考核、补偿、分摊明细情况，包括各市场经营主体分辅助服务品种的电量/容量、补偿费用、考核费用、分摊比例、分摊费用等。

（17）售电公司总体经营情况，包括售电公司总代理电量、户数、批发侧及零售侧结算均价信息，各售电公司履约保障凭证缴纳、执行情况，结合资产总额确定的售电量规模限额。

（18）交易总体情况，包括年度、月度、月内、现货交易成交均价及电量。

（19）发电机组转商情况，包括发电机组、独立储能完成整套设备启动试运行时间。

（20）到期未取得电力业务许可证的市场经营主体名单。

（21）市场干预情况原始日志，包括干预时间、干预主体、干预操作、干预原因，涉及《电力安全事故应急处置和调查处理条例》（中华人民共和国国务院令第 599 号）规定电力安全事故等级的事故处理情形除外。

🈳 22. 根据《电力市场信息披露基本规则》（国能发监管〔2024〕9 号），市场运营机构应当向特定市场成员披露的特定信息包括哪些？

答案： 市场运营机构应当向特定市场成员披露的特定信息包括以下内容：

（1）成交信息，包括各类交易成交量价信息。

（2）日前省内机组预计划。

（3）月度交易计划。

（4）结算信息，包括各类交易结算量价信息、绿证划转信息、日清算单（现货市场）、月结算依据等。

（5）争议解决结果。

23. 根据《电力市场信息披露基本规则》（国能发监管〔2024〕9 号），什么是信息调整？

答案： 信息调整是指市场成员扩增或变更本规则规定披露的信息，包括新增披露信息，变更披露内容、披露范围、披露周期等。

24. 根据《电力市场信息披露基本规则》（国能发监管〔2024〕9 号），市场成员信息调整的流程是什么？

答案： 市场成员信息调整的流程如下：

（1）市场成员可申请扩增或变更信息，申请人应当将申请发送至电力交易机构，内容应包括扩增或变更信息内容、披露范围、披露周期、必要性描述、申请主体名称、联系方式等。

（2）电力交易机构收到扩增或变更信息披露申请后在交易平台发布相关信息，征求市场成员意见。受影响的市场成员在信息发布后 7 个工作日反馈意见，电力交易机构汇总各市场成员的反馈意见并形成初步审核建议，报国家能源局或其派出机构审核，审核结果通过信息披露平台公示。

（3）申请审核通过后，电力交易机构组织相关信息披露主体开展披露工作。

（4）现货市场信息如有变更应及时发布变更说明。

25. 根据《电力市场信息披露基本规则》（国能发监管〔2024〕9 号），市场成员在信息保密工作中应遵守哪些规定？

答案： 市场成员在信息保密工作中应遵守的规定如下：

（1）任何市场成员不得违规获取或者泄露未经授权披露的信息。

（2）市场成员的工作人员未经许可不得公开发表可能影响市场成交结果的言论。

（3）市场成员应当建立健全信息保密管理制度，定期开展保密培训，明确保密责任，必要时应当对办公系统、办公场所采取隔离措施。

26. 根据《电力市场信息披露基本规则》（国能发监管〔2024〕9 号），电力市场信息封存是指什么、包含哪些信息？

答案： 信息封存是指对关键信息的记录留存。电力市场信息封存包含以下内容：

（1）运行日市场出清模型信息。

（2）市场申报量价信息。

（3）市场边界信息，包括外来（外送）电曲线、检修停运类信息、预测信息、新能源发电曲线、电网约束信息等。

（4）市场干预行为，包括修改计划机组出力、修改外来（外送）电出力、修改市场出清参数、修改预设约束条件、调整检修计划、调整既有出清结果等，应当涵盖人工干预时间、干预主体、干预操作、干预原因等。

（5）实时运行数据，包括机组状态、实际负荷等。

（6）市场结算数据、计量数据。

27. 根据《电力市场信息披露基本规则》（国能发监管〔2024〕9 号），市场成员出现哪些行为时，会纳入电力交易信用评价？

答案：市场成员出现以下行为时，会纳入电力交易信用评价：

（1）信息披露不及时、不准确、不完整的。

（2）制造传播虚假信息的。

（3）发布误导性信息的。

（4）其他违反信息披露有关规定的行为。

第八章　电力市场技术支持系统及应用

一、不定项选择题

1. 电力市场技术支持系统中的市场服务的功能包括（　　）。

A. 市场主体注册　　　　B. 交易数据申报　　　　C. 信息查询　　　　D. 市场出清

答案： ABC

2. 电力市场技术支持系统中的市场出清的功能包括（　　）。

A. 电能交易　　　　B. 交易数据申报　　　　C. 信息查询　　　　D. 市场互动服务

答案： ABCD

3. 电力市场技术支持系统中的市场结算的功能包括（　　）。

A. 结算模型管理　　　B. 中长期市场结算　　C. 现货市场交易　　D. 市场清算

答案： ABD

4. 电力市场技术支持系统功能规范要求包括（　　）。

A. 符合国家有关技术标准和行业标准　　　　B. 所有软、硬件模块应采用冗余配置

C. 应建立备用系统或并列双活运行系统　　　D. 满足市场全周期全品种结算要求

答案： ABCD

5. 电力交易平台主要包含（　　）。

A. 新一代电力交易平台　　　　　　　　B. 可再生能源消纳责任权重系统

C. 电力交易中心统一门户　　　　　　　D. "e-交易" App

答案： ABCD

6. "e-交易" App 可以实现的功能包括（　　）。

A. 查询、查看国家电网有限公司供电范围内各交易中心披露的信息资讯及信息披露

B. 可参与话题讨论，构建电力交易"朋友圈"

C. 为批发市场主体提供线上交易意向披露、洽谈

D. 对各省级行政区域内的可再生能源责任权重管理实施进行支撑

答案： ABC

二、填空题

💬 1. 电力市场技术支持系统中的市场合规包括（　　）、（　　）等功能。

答案： 市场风险管控　主体信用评价

💬 2. 新一代电力交易平台作为电力市场运营支撑的关键平台，承担了包含（　　）、（　　）、（　　）等业务功能。

答案： 中长期　现货　辅助服务

💬 3. 电力交易平台信息安全与保密工作遵循"（　　）；谁运行谁负责；谁使用谁负责；（　　）"的原则。

答案： 谁主管谁负责　管业务必须管安全

💬 4. 电力市场技术支持系统交互应支持多周期多品种电力交易全过程业务，相关数据交互应确保（　　）、（　　）、（　　），可支持市场出清的离线仿真。

答案： 流程清晰　数据准确　责任明晰

💬 5. 电力市场技术支持系统数据交互应满足（　　）、《电力监控系统安全防护规定》、（　　）等法律法规和相关文件要求。

答案： 《中华人民共和国网络安全法》　《电力监控系统安全防护方案》

三、判断题

❓ 1. 电力市场技术支持系统功能规范须符合国家有关技术标准和行业标准。（　　）

答案： 对

❓ 2. 电力市场技术支持系统的所有软、硬件模块应采用冗余配置。（　　）

答案： 对

❓ 3. 电力市场技术支持系统可以不满足市场全周期全品种结算要求。（　　）

答案： 错

❓ 4. 目前通过"e-交易"App 可以查询到全国各交易中心披露的信息。（　　）

答案： 错

❓ 5. 电力交易平台上线前，应通过具有信息安全测评资质的第三方安全测试机构的测试。（　　）

答案： 对

❓ 6. 电力交易平台上线前，应通过具有信息安全测评资质的第三方安全测试机构的测试。（　　）

答案： 对

⑦ 7. "e-交易"App 不属于电力交易平台中的一部分。（　　）

答案：错

四、简答题

📖 1. 根据《电力现货市场基本规则（试行）》（发改能源规〔2023〕1217 号），电力市场技术支持系统功能规范要求有哪些？

答案：电力市场技术支持系统功能规范要求如下：

（1）电力市场技术支持系统应符合国家有关技术标准和行业标准。

（2）电力市场技术支持系统所有软、硬件模块应采用冗余配置。

（3）电力市场技术支持系统应建立备用系统或并列双活运行系统，实现双套系统互为主备和并列运行，防止遭受严重自然灾害而导致的系统瘫痪。

（4）电力市场技术支持系统应保障电力市场运营所需的交易安全、数据安全和网络安全，并具备可维护性、适应性、稳定性，适应电力市场逐步发展完善的需要。

（5）电力市场技术支持系统须对电力市场的经营主体注册管理、数据申报、合同分解与管理、市场出清、调度计划编制、安全校核、辅助服务、市场信息发布、市场结算、市场运行监控等运作环节提供技术支撑，保障电力市场稳定运行。

（6）电力市场技术支持系统应具备数据校验功能，支持对规则配置和生效设置的校验，包括各类分项数据的单一合理性验证、各种关联数据的相关性验证。

（7）电力市场技术支持系统应能够按照相关要求和数据接口规范提供数据接口服务，支持市场成员按规定获取相关数据，市场成员在使用数据接口服务时应满足相关网络安全要求。

（8）电力市场技术支持系统应具备在线监测功能，按有关规定对市场运营情况进行监测，并向国家能源局派出机构、省（区、市）有关主管部门开放相应的访问权限。

（9）现货结算子系统应充分考虑未来发展趋势，统筹规划系统功能的维护管理与扩展升级，满足市场全周期全品种结算要求。

📖 2. 根据《电力现货市场基本规则（试行）》（发改能源规〔2023〕1217 号），电力市场技术支持系统第三方校验要求有哪些？

答案：电力市场技术支持系统第三方校验要求如下：

（1）电力市场技术支持系统投入运行前，应由国家能源局派出机构、省（区、市）有关主管部门组织第三方开展市场出清软件的标准算例校验。

（2）电力市场技术支持系统应通过第三方校验，确保电力现货市场技术支持系统算法模型、市场出清功能和结果与现货市场规则一致，同时满足出清时效性及实用性的要求。

（3）电力市场技术支持系统由国家能源局派出机构、省（区、市）有关主管部门遵循利益回避原则组织独立第三方开展校验。

📖 3. 根据《电力现货市场基本规则（试行）》（发改能源规〔2023〕1217 号），电力市场技术支持系统数据交互和管理的要求有哪些？

答案： 电力市场技术支持系统数据交互和管理的要求如下：

（1）电力市场技术支持系统交互应支持多周期多品种电力交易全过程业务，相关数据交互应确保流程清晰、数据准确、责任明晰，可支持市场出清的离线仿真。

（2）电力市场技术支持系统数据交互应满足《中华人民共和国网络安全法》《电力监控系统安全防护规定》《电力监控系统安全防护方案》等法律法规和相关文件要求。

（3）电力市场技术支持系统交换数据精度应满足电力市场运行规则要求。

（4）电力市场技术支持系统交换的数据应由市场运营机构、经营主体和承担计量、资金结算等服务的单位按各自职责进行采集、提供和核验，并负责数据准确性。

4. 什么是电力市场技术支持系统？

答案： 电力市场技术支持系统是支持电力市场运营的计算机、数据网络与通信设备、各种技术标准和应用软件的有机组合，包括现货市场技术支持系统、电力交易平台等。

5. 为满足全国统一电力市场新业务需求，新一代电力交易平台包含哪几大应用？

答案： 新一代电力交易平台包含市场服务、市场出清、市场结算、信息发布、市场合规、系统管理六大应用。

6. 电力交易平台主要包括哪四部分？

答案： 电力交易平台主要包括新一代电力交易平台、可再生能源消纳责任权重系统、电力交易中心统一门户、"e-交易" App 四个部分。

7. 目前"e-交易" App 可以实现哪些功能？

答案： 目前，"e-交易" App 可以实现以下功能：

（1）查询、查看国家电网有限公司供电范围内各交易中心披露的信息资讯及信息披露，包含要闻、行业、市场公告等。

（2）可参与话题讨论，构建电力交易"朋友圈"。

（3）为批发市场主体提供线上交易意向披露、洽谈。

8. 可再生能源消纳责任权重系统中的可再生能源消纳责任权重核算的业务流程是什么？

答案： 可再生能源消纳责任权重系统中的可再生能源消纳责任权重核算的业务流程如下：

（1）国家下达本年度各省可再生能源消纳责任权重。

（2）各省政府制定本省实施方案。

（3）责任主体在交易中心注册。

（4）交易中心建立责任主体消纳账户。

（5）责任主体实际消纳可再生能源。

（6）电力交易平台每月生成消纳量，其中与可再生能源直接交易的主体按照结算数据生成消纳量，未接入公用电网责任主体每月将政府认定发用电数据发交易中心，电网企业统购电量向责任主体分摊。

（7）交易中心实时统计、监测和预警各责任主体消纳电量完成情况。

（8）交易中心计算消纳责任完成情况、超额消纳量。

（9）各省电力交易中心组织省内超额消纳凭证交易。

（10）北京电力交易中心、广州电力交易中心联合组织全国超额消纳凭证交易、补充绿证交易。

9. 电力交易平台信息安全与保密管理原则是什么？主要任务是什么？

答案：电力交易平台信息安全与保密工作遵循"谁主管谁负责；谁运行谁负责；谁使用谁负责；管业务必须管安全"的原则。

电力交易平台信息安全与保密管理的主要任务是确保电力交易平台持续、稳定、可靠运行，保障电力交易工作正常、有序开展；加强电力交易平台账号、权限、流程、密码管理，保障正确授权操作；加强电力交易信息安全与保密管理，防止数据信息泄露或毁损。

10. 电力交易平台的安全测试管理要求有哪些？

答案：电力交易平台的安全测试管理要求如下：

（1）电力交易平台在开发过程中应同步开展代码安全检查和安全测试工作。

（2）平台承建单位应严格落实内部安全测试机制，完善内部安全测试手段。在提交第三方安全测试前应进行出厂前安全测试，并提交测试报告。

（3）平台上线前，应通过具有信息安全测评资质的第三方安全测试机构的测试。

（4）重视对用户隐私数据的保护，禁止在测试中使用实际业务生产数据。

（5）平台承建单位应遵循软件著作权管理要求，及时将软件著作权资料移交至软件著作权受托管理单位，确保提交资料的真实性、完整性和可用性，确保提交代码与安全测试通过代码、现场部署实施代码版本一致。

11. 电力交易平台的安全测评管理要求有哪些？

答案：电力交易平台的安全测评管理要求如下：

（1）定期组织开展电力交易平台的等级保护测评和整改工作。

（2）等级保护测评机构应具有国家信息系统安全等级保护管理机构的推荐资质，从事等级测评的人员应具有等级测评师资质。

（3）从事电力交易平台等级测评工作的机构应履行《电力行业信息安全等级保护管理办法》相关义务和责任。

第九章　合规建设

一、不定项选择题

1. 以下属于电力交易机构负责的履约保函工作的是（　　　）。

A. 负责经营主体的履约保函管理　　　　B. 接受电网企业履约保函的使用申请

C. 向经营主体发出履约保函执行告知书　　D. 要求履约保函的开立单位支付款项

答案： ABCD

2. 以下主体中可以开立履约保函书面信用担保凭证的是（　　　）。

A. 银行　　　　　　B. 保险公司　　　　　C. 担保公司　　　　　D. 担保人

答案： ABCD

3. 未执行现货的地区，售电公司参与批发交易前，应按（　　　）向电力交易机构提交
履约保函或者履约保险等履约保障凭证。

A. 过去 12 个月批发市场交易总电量，按标准不低于 0.8 分/kWh

B. 过去 2 个月内参与批发、零售两个市场交易电量的大值，按标准不低于 5 分/kWh

C. A、B 中的最大值

D. 以上均不对

答案： C

4. 履约保函工作中电力交易机构的职责为（　　　）。

A. 负责拟定履约保函、保险管理制度

B. 负责履约保函、保险单的接收、管理、退还

C. 负责履约保函、保险单的执行情况记录

D. 要求履约保函、保险单的履约额度跟踪

答案： ABCD

5. 市场主体信用评价中的场内指标包含（　　　）。

A. 全过程指标　　　B. 奖励指标　　　　　C. 惩罚指标　　　　　D. 预警指标

答案： ABCD

6. 以下选项中属于市场主体信用评价中信用等级的是（　　　）。

A. A　　　　　　　B. B　　　　　　　　C. C　　　　　　　　D. D

答案：ABC

二、填空题

💬 1. 对于在多个省（区、市）开展售电业务的售电公司，需分别提交（　　）或（　　）。
答案：履约保函　保险

💬 2. 履约保函、保险提交主体为（　　），受益人为（　　）。
答案：售电公司　与其签署资金结算协议的电网企业

💬 3. 连续（　　）未进行实际交易的售电公司，电力交易机构征得地方主管部门同意后暂停其交易资格，重新参与交易前须（　　）。
答案：12个月　再次进行公示

💬 4. 市场合规应用是基于市场规则，为（　　）、（　　）和市场主体信用评价提供业务支撑，保障电力市场合规运行的应用。
答案：市场分析　业务管控

💬 5. 省级电力交易中心制定履约保函、保险管理制度，经本省（　　）审议后，报本省（　　）备案，公开发布。
答案：市场管理委员会　主管部门

💬 6. 售电公司提交的履约保函额度超过（　　），可向省级电力交易中心申请退还多缴的履约保函，省级电力交易中心在接到申请的（　　）内办理退还。
答案：规定标准　3个工作日

三、判断题

❓ 1. 对于在多个省（区、市）开展售电业务的售电公司，已在首注地提交了履约保函或保险，无需在其他省（区、市）提交履约保函或保险。（　　）
答案：错

❓ 2. 制定履约保函的相关制度不需要通过市场管理委员会审议，只需要报地方主管部门备案即可实施。（　　）
答案：错

❓ 3. 电力交易机构应于履约保函、保险执行前向市场主体公示售电公司欠费情况。（　　）
答案：对

❓ 4. 连续 12 个月未进行实际交易的售电公司，电力交易机构征得地方主管部门同意后暂停其交易资格，重新参与交易前无须再次进行公示。（　　）

答案： 错

❓ 5. 市场主体信用评价中的信用等级为 A 级表示企业信用程度优良。（　　）

答案： 错

四、简答题

📑 1. 电力市场的履约保函如何定义？

答案： 电力市场的履约保函又称信用保证书，是指银行、保险公司、担保公司或担保人应申请人或企业的请求，向受益人或企业及第三方（电力交易机构）开立的一种书面信用担保凭证，以书面形式出具的、凭提交与承诺条件相符的书面索款通知和其他类似单据即行付款的保证文件。

📑 2. 电力交易机构负责履约保函的哪些工作？

答案： 电力交易机构负责经营主体的履约保函管理，接受电网企业履约保函、保险的使用申请，要求履约保函、保险的开立单位支付款项，向经营主体发出履约保函、保险执行告知书并做好相关信用评价管理记录。

📑 3. 根据《售电公司管理办法》（发改体改规〔2021〕1595 号），售电公司参与批发和（或）零售市场交易前，应通过哪种额度的最大值向电力交易机构提交履约保函或者履约保险等履约保障凭证？

答案：（1）过去 12 个月批发市场交易总电量，按标准不低于 0.8 分/kWh。

（2）过去 2 个月内参与批发、零售两个市场交易电量的大值，按标准不低于 5 分/kWh。

（3）现货市场地区，地方主管部门可以根据市场风险状况，适当提高标准，具体标准由各地自行确定。

📑 4. 根据《售电公司管理办法》（发改体改规〔2021〕1595 号），在履约保函工作中电力交易机构有哪些职责？

答案： 电力交易机构应拟定履约保函、保险管理制度，并负责履约保函、保险单的接收、管理、退还、使用申请、执行情况记录、履约额度跟踪和通报程序。

📑 5. 根据《售电公司管理办法》（发改体改规〔2021〕1595 号），售电公司未缴纳或未足额缴纳相关结算费用，电网企业应该如何处理？

答案： 若售电公司未缴纳或未足额缴纳相关结算费用，电网企业可根据电力交易机构出具的结算依据申请使用履约保函、保险，并由电力交易机构向履约保函、保险开立单位出具原件，要求支付款项，同时向相关市场主体发出执行告知书，说明售电公司欠费情况，并做好相关信用管理和交易工作。

6. 根据《售电公司管理办法》(发改体改规〔2021〕1595 号),如何建立售电公司履约额度跟踪预警机制?

答案: 电力现货市场结算试运行期间,电力交易机构动态监测售电公司运营履约额度与实际提交的履约保函或保险额度,每日上报地方主管部门,按周上报国家主管部门;非电力现货试点地区以及电力现货市场未结算试运行期间,电力交易机构按周动态监测上报地方主管部门,按月上报国家主管部门。发现实际提交的履约保函、保险额度不足时及时通知售电公司补缴。售电公司应在接到电力交易机构通知的 3 个工作日内,向电力交易机构提交足额履约保函、保险,满足市场交易信用要求。如售电公司提交的履约保函额度超过规定标准,可向电力交易机构申请退还多缴的履约保函。

7. 根据《售电公司管理办法》(发改体改规〔2021〕1595 号),售电公司未按时足额缴纳履约保函、保险,经电力交易机构书面提醒仍拒不足额缴纳的,应对其实施哪些措施?

答案: (1)取消其后续交易资格。

(2)在电力交易平台、"信用中国"网站等政府指定网站公布该售电公司相关信息和行为。

(3)公示结束后按照国家有关规定,对该企业法定代表人、自然人股东、其他相关人员依法依规实施失信惩戒。

(4)其所有已签订但尚未履行的购售电合同由地方主管部门征求合同购售电各方意愿,通过电力交易平台转让给其他售电公司。

8. 根据《电力交易平台术语》(Q/GDW 10821—2021),什么是合规风险?

答案: 合规风险是指未遵循国家政府部门颁布的法律、法规、条例、规则而可能受到法律制裁、监管处罚、重大财务损失或声誉损失的风险。

9. 根据《电力交易平台术语》(Q/GDW 10821—2021),市场主体信用评价和信用评价指标体系分别指什么?

答案: 市场主体信用评价是指电力交易中心对已经参与市场交易、符合市场准入条件即将参与市场交易的市场主体,就其社会信用、交易信用开展的采集、评价、确定、发布和应用等活动。

信用评价指标体系是指市场主体信用评价活动中的若干个相互联系的统计指标所组成的有机体,定义了指标名称、指标内容(计算公式)和评分标准等内容。

10. 根据《电力交易平台术语》(Q/GDW 10821—2021),市场主体信用评价可以分为哪两大类指标,分别是什么?

答案: 市场主体信用评价指标可以分为场外指标、场内指标。

(1)场外指标是指市场主体在企业运行、财务管理、社会履约、行政管理等过程中产生或者获取的,电力交易中心可以采集或者其自身可以申报的,用以识别、分析、判断市场主体守法、财务、履约情况的指标。

(2)场内指标是指被评价市场主体在参与电力交易过程中合规行为的指标,包括全过程指标、奖励指标、惩罚指标、预警指标。

11. 根据《电力交易平台术语》（Q/GDW 10821—2021），市场主体信用评价中的场内指标包含哪几类指标，分别是什么？

答案： 市场主体信用评价中的场内指标包含全过程指标、奖励指标、惩罚指标、预警指标。

（1）全过程指标是指被评价市场主体在市场准入、参与交易、合同签订、经费结算、信息公开等交易全过程中的信用行为指标。

（2）奖励指标是指判断市场主体参与电力交易市场建设和完善交易管理制度积极性的指标。

（3）惩罚指标是指判断市场主体违法违规行为程度的指标，包含交易管理中的不正当竞争、合同管理中的不履行交易结果以及信息公开中的虚假信息。

（4）预警指标是指评价交易过程中市场主体发生不良市场行为可能性的指标。

12. 根据《电力交易平台术语》（Q/GDW 10821—2021），市场主体信用评价中的信用等级分几级，分别代表什么？

答案： 市场主体信用评价中的信用等级分为 AAA、AA、A、B、C 五个级别。

AAA 表示企业信用程度极好；AA 表示企业信用程度优良；A 表示企业信用程度较好；B 表示企业信用程度一般；C 表示企业信用程度很差。

13. 根据《售电公司市场注册及运营服务规范指引》（京电交市〔2022〕25 号），省级电力交易中心该如何建立履约保函、保险机制？

答案： 省级电力交易中心配合本省主管部门，建立售电公司履约保函、保险机制，售电公司参与批发和（或）零售市场交易前，提交履约保障凭证。保障凭证为履约保函或者履约保险等方式，原则上为书面凭证，具备条件可为电子凭证。分析评估本省中长期市场、现货市场风险状况，按照《售电公司管理办法》（发改体改规〔2021〕1595 号）第二十四条规定明确售电公司提交履约保函、保险的额度标准，不得设置上下限或分段额度。对于没有历史交易电量参考的售电公司，按其预测交易电量规模和标准计算缴纳额度。

14. 根据《售电公司市场注册及运营服务规范指引》（京电交市〔2022〕25 号），省级电力交易中心该如何制定履约保函、保险管理制度？

答案： 省级电力交易中心制定履约保函、保险管理制度，经本省市场管理委员会审议后，报本省主管部门备案，公开发布。管理制度不得为售电公司开具履约保函、保险的金融机构（含非银行金融机构）设置地域、机构类型等显失公平的限制条件。

15. 根据《售电公司市场注册及运营服务规范指引》（京电交市〔2022〕25 号），售电公司在多省开展售电业务，应如何提交履约保函、保险？

答案： 在多个省（区市）开展售电业务的售电公司，按参与各省（区、市）市场交易电量和所在省（区、市）的标准，分别向相关省级电力交易中心提交履约保函、保险。

16. 根据《售电公司市场注册及运营服务规范指引》（京电交市〔2022〕25 号），售电公

司履约保障凭证审核、额度监测、补缴、退还机制的流程是什么？

答案： 省级电力交易中心对售电公司提交的履约保函、保险是否真实有效，额度是否符合标准进行审核，售电公司应当配合开展核查工作。动态监测售电公司运营履约额度与实际提交的履约保函或保险额度，发现实际提交的履约保函、保险额度不足时，发出书面提醒，通知售电公司补缴。售电公司在接到通知的 3 个工作日内，向省级电力交易中心提交足额履约保函、保险。提交的履约保函额度超过规定标准，可向省级电力交易中心申请退还多缴的履约保函，省级电力交易中心在接到申请的 3 个工作日内办理退还。

17. 根据《售电公司市场注册及运营服务规范指引》（京电交市〔2022〕25 号），售电公司信用评价流程是什么？

答案： 按照公平、公正、公开原则，各电力交易中心对在本地开展交易的所有售电公司定期进行信用评价，并将评价工作情况报送政府主管部门和能源监管部门。售电公司应及时根据指标内容要求向售电范围省电力交易中心提交参评材料，逾期未按要求提交的参评主体，其参评材料涉及的评价指标维度以零分计。

五、论述题

1. A 省暂未执行现货，甲、乙售电公司在参与 2024 年 3 月批发交易前，甲、乙售电公司应分别按何种额度向电力交易机构提交履约保函或者履约保险等履约保障凭证？（表 9-1 为甲、乙售电公司近一年的批发交易电量）

表 9-1　　　　　　　甲、乙售电公司近一年批发交易电量　　　　　单位：MWh

时间	甲售电公司	乙售电公司
2023 年 3 月	640000	30000
2023 年 4 月	580000	32000
2023 年 5 月	640000	34000
2023 年 6 月	650000	36000
2023 年 7 月	700000	38000
2023 年 8 月	750000	40000
2023 年 9 月	800000	42000
2023 年 10 月	850000	41000
2023 年 11 月	650000	40000
2023 年 12 月	700000	39000
2024 年 1 月	750000	30000
2024 年 2 月	840000	33000

答案： 甲售电公司：按过去 12 个月电量计算保函 =（640000 + 580000 + 640000 + 650000 + 700000 + 750000 + 800000 + 850000 + 650000 + 700000 + 750000 + 840000）× 8 元/MWh = 6840（万元）。

按过去 2 个月电量计算保函 =（750000+800000）×50 元/MWh = 7950（万元）。

故甲售电公司应按 7950 万元的标准提交履约保函或者履约保险。

乙售电公司：按过去 12 个月电量计算保函 =（30000 + 32000 + 34000 + 36000 + 38000 + 40000 + 42000 + 41000 + 40000 + 39000 + 30000 + 33000）×8 元/MWh = 356.8（万元）。

按过去 2 个月电量计算保函 =（30000 + 33000）×50 元/MWh = 315（万元）。

故乙售电公司应按 356.8 万元的标准提交履约保函或者履约保险。

2. 根据《售电公司市场注册及运营服务规范指引》（京电交市〔2022〕25 号），售电公司履约保函、保险申请和执行的流程是什么？

答案： 售电公司未在电力交易中心正式发布结算单后的规定时限内足额支付相关结算费用时，电网企业可根据电力交易中心出具的结算依据申请使用履约保函、保险，省级电力交易中心收到电网企业使用售电公司履约保函、保险申请后，启动执行程序。首先，向市场主体公示售电公司欠费情况，公示期为 3 个工作日。公示结束无异议，向履约保函、保险开立单位要求支付款项，同时向相关售电公司发出执行告知书。额度不足时，执行告知书通知补缴结算费用差额和时限，售电公司在规定时限内足额缴纳相关结算费用。做好信用管理，及时将售电公司违反电力交易合同欠费等违约行为纳入信用评价。

3. 根据《售电公司市场注册及运营服务规范指引》（京电交市〔2022〕25 号），售电公司履约保函、保险统计与报告的流程是什么？

答案： 省级电力交易中心及时统计售电公司的运营履约额度、实际提交履约保函或保险额度、执行情况、欠缴情况等信息，建立报告机制。电力现货市场结算试运行期间，每日上报本省主管部门，按周上报国家主管部门。非电力现货试点地区以及电力现货市场未结算试运行期间，按周上报本省主管部门，按月上报国家主管部门。统计信息上报地方及国家主管部门的同时抄报北京电力交易中心。

4. 根据《售电公司市场注册及运营服务规范指引》（京电交市〔2022〕25 号），售电公司自愿或强制退出市场后，如何退还履约保函？

答案： 售电公司自愿或强制退出市场后，可以向电力交易机构申请退还履约保函。在完成该售电公司本年度全部结算程序，向电网企业核实履约保函理赔情况后，电力交易机构应退还其剩余履约保函。退回保函时售电公司应提供书面申请（需加盖单位公章）、政府相关部门同意或强制该售电公司退出电力市场的相关文件（如有）、法人授权委托书及被授权人身份证明复印件等资料。

第十章 电力市场政策解析

一、不定项选择题

1. 2020 年 9 月 22 日，习近平总书记在第 75 届联合国大会一般性辩论上郑重宣布："中国将提高国家自主贡献力度，采取更加有力的政策和措施，二氧化碳排放力争（　　）前达到峰值，努力争取 2060 年前实现碳中和。"

A. 2025 年　　　　　　B. 2030 年　　　　　　C. 2035 年　　　　　　D. 2040 年

答案：B

2. 实现"双碳"目标，关键在于（　　），在能源供给侧构建多元化清洁能源供应体系，在能源消费侧全面推进电气化和节能提效。

A. 推动能源清洁低碳安全高效利用　　　　B. 大力发展综合能源业务

C. 加快建设抽水蓄能电站　　　　　　　　D. 提高供电可靠性

答案：A

3. "四个革命、一个合作"能源发展新战略中，"四个革命"是指推动能源（　　），抑制不合理能源消费；推动能源（　　），建立多元供应体系；推动能源（　　），带动产业升级；推动能源（　　），打通能源发展快车道。

A. 利用革命，生产革命，科技革命，体制革命

B. 消费革命，供给革命，技术革命，体制革命

C. 消费革命，生产革命，技术革命，体制革命

D. 消费革命，供给革命，技术革命，机制革命

答案：B

4.《"十四五"可再生能源发展规划》（发改能源〔2021〕1445 号）中提到，2025 年，全国可再生能源电力总量消纳责任权重达到（　　）左右，可再生能源电力非水电消纳责任权重达到（　　）左右，可再生能源利用率保持在合理水平。

A. 30%，15%　　　　B. 33%，18%　　　　C. 40%，20%　　　　D. 30%，18%

答案：B

5. 在《中共中央国务院关于完整准确全面贯彻新发展理念做好碳达峰碳中和工作的意见》中，以下属于加快构建清洁低碳安全高效能源体系中的发展非化石能源举措的是

（　　　）。

A. 大力发展风能、太阳能、生物质能、海洋能、地热能，提高非化石能源消费比重

B. 坚持集中式和分布式并举，优先推动风能、太阳能就近开发利用

C. 因地制宜开发水电，积极安全有序发展核电，

D. 构建以新能源为主体的新型电力系统，提高电网对高比例可再生能源的消纳和调控能力

答案：ABCD

6. 在《中共中央国务院关于完整准确全面贯彻新发展理念做好碳达峰碳中和工作的意见》中，以下属于加快构建清洁低碳安全高效能源体系中的深化能源体制机制改革举措的是（　　　）。

A. 培育配售电环节独立市场主体

B. 完善中长期市场、现货市场和辅助服务市场衔接机制

C. 形成以储能和调峰能力为基础的新增电力装机发展机制

D. 深化电价改革，理顺输配电价结构，放开竞争性环节电价。

答案：ABCD

7.《2030 年前碳达峰行动方案》（国发〔2021〕23 号）中，推进煤炭消费替代和转型升级的举措包括（　　　）。

A. 加快煤炭减量步伐，"十四五"合理控制煤炭消费增长，"十五五"逐步减小

B. 严格控制新增煤电项目，新建机组煤耗标准达到国际先进水平，淘汰落后产能

C. 加快机组节能升级和灵活性改造，向基础保障性和系统调节性电源转变

D. 严控跨区外送可再生能源电力配套煤电规模

答案：ABCD

8.《2030 年前碳达峰行动方案》（国发〔2021〕23 号）中，加快建设新型电力系统的举措包括（　　　）。

A. 加快灵活调节电源建设，引导高载能工业负荷、工商业可中断负荷、电动汽车充电网络、虚拟电厂等参与系统调节

B. 建设坚强智能电网，提升电网安全保障水平和系统综合调节能力

C. 积极发展源网荷储一体化和多能互补、支持分布式新能源合理配置储能

D. 深化电力体制改革，加快构建全国统一电力市场体系

答案：ABCD

9. 在《国家发展改革委　国家能源局关于完善能源绿色低碳转型体制机制和政策措施的意见》中，以下为完善新型电力系统建设和运行机制的措施的是（　　　）。

A. 加强新型电力系统顶层设计

B. 完善适应可再生能源局域深度利用和广域输送的电网体系

C. 健全适应新型电力系统的市场机制

D. 完善电力需求响应机制和区域综合能源服务机制
答案：ABCD

⚡ 10. 在《国家发展改革委 国家能源局关于完善能源绿色低碳转型体制机制和政策措施的意见》中，以下属于完善引导绿色能源消费制度和政策的措施的是（　　）。
A. 完善能耗"双控"和非化石能源目标制度
B. 建立健全绿色能源消费促进机制
C. 完善工业、建筑、交通领域绿色能源消费支持政策
D. 加快建设全国碳排放权交易市场、用能权交易市场、绿色电力交易市场
答案：ABCD

⚡ 11. 构建新型电力系统的基本原则包括（　　）。
A. 服务大局、系统观念　　　　　B. 问题导向、科技创新
C. 统筹安全和发展　　　　　　　D. 统筹保供和转型
答案：ABCD

⚡ 12. 新型电力系统是传统电力系统的跨越升级，从供给侧看，（　　）将逐步成为装机和电量主体。
A. 化石能源　　　B. 风能　　　C. 核能　　　D. 新能源
答案：D

⚡ 13. 以新能源为主体的新型电力系统，将推动（　　），加快以电力为中心的清洁低碳高效、数字智能互动的能源体系建设。
A. 电源侧清洁化　　B. 电网侧智能化　　C. 电网侧自动化　　D. 用户侧电气化
答案：ABD

⚡ 14. 关于新型电力系统，以下表述正确的是（　　）。
A. 安全高效是基本前提　　　　　B. 清洁低碳是核心目标
C. 柔性灵活是重要支撑　　　　　D. 智能电网是基础保障
答案：ABC

⚡ 15. 构建新型电力系统技术标准支撑体系，在电力市场领域主要涉及的标准包括（　　）。
A. 系统设计架构及接口规范　　　B. 市场接入标准
C. 市场结算体系标准　　　　　　D. 数据交互标准
答案：ABCD

⚡ 16. 新型能源体系的建设将促使新型电力系统基础产业形成全新的协同发展模式，这种协同体现在（　　）、（　　）、（　　）等各个维度。

A. 电力与生态系统的紧密协同   B. 产业链上下游的有效协同

C. 海量市场主体的高效协同   D. 产业创新技术的发展协同

答案：ABC

17.《中共中央 国务院关于进一步深化电力体制改革的若干意见》（中发 9 号文）于（   ）年提出。

A. 2000   B. 2002   C. 2012   D. 2015

答案：D

18. 自 2002 年电力体制改革实施以来，在党中央、国务院的领导下，电力行业破除了独家办电的体制束缚，从根本上改变了（   ）和（   ）、（   ）等问题，初步形成了电力市场主体多元化竞争格局。

A. 指令性计划体制   B. 政企不分   C. 厂网不分   D. 竞争不充分

答案：ABC

19.《中共中央 国务院关于进一步深化电力体制改革的若干意见》（中发〔2015〕9 号）中关于推进电力体制改革的重点任务包括（   ）。

A. 有序推进电价改革，理顺电价形成机制

B. 推进电力交易体制改革，完善市场化交易机制

C. 建立相对独立的电力交易机构，形成公平规范的市场交易平台

D. 推进发用电计划改革，更多发挥市场机制的作用

答案：ABCD

20. 在电力改革方面，《中共中央 国务院关于进一步深化电力体制改革的若干意见》（中发〔2015〕9 号）要求巩固"管住中间、放开两头"的体制架构，加快建设（   ），发挥市场在资源配置中的决定性作用。

A. 全国统一电力市场   B. 省级电力市场   C. 两级电力市场   D. 国际电力市场

答案：A

21. 根据《关于推进输配电价改革的实施意见》，我国首批开展输配电价改革的试点省份（市、地区）包括（   ）。

A. 深圳市   B. 蒙西地区   C. 山西省   D. 四川省

答案：AB

22. 根据《关于有序放开发用电计划的实施意见》，优先购电用户原则上（   ）限电，初期（   ）市场竞争。

A. 参与，参与   B. 参与，不参与   C. 不参与，参与   D. 不参与，不参与

答案：D

23. 根据《关于有序放开发用电计划的实施意见》，对水电比重大的地区，直接交易应区分（   ）、（   ）电量。

A. 丰水期，枯水期　　　B. 峰，谷　　　　　　C. 一档，二档　　　D. 平，谷

答案：A

24. 根据《关于有序放开发用电计划的通知》，参与市场交易的电力用户不再执行目录电价。除优先购电、优先发电对应的电量外，发电企业其他上网电量价格主要由用户、售电主体与发电企业通过（   ）、（   ）等方式确定。

A. 自主协商，市场竞价　　　　　　　B. 自主协商，集中竞价

C. 自主交易，市场竞价　　　　　　　D. 自主交易，集中竞价

答案：A

25. 金融合同仅约定财务交割责任，不作为市场主体发用电计划制定依据，其交易形式包括（   ）。

A. 远期　　　　　　　B. 期货　　　　　　C. 期权　　　　　　D. 互换

答案：ABCD

26. 我国实行（   ）的优先发电计划电量通过市场化方式形成价格。

A. 保量竞价　　　　　B. 保量保价　　　　C. 保量限价　　　D. 竞量保价

答案：C

27. 电力交易机构应搭建公开透明、功能完善的电力交易平台，依法依规提供（   ）、（   ）、（   ）、（   ）的电力交易服务，形成公平公正、有效竞争的市场格局。

A. 规范　　　　　　　B. 可靠　　　　　　C. 高效　　　　　　D. 优质

答案：ABCD

28. 我国交易机构体系框架包括相对独立的（   ）和（   ）交易机构。

A. 全国统一　　　　　B. 区域　　　　　　C. 省级　　　　　　D. 市级

答案：BC

29. 优先发电机组和有基数电量的发电机组，其（   ）交易、执行和结算均需符合《电力中长期交易基本规则》（发改能源规〔2020〕889号）的相关规定。

A. 全部电量　　　　　B. 计划电量　　　　C. 合同电量　　　D. 基数电量

答案：A

30. 推进电力市场建设的实施路径主要包括（   ）。

A. 有序放开发用电计划　　　　　　　B. 有序放开竞争性环节电价

C. 扩大直接交易主体范围和电量规模　　D. 建立市场化的跨区跨省电力交易机制

答案：ABCD

31. 电力市场模式分为（　　）和（　　）。

A. 集中式市场　　　　　B. 分散式市场　　　　　C. 中长期市场　　　　　D. 现货市场

答案：AB

32. 交易机构可以采取（　　）、（　　）、（　　）等组织形式。

A. 电网企业全资控股的公司制　　　　　B. 电网企业相对控股的公司制

C. 电网企业子公司制　　　　　D. 会员制

答案：BCD

33. 市场管理委员会可由（　　）等按类别选派代表组成。

A. 电网企业　　　　　B. 发电企业　　　　　C. 售电公司　　　　　D. 电力用户

答案：ABCD

34. 无议价能力的用户用电，通过建立优先发电制度保障（　　）、（　　）优先上网，通过直接交易、电力市场等市场化交易方式，逐步放开其他的发用电计划。

A. 清洁能源发电　　　　　B. 调节性电源发电　　　　　C. 常规火电　　　　　D. 大型水电

答案：AB

35. 按照市场化方向，改善电力运行调节，统筹市场与计划两种手段，引导（　　）、（　　）资源积极参与调峰调频，保障电力电量平衡，提高电力供应的安全可靠水平。

A. 供应侧　　　　　B. 电网侧　　　　　C. 需求侧　　　　　D. 用户侧

答案：AC

36. 优先购电是指按照（　　）优先购买电力电量，并获得优先用电保障。

A. 上网电价　　　　　B. 交易电价　　　　　C. 用户电价　　　　　D. 政府定价

答案：D

37. 优先购电用户的适用范围包括（　　）。

A. 一产用电

B. 三产中的重要公用事业、公益性服务行业用电

C. 居民生活用电

D. 工商业用电

答案：ABC

38. 以下属于优先购电保障措施的是（　　）。

A. 发电机组共同承担优先购电电量　　　　　B. 加强需求侧管理

C. 实施有序用电　　　　　D. 加强老少边穷地区电力供应保障

答案：ABCD

39. 优先发电的适用范围包括（　　）。

A. 省内纳入规划的风电、太阳能、生物质能

B. 满足调峰调频和电网安全需要的调峰调频电量

C. 保障供热需要的热电联产机组

D. 国家计划、地方政府协议送电量

答案： ABCD

40. 售电公司分为（　　）。

A. 电网企业的售电公司 　　　　　　B. 有配电网运营权的售电公司

C. 独立售电公司 　　　　　　　　　D. 发电企业的售电公司

答案： ABC

41.《国家发展改革委　国家能源局关于改善电力运行调节促进清洁能源多发满发的指导意见》中，提出要统筹年度电力电量平衡，积极促进清洁能源消纳。其中，（　　）。

A. 风电、光伏、生物质发电按照本地区资源条件全额安排发电

B. 水电兼顾资源条件和历史均值确定发电量

C. 核电在保证安全的情况下兼顾调峰需要安排发电

D. 气电根据供热、调峰及平衡需要确定发电量

答案： ABCD

42.《国家发展改革委　财政部关于完善电力应急机制做好电力需求侧管理城市综合试点工作的通知》（发改运行〔2015〕703号）中，提出实施电力需求侧管理，（　　）。

A. 有利于削减或转移高峰用电负荷，化解高峰电力短缺问题

B. 有利于提升电力应急保障能力，保障电力供需平衡和生产生活秩序

C. 有利于消纳可再生能源发电，推动智能电网的应用和发展

D. 有利于节约大量电源电网投资，提升用能管理、企业管理、社会管理水平

答案： ABCD

43.《关于积极推进电力市场化交易进一步完善交易机制的通知》（发改运行〔2018〕1027号）中，推动各类发电企业进入市场，主要包括（　　）。

A. 中发〔2015〕9号文颁布后核准的煤电机组，原则上不安排发电计划

B. 妥善处理电价交叉补贴的前提下，有序放开水电参与电力市场

C. 推进规划内的可再生能源在保障利用小时之外参与直接交易

D. 有序开展分布式发电市场化交易试点

答案： ABCD

44. 根据《关于加快建设全国统一电力市场体系的指导意见》（发改体改〔2022〕118号），为加快建设全国统一电力市场体系，所提出的工作原则包括（　　）。

A. 总体设计，稳步推进 　　　　　　B. 支撑转型，安全可靠

C. 立足国情，借鉴国际　　　　　　　　D. 统筹兼顾，做好衔接

答案： ABCD

45. 推进适应能源结构转型的电力市场机制建设，加快形成（　　）的电力市场体系。

A. 统一开放　　　　B. 竞争有序　　　　C. 安全高效　　　　D. 治理完善

答案： ABCD

46. 依据《关于加快建设全国统一电力市场体系的指导意见》（发改体改〔2022〕118号），加快建设全国统一电力市场体系工作原则，坚持（　　），积极稳妥推进市场建设，鼓励因地制宜开展探索。

A. 问题导向　　　　B. 平稳有序　　　　C. 公平公正　　　　D. 市场化原则

答案： A

47. 根据《国家发展改革委　国家能源局关于加快建设全国统一电力市场体系的指导意见》（发改体改〔2022〕118号），要健全多层次统一电力市场体系，包括（　　）。

A. 加快建设国家电力市场　　　　　　　B. 稳步推进省（区、市）/区域电力市场建设

C. 引导各层次电力市场协同运行　　　　D. 有序推进跨区跨省市场间开放合作

答案： ABCD

48. 完善统一电力市场体系功能的具体举措包括（　　）。

A. 持续推动电力中长期市场建设　　　　B. 积极稳妥推进电力现货市场建设

C. 持续完善电力辅助服务市场　　　　　D. 培育多元竞争的市场主体

答案： ABCD

49. 根据《国家发展改革委　国家能源局关于加快建设全国统一电力市场体系的指导意见》（发改体改〔2022〕118号），应（　　），不断健全统一电力市场体系的交易机制。

A. 规范统一市场基本交易规则和技术标准　　B. 完善电力价格形成机制

C. 做好市场化交易与调度运行的高效衔接　　D. 加强信息共享和披露

答案： ABCD

50. 要加强统一电力市场体系的电力规划和科学监管，包括（　　）。

A. 健全适应市场化环境的电力规划体系　　B. 完善现代电力市场监管体制

C. 健全电力市场信用体系　　　　　　　　D. 完善电力应急保供机制

答案： ABCD

51. 根据《国家发展改革委　国家能源局关于加快建设全国统一电力市场体系的指导意见》（发改体改〔2022〕118号），鼓励分布式光伏、分散式风电等主体与周边用户直接交易，完善（　　）与大电网间的交易结算、运行调度等机制，增强就近消纳新能源和安全运行能力。

A. 微电网　　　　　　B. 存量小电网　　　　C. 孤立电网　　　　D. 增量配电网

答案：ABD

⚙ 52.《关于加快建设全国统一电力市场体系的指导意见》（发改体改〔2022〕118 号）中提出，在落实电网安全保供支撑电源的基础上，按照（　　）原则，分类放开跨区跨省优先发电计划。

A. 先存量　　　　　　B. 后增量　　　　　　C. 先增量　　　　　D. 后存量

答案：CD

⚙ 53. 在《关于加快建设全国统一电力市场体系的指导意见》（发改体改〔2022〕118 号）中提出，鼓励新能源报量报价参与现货市场，对报价未中标电量不纳入（　　）考核。

A. 优先发电量　　　　B. 中长期合同　　　　C. 偏差　　　　　　D. 弃风弃光电量

答案：D

⚙ 54. 在《关于加快建设全国统一电力市场体系的指导意见》（发改体改〔2022〕118 号）中提出，要进一步发挥中长期市场在（　　）中的基础作用。

A. 保障供应充足　　B. 平衡长期供需　　　C. 稳定市场预期　　D. 挖掘调节能力

答案：BC

⚙ 55. 根据《关于加快建设全国统一电力市场体系的指导意见》（发改体改〔2022〕118 号），电力市场的基本功能模块包括电力现货市场、中长期市场和辅助服务市场。其中，电力现货市场主要负责的是（　　）。

A. 发现电力实时价格　　　　　　　　　B. 准确反映供需关系

C. 实现电力系统的调峰　　　　　　　　D. 平衡长期供需

答案：ABC

⚙ 56.《国家发展改革委　国家能源局关于加快建设全国统一电力市场体系的指导意见》（发改体改〔2022〕118 号），要求推动电网企业优先执行绿色电力的直接交易结果，做好绿色电力交易与（　　）的有效衔接。

A. 中长期交易　　　　B. 现货交易　　　　　C. 碳排放权交易　　D. 绿证交易

答案：CD

⚙ 57. 根据《国家发展改革委　国家能源局关于加快建设全国统一电力市场体系的指导意见》（发改体改〔2022〕118 号），推进的区域电力市场包括（　　）。

A. 京津冀地区　　　　B. 粤港澳大湾区　　　C. 成渝地区　　　　D. 长三角地区

答案：ABD

⚙ 58. 根据《国家电网有限公司关于加快全国统一电力市场体系的实施意见》（国家电网体改〔2022〕717 号），加快构建全国统一电力市场体系，需要统筹（　　）。

A. 省间和省内交易　　B. 政策与市场　　C. 新能源与常规能源

D. 中长期市场和现货市场　　E. 电力市场与碳市场

答案： ABCDE

59. 根据《国家电网有限公司关于加快建设全国统一电力市场体系的实施意见》（国家电网体改〔2022〕717 号），省间市场组织跨区跨省电力交易，主要作用包括（　　）。

A. 服务国家能源战略　　　　　　　　　　B. 促进能源资源大范围优化配置

C. 提高省域内电力资源配置效率　　　　　D. 发挥电力电量平衡基础性作用

答案： AB

60. 根据《国家电网有限公司关于加快建设全国统一电力市场体系的实施意见》（国家电网体改〔2022〕717 号），持续推动省间电力中长期市场建设，主要包括（　　）。

A. 实现按工作日连续开市

B. 探索优先计划向政府授权市场化合约转变

C. 完善省间交易置换、转让、回购、偏差机制

D. 开展基于 ATC 的全通道中长期交易机制优化出清

答案： ABCD

61.《2030 年前碳达峰行动方案》（国发〔2021〕23 号）中提出大力实施可再生能源替代，到 2030 年，风电、太阳能发电总装机容量达到（　　）以上。

A. 10 亿 kW　　　　B. 11 亿 kW　　　　C. 12 亿 kW　　　　D. 15 亿 kW

答案： C

62. 根据《关于促进新时代新能源高质量发展的实施方案》，创新新能源开发利用模式，主要包括（　　）。

A. 加快推进以沙漠、戈壁、荒漠地区为重点的大型风电光伏基地建设

B. 促进新能源开发利用与乡村扶贫融合发展

C. 推动新能源在工业和建筑领域应用

D. 引导全社会消费新能源等绿色电力

答案： ACD

63.《关于促进新时代新能源高质量发展的实施方案》中指出，到 2025 年，公共机构新建建筑屋顶光伏覆盖率力争达到（　　）。

A. 20%　　　　　　B. 30%　　　　　　C. 40%　　　　　　D. 50%

答案： D

64. 根据《国家电网有限公司关于加快建设全国统一电力市场体系的实施意见》（国家电网体改〔2022〕717 号），有序放开用电计划，分类推动（　　）等优先发电主体参与市场。

A. 燃气　　　　　　B. 热电联产　　　　C. 新能源　　　　　D. 核电

答案：ABCD

65. 根据《关于促进新时代新能源高质量发展的实施方案》，为优化新能源项目接网流程，推动电网企业建立新能源项目接网一站式服务平台，提供新能源项目（　　）等信息，实现新能源项目接网全流程线上办理，大幅压缩接网时间。

A. 可用接入点　　　　B. 可接入容量　　　　C. 可接入电压等级　　D. 技术规范

答案：ABD

66. 根据《关于促进新时代新能源高质量发展的实施方案》，以下属于提升电力系统调节能力和灵活性措施的是（　　）。

A. 煤电机组灵活性改造

B. 水电扩机

C. 加大抽水蓄能和太阳能热发电项目建设力度

D. 研究储能成本回收机制

答案：ABCD

67. 根据《关于进一步深化燃煤发电上网电价市场化改革的通知》（发改价格〔2021〕1439号），改革内容主要包括（　　）。

A. 有序放开全部燃煤发电电量上网电价　　　B. 扩大市场交易电价上下浮动范围

C. 推动工商业用户都进入市场　　　　　　　D. 取消工商业目录销售电价

E. 保持居民、农业、公益性事业用电价格稳定

答案：ABCDE

68. 根据《国家发展改革委关于进一步深化燃煤发电上网电价市场化改革的通知》（发改价格〔2021〕1439号），保持（　　）用电价格稳定。

A. 工商业　　　　　　B. 居民　　　　　　　C. 农业　　　　　　　D. 公益性事业

答案：BCD

69. 根据《国家发展改革委关于进一步深化燃煤发电上网电价市场化改革的通知》（发改价格〔2021〕1439号），已参与市场交易、改为电网企业代理购电的用户，其价格按电网企业代理其他用户购电价格的（　　）倍执行。

A. 1　　　　　　　　　B. 1.5　　　　　　　C. 2　　　　　　　　　D. 3

答案：B

70.《关于深化燃煤发电上网电价形成机制改革的指导意见》（发改价格规〔2019〕1658号）中，对于（　　）机组利用小时严重偏低的省份，可建立容量补偿机制，容量电价和电量电价通过市场化方式形成。

A. 新能源　　　　　　B. 核电　　　　　　　C. 水电　　　　　　　D. 燃煤

答案：D

🔘 71. 中国绿证制度自（　　）正式启动实施。

A. 2016 年　　　　　　　　B. 2017 年　　　　　　　　C. 2018 年　　　　　　　　D. 2019 年

答案：B

🔘 72. 根据《关于开展电力现货市场建设试点工作的通知》（发改办能源〔2017〕1453号），第一批电力现货市场建设试点省份包括但不限于（　　）。

A. 南方（以广东起步）　　　　　　　B. 蒙东　　　　　　　C. 山西

D. 山东　　　　　　　　　　　　　　E. 四川

答案：ACDE

🔘 73. 以下省份中属于第二批现货试点省份的是（　　）。

A. 河南　　　　　　　　B. 河北　　　　　　　　C. 湖北　　　　　　　　D. 辽宁

答案：ACD

🔘 74.《关于进一步做好电力现货市场建设试点工作的通知》（发改办体改〔2023〕813号）明确第二批现货试点改革探索的主要任务包括（　　）。

A. 合理确定电力现货市场主体范围　　　　　B. 推动用户侧参与现货市场结算

C. 探索容量成本回收机制　　　　　　　　　D. 建立合理的费用疏导机制

答案：ABCD

🔘 75.《关于进一步做好电力现货市场建设试点工作的通知》（发改办体改〔2023〕813号）要求第二批现货试点要做好本地市场与省间市场的衔接，符合市场化条件的跨区跨省送电量，存量按照每年不少于（　　）的比例放开。

A. 15%　　　　　　　　B. 20%　　　　　　　　C. 25%　　　　　　　　D. 30%

答案：B

🔘 76.《关于进一步做好电力现货市场建设试点工作的通知》（发改办体改〔2023〕813号）引导新能源项目（　　）的预计当期电量通过市场化交易竞争上网。

A. 5%　　　　　　　　B. 10%　　　　　　　　C. 15%　　　　　　　　D. 20%

答案：B

🔘 77. 根据《关于加快推进电力现货市场建设工作的通知》（发改办体改〔2023〕813号），以下说法正确的是（　　）。

A. 第一批试点地区原则上 2022 年开展现货市场结算试运行

B. 第二批试点地区原则上 2022 年 6 月底前启动现货市场试运行

C. 非现货试点地区原则上要在 2022 年第一季度上报现货市场建设方案

D. 2022 年第二季度应具备中长期市场按周连续开市的条件

答案：BCD

78. 依据《跨省跨区专项工程输电价格定价办法》（发改价格规〔2021〕1455 号），跨区跨省输电工程经营期限按（　　）年计算，资本金内部收益率按不超过（　　）核定，运行维护费不超过固定资产原值的 2%。

A. 35、5%　　　　　　B. 40、6%　　　　　　C. 25、7%　　　　　　D. 35、6%

答案：A

79. 依据《跨省跨区专项工程输电价格定价办法》（发改价格规〔2021〕1455 号），跨省跨区专项工程输电价格是指电网企业通过跨省跨区专项工程提供跨区跨省（　　）等服务的价格。

A. 电能输送　　　　　B. 区域互济　　　　　C. 电网互济　　　　　D. 安全保障

答案：ACD

80. 跨省跨区专项工程经营期内的输电价格，每（　　）校核一次。

A. 2 年　　　　　　　B. 3 年　　　　　　　C. 5 年　　　　　　　D. 7 年

答案：C

81.《"十四五"现代能源体系规划》（发改能源〔2022〕210 号）提出，2025 年我国电力负荷侧响应能力将达到最大用电负荷的（　　）。

A. 3%～5%　　　　　B. 3%～7%　　　　　C. 5%～7%　　　　　D. 7%～10%

答案：A

82.《"十四五"现代能源体系规划》（发改能源〔2022〕210 号）关于"十四五"现代能源体系规划指导思想中指出，应深入推动能源（　　），全方位加强国际合作，做好碳达峰、碳中和工作。

A. 消费革命　　　　　B. 供给革命　　　　　C. 技术革命　　　　　D. 体制革命

答案：ABCD

83.《"十四五"现代能源体系规划》（发改能源〔2022〕210 号）指出，因地制宜发展"光伏+"综合利用模式，推动（　　）、渔光互补，实现太阳能发电与生态修复、农林牧渔业等协同发展。

A. 光伏治沙　　　　　B. 林光互补　　　　　C. 农光互补　　　　　D. 牧光互补

答案：ABCD

84.《"十四五"现代能源体系规划》（发改能源〔2022〕210 号）指出，要完善能源生产供应格局，有序推进大型清洁能源基地电力外送，提高存量通道输送可再生能源电量比例，新建通道输送可再生能源电量比例原则上不低于（　　），优先规划输送可再生能源电量比例更高的通道。

A. 50%　　　　　　　B. 55%　　　　　　　C. 60%　　　　　　　D. 65%

答案：A

85. 依据《关于组织开展电网企业代理购电工作有关事项的通知》（发改办价格〔2021〕809 号），自 2022 年 1 月起，电网企业通过参与场内集中交易的方式代理购电，以（　　）方式参与市场出清。

A. 报量报价　　　　B. 报量不报价　　　　C. 报量竞价　　　　D. 不报量报价

答案：B

86. 依据《关于组织开展电网企业代理购电工作有关事项的通知》（发改办价格〔2021〕809 号），各地要结合当地电力市场发展情况，（　　）电网企业代理购电范围。

A. 不断缩小　　　　B. 维持　　　　C. 平稳过渡　　　　D. 不断扩大

答案：A

87. 依据《关于组织开展电网企业代理购电工作有关事项的通知》（发改办价格〔2021〕809 号），（　　）用户原则上要直接参与市场交易（直接向发电企业或售电公司购电）。

A. 低压用户　　　　B. 6kV 及以上　　　　C. 10kV 及以上　　　　D. 35kV 及以上

答案：C

88. （　　）要定期预测代理购电工商业用户用电量及典型负荷曲线。

A. 电网企业　　　　B. 售电公司　　　　C. 电力用户　　　　D. 市场运营机构

答案：A

89. 依据《关于组织开展电网企业代理购电工作有关事项的通知》（发改办价格〔2021〕809 号），已直接参与市场交易的高耗能用户，（　　）。

A. 可以退出市场交易，退出后按电网企业代理购电价格的 1.2 倍执行

B. 不得退出市场交易

C. 可以退出市场交易，退出后按电网企业代理购电价格的 1.5 倍执行

D. 可以退出市场交易，退出后按当月市场化平均购电价格的 1.5 倍执行

答案：B

90. 代理购电价格基于（　　）等确定。

A. 电网企业代理工商业用户购电费　　　　B. 偏差电费

C. 代理工商业用户购电量　　　　D. 市场成交价格

答案：ABC

91. 我国电价体系按环节划分，一般不包括（　　）。

A. 上网电价　　　　B. 输配电价　　　　C. 销售电价　　　　D. 峰谷电价

答案：D

92. 为了改善电力系统季节性负荷不均衡性所采取的一种鼓励性电价，称为（　　）。

A. 电量电价　　　　B. 峰谷电价　　　　C. 分时电价　　　　D. 季节性电价

答案：D

● 93. 上网环节线损费用按实际购电（　　）和综合线损率计算。

A. 上网电价　　　　B. 输配电价　　　　C. 电度电价　　　　D. 需量电价

答案：A

● 94. 现货市场电价由市场主体竞价形成（　　），根据地区实际可采用（　　）或（　　）。

A. 单一电量电价　　B. 分时电价　　　　C. 区域电价　　　　D. 节点边际电价

答案：BCD

● 95. 国家能源局依法组织制定（　　），会同地方政府对区域电力市场及区域电力交易机构实施监管。

A. 电力市场规划　　B. 市场规则　　　　C. 市场监管办法　　D. 市场运行方案

答案：ABC

● 96. 《关于推进输配电价改革的实施意见》中提出，单独核定输配电价。政府定价的范围主要限定在（　　）、（　　）和（　　）环节。

A. 输配电价　　　　B. 重要公用事业　　C. 公益性服务　　　D. 网络型自然垄断

答案：BCD

● 97. 电力市场价格体系根据结算方式分类，可分为（　　）。

A. 可中断负荷电价　B. 峰谷分时电价　　C. 两部制电价　　　D. 目录销售电价

答案：ABD

● 98. 按照（　　）原则核定电网企业收入和各电压等级输配电价。

A. 准许成本加合理收益　　　　　　　　B. 准许成本加微小收益

C. 准许成本加百分比收益　　　　　　　D. 准许成本加度电收益

答案：A

● 99. 选择执行需量电价计费方式的两部制用户，每月每千伏安用电量达到（　　）kWh及以上的，当月需量电价按核定标准的（　　）执行。

A. 160　　　　　　B. 260　　　　　　C. 90%　　　　　　D. 80%

答案：BC

● 100. 根据《输配电定价成本监审办法》（发改价格规〔2019〕897 号），以下不得计入输配电定价成本的有（　　）。

A. 电动汽车充换电服务　　　　　　　　B. 抽水蓄能电站

C. 电储能设施　　　　　　　　　　　　D. 独立核算的售电公司的成本费用

答案：ABCD

101. 政府主要核定输配电价，并向社会公布，接受社会监督。输配电价逐步过渡到按"准许成本加合理收益"原则，分（　　）等级核定。

A. 电压　　　　　　　B. 电流　　　　　　　C. 电量　　　　　　　D. 电网

答案：A

102. 输配电价改革后，根据电网各电压等级的资产、（　　）、（　　）、（　　）等情况核定分电压等级输配电价。

A. 费用　　　　　　　B. 电量　　　　　　　C. 线路长度　　　　　D. 线损率

答案：ABD

103. 与电网企业共用资产的交易机构原则上不向市场主体收取费用，所需费用计入（　　）环节成本并单列，由电网企业通过专项费用支付。

A. 线损　　　　　　　B. 输配电　　　　　　C. 市场交易　　　　　D. 公益性事业

答案：B

104. 根据《关于进一步完善分时电价机制的通知》（发改价格〔2021〕1093 号），优化分时电价机制的主要做法包括（　　）。

A. 科学划分峰谷时段　　　　　　　　　B. 建立尖峰电价机制

C. 健全季节性电价机制　　　　　　　　D. 建立分时电价固定机制

答案：ABC

105. 根据《关于进一步完善分时电价机制的通知》（发改价格〔2021〕1093 号），在保持销售电价总水平基本稳定的基础上，进一步完善目录分时电价机制，更好（　　），为构建以新能源为主体的新型电力系统、保障电力系统安全稳定经济运行提供支撑。

A. 改善电力供需状况　　　　　　　　　B. 引导用户削峰填谷

C. 促进新能源消纳　　　　　　　　　　D. 降低电网投资风险

答案：ABC

106. 上年或当年预计最大系统峰谷差率超过 40%的地方，峰谷电价价差原则上不低于（　　）。

A. 3：1　　　　　　　B. 4：1　　　　　　　C. 1：3　　　　　　　D. 1：4

答案：B

107. 依据《国家发展改革委关于进一步完善分时电价机制的通知》（发改价格〔2021〕1093 号），完善峰谷电价机制的主要措施包括（　　）。

A. 科学划分峰谷时段　　　　　　　　　B. 高峰时段，引导用户节约用电、错峰避峰

C. 合理确定峰谷电价价差　　　　　　　D. 扩大峰谷电价价差

答案：ABC

108. 依据《国家发展改革委关于进一步完善分时电价机制的通知》（发改价格〔2021〕1093号），分时电价的作用包括（   ）。

A. 保障电力安全供应   B. 促进新能源消纳   C. 提升系统运行效率   D. 降低电网投资风险

答案： ABC

109. 跨区跨省专项工程的实际线损率低于核价线损率产生的收益，由电网企业和电力用户按（   ）分享。

A. 1∶2   B. 1∶3   C. 2∶1   D. 1∶1

答案： D

110. 电网企业代理购电用户电价由（   ）组成。

A. 辅助服务费用   B. 代理购电价格   C. 输配电价   D. 政府性基金及附加

答案： BCD

111. 2021年12月底前，电网企业通过挂牌交易方式代理购电，挂牌购电价格按（   ）确定。

A. 月度双边协商交易均价   B. 月度集中竞价交易均价

C. 月度滚动撮合交易均价   D. 月度市场成交均价

答案： B

112. 2022年1月起，电网企业通过参与场内集中交易方式（不含撮合交易）代理购电，以报量不报价方式、作为价格接受者参与市场出清，其中采取挂牌交易方式的，价格继续按当月月度（   ）确定。

A. 挂牌交易加权平均价格   B. 集中竞价交易加权平均价格

C. 市场化综合加权平均价格   D. 年度挂牌交易价格

答案： B

113. 根据《国家发展改革委关于第三监管周期省级电网输配电价及有关事项的通知》（发改价格〔2023〕526号），执行工商业（或大工业、一般工商业）用电价格的用户，用电容量为100～315kVA的，可选择执行（   ）。

A. 全部单一制电价   B. 全部两部制电价   C. 单一制电价或两部制电价   D. 目录电价

答案： C

114. 根据《国家发展改革委关于第三监管周期省级电网输配电价及有关事项的通知》（发改价格〔2023〕526号），工商业用户用电价格包括（   ）。

A. 上网电价   B. 上网环节线损费用   C. 输配电价   D. 市场交易价格

答案： ABC

115. 根据《关于进一步完善抽水蓄能价格形成机制的意见》（发改价格〔2021〕633

号），抽水蓄能电价包括（　　）。

A. 电量电价 　　　　B. 容量电价 　　　　C. 输配电价 　　　　D. 税金

答案： AB

🖋 116. 抽水蓄能电站抽水电量不承担（　　）。

A. 输配电价 　　　　　　　　B. 政府性基金及附加

C. 税金 　　　　　　　　　　D. 市场成交电价

答案： AB

🖋 117. 在电力现货市场尚未运行的地方，抽水蓄能电站抽水电量可由电网企业提供，抽水电价按燃煤发电基准价的（　　）执行。

A. 70% 　　　　B. 75% 　　　　C. 80% 　　　　D. 85%

答案： B

🖋 118. 根据《国家发展改革委 国家能源局关于建立煤电容量电价机制的通知》（发改价格〔2023〕1501 号），坚持市场化改革方向，逐步构建起有效反映各类电源（　　）和（　　）的两部制电价机制。

A. 电量价值 　　　　B. 容量价值 　　　　C. 绿色价值 　　　　D. 时间价值

答案： AB

🖋 119. 煤电容量电价按照回收煤电机组一定比例固定成本的方式确定。其中，用于计算容量电价的煤电机组固定成本实行全国统一标准，为每年每千瓦（　　）元。

A. 300 　　　　B. 310 　　　　C. 320 　　　　D. 330

答案： D

🖋 120. 通过容量电价回收的固定成本比例，综合考虑各地电力系统需要、煤电功能转型情况等因素确定，2024～2025 年多数地方为（　　）左右，部分煤电功能转型较快的地方适当高一些，为（　　）左右。

A. 30% 　　　　B. 40% 　　　　C. 50% 　　　　D. 60%

答案： AC

🖋 121. 对自然年内月容量电费全部扣减累计发生（　　）次的煤电机组，取消其获取容量电费的资格。

A. 一 　　　　B. 二 　　　　C. 三 　　　　D. 四

答案： C

🖋 122. 分布式发电是指接入（　　）、发电量（　　）的中小型发电设施。

A. 主网运行 　　　　B. 配电网运行 　　　　C. 集中上网 　　　　D. 就近消纳

答案： BD

123. 分布式发电项目包括接网电压等级在 35kV 及以下的项目，单体容量不超过（　　）MW（有自身电力消费的，扣除当年用电最大负荷后不超过上限）。单体项目容量超过（　　）MW 但不高于（　　）MW，接网电压等级不超过 110kV 且在该电压等级范围内就近消纳。

A. 20，20，50　　　　B. 30，20，50　　　　C. 20，20，40　　　　D. 30，30，50

答案：A

124. 以下属于分布式能源具体形式的是（　　）。

A. 分布式燃机　　　　B. 分布式光伏　　　　C. 分布式小水电　　　　D. 生物质发电

E. 离网型风电

答案：ABCDE

125. 以下属于生物质发电方式的是（　　）。

A. 生物质直接燃烧发电　　　　　　　　B. 混合燃烧发电

C. 沼气发电　　　　　　　　　　　　　D. 生物质气化发电

答案：ABCD

126. （　　）负责制定绿证核发和交易规则，组织开展绿证核发和交易，监督管理实施情况，并会同有关部门根据实施情况适时调整完善政策措施。

A. 国家能源局电力业务资质管理中心　　　B. 国家能源局

C. 北京电力交易中心　　　　　　　　　　D. 省级交易中心

答案：B

127. 国家能源局资质中心按（　　）核定和核发绿色电力证书。

A. 年　　　　　　B. 季　　　　　　C. 月　　　　　　D. 日

答案：C

128. 可再生能源电力消纳责任权重按照（　　）确定消纳责任权重。

A. 市级行政区域　　　B. 省级行政区域　　　C. 各电网企业　　　D. 用电企业

答案：B

129. 不属于承担可再生能源消纳责任的主体有（　　）。

A. 电网企业　　　　B. 电力用户　　　　C. 发电企业　　　　D. 售电公司

答案：C

130. 市场主体完成可再生能源电力消纳责任权重的方式包括（　　）。

A. 实际消纳可再生能源电力　　　　　　B. 购买超额消纳量

C. 购买绿证　　　　　　　　　　　　　D. 购买绿电

答案：ABCD

131. 绿电交易中绿证由（　　）划转至电力用户。

A. 电网企业 　　　　　　　　　　　　　B. 电力交易中心

C. 国家能源局电力业务资质管理中心 　　D. 发电企业

答案：B

132. 绿证核发原则上以（　　）提供的数据为基础。

A. 发电企业 　　　B. 电网企业 　　　C. 电力交易机构 　　　D. 项目业主

答案：BC

133. 对以下已建档立卡的（　　）项目所生产的全部电量核发可交易绿证。

A. 集中式风电和太阳能发电 　　　　　　B. 分散式风电及海上风电

C. 地热能、海洋能发电 　　　　　　　　D. 存量常规水电

答案：ABC

134. 绿证交易采取（　　）等方式进行。

A. 双边协商 　　　B. 集中竞价 　　　C. 挂牌 　　　　D. 滚动撮合

答案：ABC

135. 在电力交易机构参加绿色电力交易的，相应绿证由（　　）批量推送至（　　），电力交易机构按交易合同或双边协商约定将绿证随绿电一同交易。

A. 核发机构 　　　B. 电力交易机构 　　　C. 电力调控机构 　　　D. 市场主管部门

答案：AB

136.《国家发展改革委 国家统计局 国家能源局关于加强绿色电力证书与节能降碳政策衔接大力促进非化石能源消费的通知》（发改环资〔2024〕113 号）明确非化石能源不纳入能源（　　）和（　　）。

A. 消耗总量 　　　B. 消费总量 　　　C. 强度调控 　　　D. 总量调控

答案：AC

137. 各电网企业、电力交易机构、可再生能源发电企业，应积极配合做好绿证核发相关工作，并按要求，认真做好项目（　　）等工作。

A. 建档立卡 　　　B. 账户注册 　　　C. 电量信息报送 　　　D. 交易组织

答案：ABC

138. 根据《关于 2021 年可再生能源电力消纳责任权重及有关事项的通知》（发改能源〔2021〕704 号），对于超额完成激励性权重的省份，在（　　）考核时按国家有关政策给予激励。

A. 绿色电量 　　　B. 能源双控 　　　C. 全民生产总值 　　　D. 上缴利税

答案：B

139. 目前我国碳交易市场有两类基础产品，一类为政府分配给企业的（　　），另一类为（　　）。

A. 碳排放配额
B. 核证自愿减排量（CCER）
C. 碳汇
D. CCUS

答案：AB

140. 根据《关于推进绿电绿证市场建设助力能源消费绿色低碳转型的通知》（国家电网交易〔2022〕710号），各单位要落实绿电交易（　　）要求。

A. 优先注册
B. 优先组织
C. 优先调度
D. 优先结算

答案：BCD

141. 电力需求侧管理服务机构包括（　　）。

A. 负荷聚合商
B. 售电公司
C. 虚拟电厂运营商
D. 综合能源服务

答案：ABCD

142. 计算基本电价的方法有（　　）。

A. 综合成本法
B. 长期边际成本法
C. 实时电价定价法
D. 影子价格定价法

答案：AB

143. 到2025年，年度最大用电负荷峰谷差率超过40%的省份，其需求响应能力要达到（　　）或以上。

A. 3%
B. 4%
C. 5%
D. 6%

答案：C

144. 对供电煤耗为（　　）标准煤/kWh以上的煤电机组加快实施节能改造，无法改造的机组逐步淘汰关停，并视情况将具备条件的转为应急备用电源。

A. 290g
B. 295g
C. 300g
D. 305g

答案：C

145. 以下属于绿证核发范围的可再生能源发电项目有（　　）。

A. 陆上集中式风电
B. 太阳能发电
C. 分布式新能源
D. 常规水电

答案：ABCD

146. 全球能源观中提出的"两个替代"指的是（　　）。

A. 清洁替代
B. 电能替代
C. 非化石能源替代
D. 氢能替代

答案：AB

147. 氢储能技术的优势包括（　　）。

A. 调节周期长
B. 储能容量大
C. 受地形影响小
D. 存储运输方便

答案：ABC

148. 当省内市场化机组参与省间电力现货售电时，其成交结果叠加至中标机组对应时段的（　　）开展偏差结算。

A. 中长期交易分解曲线　　　　　　　B. 中长期交易结算曲线

C. 现货交易出清曲线　　　　　　　　D. 现货交易结算曲线

答案：B

149. 参与现货市场的独立储能电站，其充放电电量按照所在节点的（　　）结算，暂不参与市场运营费用分摊。

A. 申报价格　　　　B. 节点边际价格　　　　C. 用户统一结算价格　　D. 批复上网价格

答案：B

150. 实时市场统一结算点电价按各现货市场化机组（　　）上网电量进行所有节点加权平均。

A. 每 15 分钟　　　　B. 每小时　　　　C. 每 12 小时　　　　D. 每 24 小时

答案：B

151. 风电场、光伏电站应按规定开展功率预测工作，保证功率预测系统稳定运行，按要求及时、完整、准确地向电力调度机构传送现场（　　）。

A. 气象信息　　　　　　　　　　　　B. 发电设备运行信息

C. 功率预测信息　　　　　　　　　　D. 电量预测信息

答案：ABC

152. 风电场、光伏电站应具备有功功率调节能力，配备有功功率自动控制系统（AGC），接收并自动执行电力调度机构远动发送的有功功率控制信号，确保其有功功率与有功功率变化速率与电力调度机构下达的有功指令一致。不具备有功功率调节能力的风电场，每月考核电量为（　　）万 kWh。

A. 3　　　　　　　B. 5　　　　　　　C. 6　　　　　　　D. 8

答案：B

153. 《国家发展改革委关于第三监管周期省级电网输配电价及有关事项的通知》（发改价格〔2023〕526 号）规定，选择执行需量电价计费方式的两部制用户，每月每 kVA 用电量达到（　　）kWh 及以上的，当月需量电价按本通知核定标准 90%执行。

A. 240　　　　　　B. 250　　　　　　C. 260　　　　　　D. 270

答案：C

154. 根据《国家发展改革委关于第三监管周期省级电网输配电价及有关事项的通知》（发改价格〔2023〕526 号），用户用电价格逐步归并为（　　）用电。

A. 居民生活　　　　B. 农业生产　　　　C. 工商业　　　　D. 趸售

答案：ABC

155. 到 2030 年，湖南省碳达峰主要目标中，非化石能源消费比重达到（　　）左右，单位地区生产总值能耗和碳排放下降完成国家下达目标，顺利实现 2030 年前碳达峰目标。

A. 18%　　　　　　　B. 20%　　　　　　　C. 22%　　　　　　　D. 25%

答案：D

156. 湖南将加快提升省内可再生能源利用比例，规划到 2030 年，新能源发电总装机容量达到（　　）万 kW 以上。

A. 3500　　　　　　　B. 3800　　　　　　　C. 4000　　　　　　　D. 4200

答案：C

157. 湖南峰谷时段划分中，高峰时段为（　　）。

A. 7:00～11:00　　　B. 11:00～14:00　　　C. 14:00～18:00　　　D. 18:00～23:00

E. 23:00～次日 7:00

答案：BD

158. 湖南省在以下（　　）月执行季节性尖峰电价。

A. 1　　　　　　　　B. 7　　　　　　　　C. 8　　　　　　　　D. 9

E. 12

答案：ABCDE

159. 湖南电力现货市场中的市场运营费包括（　　）。

A. 成本补偿类费用　　　　　　　　　　B. 市场调节类费用

C. 市场不平衡类费用　　　　　　　　　D. 电能量结算费用

答案：ABC

160. 湖南电力现货市场阻塞不平衡费用是指现货市场中，发电侧以（　　）进行电能量电费结算，用户侧以（　　）进行电能量电费结算，导致的应收与应付电费的偏差费用。

A. 节点电价　　　B. 统一结算点电价　　　C. 边际出清电价　　　D. 区域电价

答案：AB

161. 湖南电力辅助服务市场规则中规定的负荷侧主体是指在湖南电网独立用电，单独计量的（　　）等市场主体。

A. 直供电力用户　　　　　　　　　　B. 电动汽车充电设施运营企业

C. 负荷聚合商　　　　　　　　　　　D. 售电公司

答案：ABC

162. 《湖南省电力辅助服务市场交易规则（2023 版）》（湘能监市场〔2023〕21 号）规定，直接参与用户可调节容量不小于（　　）MW，连续响应时间不低于 1h；负荷集成商可调节容量不小于（　　　）MW，连续响应时间不低于 1h。

A. 1　　　　　　　B. 2　　　　　　　C. 5　　　　　　　D. 10

答案：AD

163. 湖南省用户用电价格归并为（　　　）、（　　　）、（　　　）三类。

A. 居民生活　　　　B. 农业生产　　　　C. 工商业用电　　　　D. 趸售

答案：ABC

二、填空题

1. 构建以新能源为主的新型电力系统是推动"（　　　）、（　　　）"国家能源安全新战略落地的创新实践。

答案：四个革命　一个合作

2. 新型电力系统的构建必须立足我国（　　　），支持煤炭清洁高效利用，积极促进风能、太阳能、氢能、水能等清洁能源发展，加快构建新能源（　　　）。

答案：能源资源禀赋　供给消纳体系

3. 新型电力系统下电网将发展成交直流互联大电网与（　　　）、（　　　）融合发展的总体形态，发挥电网在推动能源系统协同发展中的重要作用。

答案：局部直流电网　主动配电网

4. 新型电力系统将以电网（　　　）推动能源系统向经济系统延伸。

答案：包容性

5. 为推动电力来源（　　　）和终端能源消费（　　　），适应新能源电力发展需要，制定新型电力系统发展战略和总体规划，鼓励各类企业等主体积极参与新型电力系统建设。

答案：清洁化　电气化

6. 推动互联网、数字化、智能化技术与电力系统融合发展，推动（　　　）、（　　　）、（　　　）发展，构建智慧能源体系。

答案：新技术　新业态　新模式

7. 自（　　　）年电力体制改革实施以来，在党中央、国务院领导下，电力行业破除了（　　　）的体制束缚，从根本上改变了指令性计划体制和政企不分、厂网不分等问题，初步形成了电力市场主体多元化竞争格局。

答案：2002　独家办电

8. 根据《中共中央　国务院关于进一步深化电力体制改革的若干意见》（中发〔2015〕9号），深化电力体制改革，旨在建立健全电力行业"有法可依、（　　　）、主体规范、交易公平、（　　）、监管有效"的市场体制。

答案： 政企分开　价格合理

💬 9. 我国相继开展了（　　）、大用户与发电企业直接交易、（　　）、跨区跨省电能交易等方面的试点和探索，电力市场化交易取得积极进展，电力监管积累了重要经验。

答案： 竞价上网　发电权交易

💬 10.《关于推进电力市场建设的实施意见》（发改经体〔2015〕2752 号）中指出，需要制定和完善输配电成本监审、价格管理办法，建立健全对电网企业的（　　）机制。

答案： 激励和约束

💬 11.《关于推进电力市场建设的实施意见》（发改经体〔2015〕2752 号）提出，具备条件的地区逐步建立以（　　）为主、（　　）为补充的市场化电力电量平衡机制。

答案： 中长期交易　现货交易

💬 12. 规范市场主体准入标准，按照（　　）等级，（　　）、排放水平、产业政策以及（　　）政策等确定并公布可参与直接交易的发电企业、售电主体和用户准入标准。

答案： 接入电压　能耗水平　区域差别化

💬 13.《国家发展改革委 国家能源局关于改善电力运行调节促进清洁能源多发满发的指导意见》中，提出要加强（　　），充分运用（　　）为清洁能源开拓市场空间。

答案： 日常运行调节　利益补偿机制

💬 14.《国家发展改革委 国家统计局 国家能源局关于进一步做好新增可再生能源消费不纳入能源消费总量控制有关工作的通知》（发改运行〔2022〕1258 号）指出，在开展全国和地方能源消费总量考核时，以各地区（　　）年可再生能源电力消费量为基数，"十四五"期间每年较上一年新增的可再生能源电力消费量在考核时予以扣除。

答案： 2020

💬 15.《国家发展改革委 国家统计局 国家能源局关于加强绿色电力证书与节能降碳政策衔接大力促进非化石能源消费的通知》（发改环资〔2024〕113 号）明确在"十四五"省级人民政府节能目标责任评价考核指标核算中，实行以（　　）为基础、（　　）为补充的可再生能源消费量扣除政策。

答案： 物理电量　跨省绿证交易

💬 16. 贯彻落实《中共中央 国务院关于进一步深化电力体制改革的若干意见》（中发〔2015〕9 号）有关要求，推进构建有效竞争的市场结构和市场体系，建立（　　）、（　　）的电力交易机构。

答案： 相对独立　规范运行

💬 17. 在保证电力供需平衡、保障社会秩序的前提下，实现电力电量平衡从以（　　）为主平稳过渡到以（　　）为主，并促进节能减排。

答案： 计划手段　市场手段

💬 18.《国家发展改革委关于贯彻中发〔2015〕9 号文件精神加快推进输配电价改革的通知》（发改价格〔2015〕742 号）指出，分步实现（　　）、（　　）以外的发售电价格由市场形成。

答案： 公益性　竞争性环节

💬 19.《国家发展改革委关于贯彻中发〔2015〕9 号文件精神加快推进输配电价改革的通知》（发改价格〔2015〕742 号）指出，放开竞争性环节电力价格，把（　　）与（　　）在形成机制上分开。参与电力市场交易的发电企业上网电价由用户或售电主体与发电企业通过协商、市场竞价等方式自主确定。

答案： 输配电价　发售电价

💬 20. 现货市场建立前，参与市场化交易的电力用户应执行（　　）电价政策，合理体现高峰用电的成本和价值差异。

答案： 峰谷

💬 21.《国家发展改革委 国家能源局关于加快建设全国统一电力市场体系的指导意见》（发改体改〔2022〕118 号）提出要完善电力应急保供机制，加快（　　）和调峰电源能力建设，通过（　　）、辅助服务市场等实现合理经济补偿。

答案： 应急备用　容量成本回收机制

💬 22.《国家发展改革委 国家能源局关于加快建设全国统一电力市场体系的指导意见》（发改体改〔2022〕118 号）提出，要探索用户可调节负荷参与辅助服务交易，推动源网荷储一体化建设和多能互补协调运营，完善（　　）和（　　）机制。

答案： 成本分摊　收益共享

💬 23.《关于做好 2023 年电力中长期合同签订履约工作的通知》（发改运行〔2022〕1861 号）要求各地政府主管部门要会同电网企业、电力交易机构，根据电源结构变化，考虑 2023 年本地区电力供需形势，进一步优化时段划分方式，交易时段数量由（　　）增加至（　　）。

答案： 3 至 5 段　5 段以上

💬 24.《关于做好 2023 年电力中长期合同签订履约工作的通知》（发改运行〔2022〕1861 号）提出，要结合各地实际用电负荷与新能源出力特性，按需明确划分（　　）、（　　）时段。

答案： 尖峰　深谷

💬 25.《国家发展改革委关于进一步完善分时电价机制的通知》（发改价格〔2021〕1093

号）中明确尖峰时段根据前两年当地电力系统最高负荷（　　）及以上用电负荷出现的时段合理确定，并考虑当年电力供需情况、天气变化等因素灵活调整；尖峰电价在峰段电价基础上上浮比例原则上不低于（　　）。

答案：95%　20%

💬 26.《关于做好 2024 年电力中长期合同签订履约工作的通知》（发改运行〔2023〕1662号）要求强化合同签订方式管理，在经营主体签订（　　）的基础上，各级（　　）在线对电力中长期合同完成见签。

答案：承诺书　公共信用信息管理机构

💬 27. 根据《关于做好 2024 年电力中长期合同签订履约工作的通知》（发改运行〔2023〕1662 号），2024 年各地燃煤发电企业全年电力中长期合同签约电量不低于上一年度上网电量的（　　）。

答案：90%

💬 28. 省间现货市场以（　　）为主要节点，考虑输电通道、分区及省内网损和输电费用，构建多主体、多通道竞价出清模型。

答案：省（或省内分区）

💬 29. 分散式市场，次日发电计划由交易双方约定的次日发用电曲线、（　　）分解发用电曲线和现货市场形成的偏差调整曲线叠加形成。

答案：优先购电发电合同

💬 30. 根据《关于加快推进电力现货市场建设的通知》（发改办体改〔2022〕129 号），现货试点地区，逐步建立"（　　）、（　　）"的市场机制，在高比例签约中长期合约的基础上，市场主体可根据实际情况灵活确定（　　）合约比例。

答案：长协定量　现货定价　年度中长期

💬 31. 根据《关于进一步深化燃煤发电上网电价市场化改革的通知》（发改价格〔2021〕1439 号），燃煤发电市场交易价格浮动范围由现行的下浮原则上不超过 15%、上浮不超过10%扩大为上下浮动原则上均不超过（　　），电力现货价格不受上述幅度限制。

答案：20%

💬 32. 根据《国家发展改革委办公厅关于组织开展电网企业代理购电工作有关事项的通知》（发改办价格〔2021〕809 号），2022 年 1 月起，电网企业通过参与场内集中交易方式（不含撮合交易）代理购电，以（　　）方式、作为（　　）参与市场出清，其中采取挂牌交易方式的，价格继续按当月月度（　　）确定。

答案：报量不报价　价格接受者　集中竞价交易加权平均价格

💬 33. 电网企业代理购电（　　）、代理购电（　　）应按月测算，并提前（　　）通过营业厅等线上线下渠道公布，于次月执行，并按用户实际用电量全额结算电费。

答案： 价格　用户电价　3 日

💬 34. 根据《电力中长期交易基本规则》（发改能源规〔2020〕889 号），对于月度交易，应当在电力电量预测平衡的基础上，结合检修计划和（　　），按照不低于关键通道可用输电容量的（　　）下达交易限额。

答案： 发电设备利用率　90%

💬 35. 根据《国家发展改革委　国家能源局关于加快建设全国统一电力市场体系的指导意见》（发改体改〔2022〕118 号），要持续完善电力辅助服务市场，统筹推进电力中长期、现货、辅助服务市场建设，加强市场间有序协调，在（　　）、（　　）、（　　）等方面做好衔接。

答案： 交易时序　市场准入　价格形成机制

💬 36. 根据《国家发展改革委　国家能源局关于加快建设全国统一电力市场体系的指导意见》（发改体改〔2022〕118 号），到 2025 年，全国统一电力市场体系（　　）建成，到 2030 年，全国统一电力市场体系（　　）建成。

答案： 初步　基本

💬 37. 根据《国家发展改革委办公厅　国家能源局综合司关于加快推进电力现货市场建设的通知》（发改办体改〔2022〕129 号），完善调频辅助服务市场建设，加快备用辅助服务市场建设，（　　）占比较高地区可探索爬坡等辅助服务新品种。

答案： 可再生能源

💬 38. 做好省间现货市场与跨省跨区辅助服务市场的衔接，进一步促进富余可再生能源跨区（　　）。按照"谁受益、谁承担"原则，加快推动辅助服务成本向（　　）疏导，在市场化交易电价中单列辅助服务费用。

答案： 消纳　用户侧

💬 39. 根据《北京电力交易中心有限公司关于电力交易机构推进全国统一电力市场建设的有关工作意见》（京电交市〔2023〕4 号），强化省间、省内市场协同运行，初期加快完善"（　　）、（　　）"市场模式，省间、省内两级市场主体"（　　）、（　　）"，省间市场出清结果作为省内市场的边界。

答案： 统一市场　两级运作　分层报价　协同出清

💬 40. 根据《国家电网有限公司关于加快建设全国统一电力市场体系的实施意见》（国家电网体改〔2022〕717 号），市场设计时合理确定安全裕度，留足处置措施，按照"（　　）优先、（　　）保底、（　　）助力"原则，优先保障民生、公共服务、重要用户用电需求。

答案： 需求响应　有序用电　节约用电

💬 41. 燃煤发电电量原则上全部进入电力市场，通过市场交易在"（   ）"范围内形成上网电价。现行燃煤发电基准价继续作为（   ）发电等价格形成的挂钩基准。

答案： 基准价+上下浮动　　新能源

💬 42.《关于推进输配电价改革的实施意见》明确输配电价改革的重点是改革和规范电网企业运营模式。电网企业按照政府核定的输配电价收取过网费，不再以（   ）和（   ）价差作为主要收入来源。

答案： 上网电价　　销售电价

💬 43. 对于纳入受电省份电力电量平衡的跨区跨省外送配套煤电机组，由（   ）牵头，会商送电省份能源主管部门，开展煤电容量电价的认定和动态调整工作。

答案： 受电省份能源主管部门

💬 44. 参与电力市场交易的用户购电价格由（   ）、（   ）、政府性基金三部分组成。其他没有参与直接交易和竞价交易的上网电量，以及居民、农业、重要公用事业和公益性服务等用电，继续执行（   ）。

答案： 市场交易价格　　输配电价（含线损）　　政府定价

💬 45.《关于推进输配电价改革的实施意见》提出要分类推进交叉补贴改革。结合电价改革进程，配套改革（   ）之间的交叉补贴。过渡期间，由电网企业申报现有各类用户电价间交叉补贴数额，通过（   ）回收。

答案： 不同种类电价　　输配电价

💬 46. 电网企业要定期预测代理购电工商业用户用电量及（   ），现货市场运行或开展中长期分时段交易的地方，应考虑季节变更、节假日安排等因素分别预测（   ）用电量。保障居民、农业用户的用电量规模（   ）。

答案： 典型负荷曲线　　分时段　　单独预测

💬 47. 根据《国家发展改革委关于第三监管周期省级电网输配电价及有关事项的通知》（发改价格〔2023〕526 号），上网环节线损费用按实际购电（   ）和综合线损率计算。

答案： 上网电价

💬 48. 根据《国家发展改革委关于进一步完善分时电价机制的通知》（发改价格〔2021〕1093 号），日内用电负荷或电力供需关系具有明显季节性差异的地方，要分季节划分（   ），合理设置季节性峰谷电价价差；水电等可再生能源比重大的地方，要统筹考虑风光水（   ）因素进一步建立健全丰枯电价机制。

答案： 峰谷时段　　多能互补

💬 49. 根据《国家发展改革委关于第三监管周期省级电网输配电价及有关事项的通知》，选择执行需量电价计费方式的两部制用户，每月每千伏安用电量达到 260kWh 及以上的，当月需量电价按本通知核定标准的（　　）执行。

答案： 0.9 倍

💬 50. 煤电机组可获得的容量电费，根据当地煤电容量电价和机组申报的（　　）确定，煤电机组分月申报，电网企业按月结算。

答案： 最大出力

💬 51. 正常在运情况下，煤电机组无法按照调度指令（跨区跨省送电按合同约定，下同）提供申报最大出力的，月内发生两次扣减当月容量电费的（　　）。

答案： 10%

💬 52. 煤电机组分月申报最大出力并可按（　　）调整。煤电机组停机备用和开展计划检修，在（　　）的，可按照机组并网调度协议明确的出力获得容量电费。

答案： 日　核定工期内

💬 53. 新投运机组的（　　），应符合《常规燃煤发电机组单位产品能源消耗限额》（GB 21258—2017）、《热电联产单位产品能源消耗限额》（GB 35574—2017）等规定。

答案： 设计供电（供热）煤耗

💬 54. 新投运机组的（　　），应符合《国家发展改革委 国家能源局关于开展全国煤电机组改造升级的通知》（发改运行〔2021〕1519 号）等相关文件要求，并按最新发布版本执行。

答案： 灵活调节能力

💬 55. 根据《国家发展改革委关于进一步完善抽水蓄能价格形成机制的意见》（发改价格〔2021〕633 号），抽水蓄能的电量电价体现（　　）的价值。

答案： 提供调峰服务

💬 56. 在电力现货市场运行的地方，抽水蓄能电站抽水电价、上网电价按（　　）结算。

答案： 现货市场价格及规则

💬 57. 在电力现货市场尚未运行的地方，抽水蓄能电站上网电量由电网企业收购，上网电价按（　　）执行。

答案： 燃煤发电基准价

💬 58. 由电网企业提供的抽水电量产生的损耗在核定（　　）电网输配电价时统筹考虑。

答案： 省级

💬 59. 电力现货市场尚未运行的地方，市场主体签订中长期交易合同时应申报用电曲线、反映各时段价格，原则上峰谷电价价差不低于（　　）的峰谷电价价差。

答案： 目录分时电价

💬 60. 跨区跨省专项工程输电价格实行（　　）制。

答案： 单一电量电价

💬 61. 跨区跨省专项工程输电价格按（　　）核定，即以弥补成本、获取合理收益为基础，按照（　　）对工程经营期内年度净现金流进行折现，以实现整个经营期现金流收支平衡为目标，核定工程输电价格。

答案： 经营期法　资本金内部收益率

💬 62. 直流输电工程设计利用小时按政府主管部门批复的（　　）确定，文件中未明确的，原则上按（　　）h 计算。

答案： 项目核准文件　4500

💬 63.《关于推进电力市场建设的实施意见》要求建立完善市场主体信用评价制度。开展电力市场交易信用信息系统和信用评价体系建设，针对发电企业、供电企业、售电企业和电力用户等不同市场主体建立（　　）。

答案： 信用评价指标体系

💬 64.《国家发展改革委、国家能源局、工信部及国家市场监督管理总局联合发布关于加强新能源汽车与电网融合互动的实施意见》（发改能源〔2023〕1721 号）鼓励针对居民个人桩等负荷可引导性强的充电设施制定独立的（　　）。

答案： 峰谷分时电价政策

💬 65.《国家发展改革委、国家能源局、工信部及国家市场监督管理总局联合发布关于加强新能源汽车与电网融合互动的实施意见》（发改能源〔2023〕1721 号）提出，围绕居民充电负荷与居民生活负荷建立（　　）。

答案： 差异化价格体系

💬 66.《国家发展改革委、国家能源局、工信部及国家市场监督管理总局联合发布关于加强新能源汽车与电网融合互动的实施意见》（发改能源〔2023〕1721 号）提出探索新能源汽车和充换电场站对电网（　　）的价格机制，建立健全车网互动资源参与需求响应的频次和规模。

答案： 放电

💬 67. 探索各类充换电设施作为（　　）参与现货市场、绿证交易、碳交易的实施路径。

答案： 灵活性资源聚合

💬 68.《国家发展改革委、国家能源局、工信部及国家市场监督管理总局联合发布关于加强新能源汽车与电网融合互动的实施意见》（发改能源〔2023〕1721 号）指出，要探索研究针对不同类型（　　）设施的电力接入容量核定方法和相关标准规范，有效提升配电网接入能力。

答案： 智能有序充电

💬 69. 将车网互动纳入电力需求侧管理与（　　）统筹推进。优化电网清分结算机制，支持车网互动负荷聚合商直接参与电力市场的（　　）。

答案： 电力市场　清分结算

💬 70. 专项工程实际输电量按（　　）结算电量进行统计确认。

答案： 落地端

💬 71. 执行代理购电价格机制后，电网企业为保障居民、农业用电价格稳定产生的新增损益（含偏差电费），按月由全体工商业用户（　　）或（　　）。

答案： 分摊　分享

💬 72. 在现货市场未运行的地区，代理购电产生的偏差电量，按（　　）价格结算，暂未开展上下调预挂牌交易的按当地最近一次、最短周期的（　　）出清价格结算。

答案： 发电侧上下调预挂牌价格　场内集中竞价

💬 73. 电力调度机构和电力交易机构应于每月 8 日前向可再生能源发电企业披露上一月度可再生能源电量收购相关信息包括上网电量、电价，（　　）、（　　）和（　　）的电量、电价，未收购电量及相关原因。

答案： 保障性收购　市场交易　临时调度

💬 74. 碳排放权交易应当通过全国碳排放权交易系统进行，可以采取（　　）、（　　）或者其他符合规定的方式。

答案： 协议转让　单向竞价

💬 75. 虚拟电厂通过先进的通信、控制和管理技术，整合海量地理位置分散的（　　）、（　　）、（　　）等需求侧资源，对外形成一个统一整体，向电力供应侧的传统电厂一样，参与电力系统运行和电力市场交易。

答案： 分布式电源　用户侧储能　可调节负荷

❓ 76. 根据《北京电力交易中心有限公司关于电力交易机构推进完善全国统一电力市场建设的有关工作意见》（京电交市〔2023〕4号），要持续完善绿色电力交易机制，做好绿证市场与绿电市场协同设计，以（　　）促物理消纳，以（　　）提供补充。

答案： 绿电市场　绿证市场

💬 77. 国家对符合条件的可再生能源电量核发绿证，1 个绿证单位对应（　　）kWh 可再生能源电量。

答案： 1000

💬 78. 绿证是我国可再生能源电量环境属性的（　　）凭证。

答案：唯一

💬 79. 国家能源局电力业务资质管理中心组织（　　）核发绿证。

答案：国家可再生能源信息管理中心

💬 80. 需求响应是指应对短时的（　　）、（　　）等情况，通过经济激励为主的措施，引导电力用户自愿调整用电行为。

答案：电力供需紧张　可再生能源电力消纳困难

💬 81. 审慎稳妥探索将碳排放权、国家核证自愿减排量等碳资产、碳确权、环境权益等作为（　　），提高绿色企业和项目信贷可得性。

答案：合格抵质押物

💬 82.《2030 年前碳达峰碳中和行动方案》（国发〔2021〕23 号）中在建立健全市场化机制方面，提到要统筹推进（　　）、（　　）、（　　）等市场建设，加强不同市场机制间的衔接。

答案：碳排放权　用能权　电力交易

💬 83. 结合省内水风光等可再生能源发电出力特性，适时开展氢能在（　　）、（　　）等场景的示范应用。

答案：可再生能源消纳　跨长周期电力调峰

💬 84. 煤电机组申报最大出力不高于机组并网调度协议明确的（　　）。

答案：额定功率

💬 85. 煤电机组当月最大可用出力为经调度机构认定的当月每日最大可用出力的（　　）。

答案：算数平均值

💬 86. 备用机组以（　　）作为备用期间日最大可用出力。

答案：额定功率

💬 87. 超出《燃煤火电发电企业设备检修导则》规定的检修工期，煤电机组的日最大可用出力为（　　）。

答案：零

💬 88. 电力调度机构可结合机构缺陷情况安排煤电机组开展临时检修，每台煤电机组每年开展临时检修工期累计超过十日时，超过十日的次日起，开展的临时检修期间日最大可用出力认定为（　　）。

答案：零

💬 89. 正常在运情况下，煤电机组无法按照调度指令提供申报最大出力的，月内发生两次扣减当月容量电费的（　　），发生三次扣减（　　）。

答案: 10% 50%

💬 90. 对安装分时计量电表的工商业终端用户,其购电价格严格执行( )。

答案: 峰谷分时电价

💬 91. 因可再生能源发电企业原因、( )、( )、( )或者不可抗力等因素影响可再生能源电量收购的,对应电量不计入全额保障性收购范围。

答案: 电网安全约束 电网检修 市场报价

💬 92. 根据《电力市场运行基本规则》(国家发展改革委 2024 年 20 号令),电力市场运营机构按照"( )、( ),( )、( )"的原则,履行市场监控和风险防控责任,对市场依规开展监测。

答案: 谁运营 谁防范 谁运营 谁监控

💬 93. 根据《电力市场运行基本规则》(国家发展改革委 2024 年 20 号令),容量交易的标的物是在未来一定时期内,由( )、( )等提供的能够可靠支撑最大负荷的出力能力。

答案: 发电机组 储能

💬 94. 根据《电力市场运行基本规则》(国家发展改革委 2024 年 20 号令),有多个发电厂组成的发电企业进行电能量交易,不得( )报价。

答案: 集中

💬 95. 各地煤电容量电费纳入( ),每月由工商业用户按当月用电量比例分摊,由电网企业按月发布、滚动清算。

答案: 系统运行费用

💬 96. 在"十四五"省级人民政府节能目标责任评价考核指标核算中,实行以( )为基础、( )为补充的可再生能源消费量扣除政策。

答案: 物理电量 跨省绿证交易

💬 97. 根据《国家发展改革委 国家统计局 国家能源局关于加强绿色电力证书与节能降碳政策衔接大力促进非化石能源消费的通知》(发改环资〔2024〕113 号),受端省份通过绿证交易抵扣的可再生能源消费量,原则上不超过本地区完成"十四五"能耗强度下降目标所需节能量的( )。

答案: 50%

💬 98.《湖南省关于进一步规范转供电环节价格政策及有关事项的通知》(湘发改价调规〔2021〕693 号)中规定,湖南转供电环节的居民终端用户购电价格为( )元/kWh。

答案: 0.604

💬 99. 湖南省执行工商业用电价格的用户，用电容量在 100kVA 及以下的，执行（   ）。

答案： 单一制电价

💬 100. 电力需求响应是指在电力市场中，电力用户根据价格信号或激励机制改变其用电行为，从而促进电力供需平衡。现阶段湖南省电力需求响应主要为（   ）。

答案： 削峰需求响应

💬 101.《湖南省电力需求响应实施办法》（湘改运行规〔2023〕372 号）规定了湖南电力需求响应的启动条件，即国网湖南省电力有限公司预判电力供需平衡情况，当全网电力供应缺口不超过（   ）万 kWh，优先启动削峰需求响应，如需求响应不能覆盖电力供应缺口，则缺额部分同步组织（   ）。

答案： 200   有序用电

💬 102.《湖南省电力需求响应实施办法》（湘改运行规〔2023〕372 号）明确参与湖南电力需求响应的主体中，供电电压等级在 10kV 及以上的电力用户可直接参与需求响应，也可通过（   ）代理参与需求响应。

答案： 负荷集成商

💬 103.《湖南省电力需求响应实施办法》（湘改运行规〔2023〕372 号）中规定，参与湖南省电力需求响应的负荷集成商应具备集成（   ）kW 及以上的响应负荷能力。

答案： 3000

💬 104.《湖南省电力需求响应实施办法》（湘改运行规〔2023〕372 号）明确了电力需求响应的基线负荷认定标准。其中工作日基线负荷选取首个需求响应邀约日前最近（   ）个正常工作日（不参与需求响应和有序用电）响应时段负荷曲线作为基线负荷样本。

答案： 5

💬 105.《负荷侧可调节资源参与湖南电力辅助服务市场规则（试行）》规定在交易执行和结算环节，负荷侧主体因自身原因导致有效调峰电力小于调峰中标电力，偏差超过 20%以上的部分按合同调峰费用与实际调峰费用差值的（   ）予以考核。

答案： 30%

💬 106.《湖南省发改委关于贯彻落实煤电容量电价机制有关事项的通知》（湘发改价调〔2023〕878 号）规定每月 5 日前，电力调度机构完成上月煤电机组（   ）的认定与考核；每月 10 日前，省电力交易机构向燃煤电厂出具（   ）。

答案： 最大可用出力   容量电费结算依据

三、判断题

❓ 1. 新型电力系统的"双高"指的是高比例可再生能源接入与高比例电力电子设备应

用。（　　）

答案：对

❓ 2. 推动电力来源清洁化和终端能源消费电气化，适应新能源电力发展需要制定新型电力系统发展战略和总体规划，鼓励各类企业等主体积极参与新型电力系统建设。（　　）

答案：对

❓ 3. 建设全国统一电力市场是构建新型电力系统和实现"双碳"目标的重要抓手。（　　）

答案：对

❓ 4. 根据《关于推进电力市场建设的实施意见》，我国电力市场主要由批发市场和零售市场构成。（　　）

答案：错

❓ 5. 根据《关于推进电力市场建设的实施意见》，我国电力市场主要分为分散式和集中式两种模式。（　　）

答案：对

❓ 6. 根据《关于促进新时代新能源高质量发展的实施方案》，对国家已有明确价格政策的新能源项目，电网企业应按照有关法规严格落实全额保障性收购政策，全生命周期合理小时数外电量不可以参与电力市场交易。（　　）

答案：错

❓ 7. 根据《关于促进新时代新能源高质量发展的实施方案》，为持续提高项目审批效率，以新能源为主体的多能互补、源网荷储、微电网等综合能源项目，可作为整体统一办理核准（备案）手续。（　　）

答案：对

❓ 8. 根据《关于促进新时代新能源高质量发展的实施方案》，在深化新能源领域"放管服"改革方面，开展全国新能源资源勘查与评价，建立可开发资源数据库，形成市级以上行政区域内各类新能源资源详查评价成果和图谱并向社会发布。（　　）

答案：错

❓ 9. 电力零售市场是指允许电力零售商进入市场，中小电力用户无权自主选择供电商的售电侧市场形态。（　　）

答案：错

❓ 10. 根据《关于有序放开发用电计划的通知》，市场化方式形成价格的优先发电计划，如不能实现签约，无法进行指标转让。（　　）

答案： 错

❓ 11. 为推进构建有效竞争的市场结构和市场体系，应建立完全独立运行的电力交易机构。（　　）

答案： 错

❓ 12. 区域交易机构包括北京电力交易中心、广州电力交易中心。（　　）

答案： 错

❓ 13. 电力市场交易类型包括电能量交易、电力辅助服务交易、容量交易。（　　）

答案： 对

❓ 14. 交易机构是不以营利为目的，在政府监管下为市场主体提供规范公开透明的电力交易服务。（　　）

答案： 对

❓ 15. 交易机构可向市场主体合理收费，主要包括注册费、年费、交易手续费。（　　）

答案： 对

❓ 16. 市场管理委员会审议结果经审定后执行，国家能源局及其派出机构和政府有关部门可以行使否决权。（　　）

答案： 对

❓ 17. 市场管理委员会实行按市场主体类别投票表决的合理议事机制，国家能源局及其派出机构和政府有关部门可以派员参加市场管理委员会有关会议。（　　）

答案： 对

❓ 18. 优先购电用户在编制有序用电方案时列入优先保障序列，原则上不参与限电，初期不参与市场竞争。（　　）

答案： 对

❓ 19. 应充分发挥省（区、市）市场在全国统一电力市场体系的基础作用，提高省域内电力资源配置效率，保障地方电力基本平衡。（　　）

答案： 对

❓ 20. 根据《关于加快建设全国统一电力市场体系的指导意见》（发改体改〔2022〕118号），为构建适应新型电力系统的市场机制，需鼓励新能源报量报价参与现货市场，对报价未中标电量不纳入弃风弃光电量考核。（　　）

答案： 对

❓ 21. 市场建设初期，我国可通过容量补偿机制起步，未来逐步探索建立容量市场。（　　）

答案：对

❓ 22. 依据《关于进一步深化燃煤发电上网电价市场化改革的通知》（发改价格〔2021〕1439号），应加快落实分时电价政策，建立尖峰电价机制，引导用户错峰用电、削峰填谷，做好市场交易与分时电价政策的衔接。（　　）

答案：对

❓ 23. 各地应优先将低价电源用于保障一般工商业用电。（　　）

答案：错

❓ 24.《国家发展改革委关于进一步深化燃煤发电上网电价市场化改革的通知》（发改价格〔2021〕1439号）指出，对电力用户和发电企业进入电力市场不得设置不合理门槛，不得组织开展电力专场交易，对市场交易电价在规定范围内的合理浮动可以进行适当干预，保障市场交易公平、公正、公开。（　　）

答案：错

❓ 25. 推动建立健全发电容量补偿机制，支持煤电由基础性电源向支撑性、调节性电源转型。配合完善应急备用电源容量电价机制，支持煤电机组"退而不拆"。（　　）

答案：对

❓ 26.《关于加快建设全国统一电力市场体系的指导意见》（发改体改〔2022〕118号）提出组织实施好电力现货市场试点，支持具备条件的试点定期运行，逐渐形成长期稳定运行的电力现货市场。（　　）

答案：错

❓ 27.《全额保障性收购可再生能源电量监管办法》（国家发展和改革委员会令　第15号）仅适用于风力发电、太阳能发电、生物质能发电、海洋能发电、地热能发电等非水可再生能源发电。（　　）

答案：错

❓ 28. 电力现货市场价格形成机制设计应避免增加市场主体间的交叉补贴。（　　）

答案：对

❓ 29.《关于加快推进电力现货市场建设工作的通知》（发改〔2022〕129号）提出，要落实新增可再生能源和原料用能纳入能源消费总量控制要求，统筹推动绿电交易、绿证交易工作。（　　）

答案：错

❓ 30. 根据《关于加快推进电力现货市场建设工作的通知》（发改〔2022〕129号），认真落实电价市场化改革要求，燃煤发电电量原则上全部进入市场，现货市场价格不受浮动范

围限制。（　　）

答案：对

⑦ 31. 根据《关于进一步做好电力现货市场建设试点工作的通知》（发改〔2022〕129号），在单边现货市场模式下，用户侧可通过中长期合约约定结算曲线、曲线外偏差按照现货市场结算的方式参与现货市场，需设置日前市场，日前出清结果仅作为日前调度运行计划，不进行财务结算。（　　）

答案：错

⑦ 32. 根据《关于进一步做好电力现货市场建设试点工作的通知》（发改〔2022〕129号）要求，现货市场运行期间明确由现货电能量市场代替调峰市场。（　　）

答案：对

⑦ 33. 电力现货市场结算可以设置不平衡资金池。（　　）

答案：错

⑦ 34. 垃圾发电同新能源发电一样，以燃煤发电基准价作为其价格形成的挂钩基准。（　　）

答案：错

⑦ 35. 跨区跨省专项工程输电价格实行单一电量电价制。（　　）

答案：对

⑦ 36. 对于参与跨区跨省可再生能源增量现货交易，如最优价格路径已满送，通过其他具有空余输送能力的专项工程送电的，按其他专项工程路径价格执行。（　　）

答案：错

⑦ 37. 输配电价改革的重点是改革和规范电网企业运营模式。（　　）

答案：对

⑦ 38. 取消工商业目录销售电价后，5kV 及以上用户原则上要直接参与市场交易，直接向发电企业或售电公司购电，暂无法直接参与市场交易的可由电网企业代理购电。（　　）

答案:错

⑦ 39. 根据《国家发展改革委关于进一步完善分时电价机制的通知》（发改价格〔2021〕1093 号），要建立尖峰电价机制，尖峰电价在峰段电价基础上上浮比例原则上不低于15%。（　　）

答案：错

⑦ 40. 电量电价随区域电网实际交易电量收取；容量电价随各省级电网终端销售电量（含市场化交易电量）收取。（　　）

答案：错

❓ 41. 加强煤、电市场监管。严禁对合理区间内的煤、电价格进行不当行政干预，可适当对高耗能企业给予电价优惠。（　　）

答案：错

❓ 42. 按照《国家发展改革委关于第三监管周期区域电网输电价格及有关事项的通知》（发改价格〔2023〕532号），100～315kVA之间的工商业用户，执行单一制或两部制电价。（　　）

答案：错

❓ 43. 各地可结合当地电力市场发展情况，暂缓减小电网企业代理购电范围。（　　）

答案：错

❓ 44. 参与绿电交易的电力用户、售电公司，其购电价格由绿色电力交易价格、上网环节线损费用、输配电价、系统运行费用、政府性基金及附加等构成。（　　）

答案：对

❓ 45. 新建煤电机组自投运当月起执行煤电容量电价机制。（　　）

答案：错

❓ 46. 根据《关于加快推进电力现货市场建设工作的通知》（发改〔2022〕129号），不得在交易出清、结算环节设置不合理限价或费用疏导上限。（　　）

答案：对

❓ 47. 我国在2021年正式启动绿证交易。（　　）

答案：错

❓ 48.《国家发展改革委办公厅 国家能源局综合司关于有序推进绿色电力交易有关事项的通知》（发改办体改〔2022〕821号）中明确应健全特殊用户绿色电力消费社会责任，高耗能企业绿电消费比例原则上应超过全社会平均水平，且不低于当地可再生能源消纳责任权重。（　　）

答案：错

❓ 49. 绿证核发对象为列入国家可再生能源电价附加补助目录内的陆上风电、光伏发电、海上风电、水电等。（　　）

答案：错

❓ 50.《国家发展改革委 财政部 国家能源局关于做好可再生能源绿色电力证书全覆盖工作促进可再生能源电力消费的通知》（发改能源〔2023〕1044号）废止了原有绿证制度，重新明确了绿证的功能和核发范围，规范了绿证核发和流通方式，就鼓励全社会消费绿色电

力提出了要求。（　　）

答案： 对

❓ 51. 国家可再生能源信息中心负责开展绿证交易组织、结算、绿证核发与划转等流通环节各项工作。（　　）

答案： 错

❓ 52. 国家可再生能源信息中心以周为单位，按照 1 个绿证对应 1MWh 可再生能源实际上网电量的标准，根据可再生类型发电类型、补贴等情况，向发电企业核发相应证书。（　　）

答案： 错

❓ 53. 国家可再生能源信息中心按照国家有关规定对达到有效期的绿证进行注销，并将注销信息及时同步至北京电力交易中心。已注销绿证重新核发后方可参与交易。（　　）

答案： 错

❓ 54. 根据《关于进一步做好新增可再生能源消费不纳入能源消费总量控制有关工作的通知》，可再生能源绿色电力证书是新能源电力消费的唯一凭证。（　　）

答案： 对

❓ 55. 已按规定核准（备案）、全部机组完成并网、同时经审核纳入补贴目录的可再生能源发电项目，按保障利用小时数核定中央财政补贴额度。（　　）

答案： 错

❓ 56. 自 2021 年起，国家财政资金不再为新安排的新增风电、太阳能发电项目提供电价补贴，生物质能发电电价补贴也启动竞争配置确定电价并在几年内逐步退出电价补贴。（　　）

答案： 错

❓ 57. 可再生能源发电项目的保障性收购电量应主要由电网企业承担收购义务的电量。（　　）

答案： 错

❓ 58.《国家发展改革委 国家统计局 国家能源局关于进一步做好新增可再生能源消费不纳入能源消费总量控制有关工作的通知》（发改运行〔2022〕1258 号）提出，绿证是可再生能源电力消费的凭证，企业可再生能源消费量以持有绿证作为核算基准。（　　）

答案： 错

❓ 59. 当分布式发电项目总装机容量大于供电范围上年度平均用电负荷时，"过网费"执行本电压等级的过网费标准。（　　）

答案：错

❓ 60. 煤电容量电价机制适用于合规在运的公用煤电机组。燃煤自备电厂、不符合国家规划的煤电机组，以及不满足国家对于能耗、环保和灵活调节能力等要求的煤电机组，不执行容量电价机制。（　　）
答案：对

四、简答题

🔖 1. 在系统观念的引领下，如何定位新型电力系统？
答案：新型电力系统必须融入中国式现代化建设，全方位满足人民美好生活需要；必须服务构建新发展格局，加快构建现代化产业体系；必须推进碳达峰碳中和，加快推动能源清洁低碳转型；必须保障国家能源安全，立足我国能源资源禀赋，全面提升能源自主供给能力；必须推动能源高质量发展，破解能源安全、环境可持续和能源公平的能源"不可能三角"问题。

🔖 2. 新型电力系统的特征是什么？
答案：新型电力系统的特征：清洁低碳、安全充裕、经济高效、供需协同、灵活智能。

🔖 3. 新型电力系统在新型能源体系中的价值是什么？
答案：电力带来数据价值、服务价值和平台生态价值，带动能源领域实现价值的全面跃升。电力将推动形成更加开放柔性的能源互联网发展环境，催生数据整合商、运营零售商、综合服务商、金融服务商等新的市场主体，提供基于信息增值的系列能源电力服务，满足用户多样化、个性化、互动化需求。在此基础上，推动形成能源工业互联网、电碳综合配置平台等全新产业生态，激发电力的平台生态价值。

🔖 4. 如何构建适应新型电力系统的市场机制？
答案：① 提升电力市场对高比例新能源的适应性。② 因地制宜建立发电容量成本回收机制。③ 探索开展绿色电力交易。④ 健全分布式发电市场化交易机制。

🔖 5. 现阶段，应如何完善新型电力系统建设和运行机制？
答案：① 加强新型电力系统顶层设计。② 完善适应可再生能源局域深度利用和广域输送的电网体系。③ 健全适应新型电力系统的市场机制。④ 完善灵活性电源建设和运行机制。⑤ 完善电力需求响应机制。⑥ 探索建立区域综合能源服务机制。

🔖 6. 加强新型电力系统的市场协同，主要有哪些做法？
答案：推动实现一、二次多品种能源市场对接，利用比较优势发挥比价效应，通过市场手段实现多能互补，为新型电力系统带来增量调节和替代资源；推动电力市场和碳排放权市场同步建设，促使市场政策协同、市场空间匹配、交易机制衔接、价格机制联动在支撑

"双碳"目标和构建新型电力系统中形成合力；推动多种绿色交易市场在政策、交易和技术等关键方面的协同，建立高效协同的节能降碳管理市场机制，推动新型电力系统全环节减污降碳协同增效。

7.《中共中央 国务院关于进一步深化电力体制改革的若干意见》（中发〔2015〕9 号）中指出深化电力体制改革的总体目标是什么？

答案： 通过改革，建立健全电力行业"有法可依、政企分开、主体规范、交易公平、价格合理、监管有效"的市场体制，努力降低电力成本、理顺价格形成机制、逐步打破垄断、有序开放竞争性业务，实现供应多元化，调整产业结构、提升技术水平、控制能源消费总量，提高能源利用效率、提高安全可靠性，促进公平竞争、促进节能环保。

8.《中共中央 国务院关于进一步深化电力体制改革的若干意见》（中发〔2015〕9 号）中指出深化电力体制改革的路径是什么？

答案： 在进一步完善政企分开、厂网分开、主辅分开的基础上，按照管住中间、放开两头的体制架构，有序放开输配以外的竞争性环节电价，有序向社会资本放开配售电业务，有序放开公益性和调节性以外的发用电计划；推进交易机构相对独立，规范运行；继续深化对区域电网建设和适合我国国情的输配体制研究；进一步强化政府监管，进一步强化电力统筹规划，进一步强化电力安全高效运行和可靠供应。

9. 电力交易机构的主要职责是什么？

答案： 交易机构主要负责市场交易平台的建设、运营和管理；负责市场交易组织，提供结算依据和相关服务，汇总电力用户与发电企业自主签订的双边合同；负责市场主体注册和相应管理，披露和发布市场信息等。

10. 推进电力市场建设的主要任务有哪些？

答案： ① 组建相对独立的电力交易机构。② 搭建电力市场交易技术支持系统。③ 建立优先购电、优先发电制度。④ 建立相对稳定的中长期交易机制。⑤ 完善跨区跨省电力交易机制。⑥ 建立有效竞争的现货交易机制。⑦ 建立辅助服务交易机制。⑧ 形成促进可再生能源利用的市场机制。⑨ 建立市场风险防范机制。

11. 集中式市场中的机组次日发电计划如何生成？

答案： 集中式市场中的机组次日发电计划由发电企业、用户和售电主体通过现货市场竞价确定日次全部发用电量和发用电曲线形成。

12. 根据《北京电力交易中心有限公司关于电力交易机构推进全国统一电力市场建设的有关工作意见》，容量补偿机制的主要建设内容有哪些？

答案： 建设我国市场化发电容量补偿机制，以容量补偿机制起步，研究容量补偿机制向容量市场过渡的方式和路径，探索容量市场建设，2030 年，推动具备条件省份容量补偿机制正式运行，初步形成容量市场建设方案。

13.《关于积极推进电力市场化交易进一步完善交易机制的通知》（发改运行〔2018〕1027号）中提出的市场化定价机制主要内容是什么？

答案： 文件提出协商建立"基准电价+浮动机制"的市场化定价机制，基准电价可以参考现行目录电价或电煤中长期合同燃料成本及上年度市场交易平均价格等，由发电企业和电力用户、售电企业自愿协商或市场竞价等方式形成。在确定基准电价的基础上，鼓励交易双方在合同中约定价格浮动调整机制。鼓励建立与电煤价格联动的市场交易电价浮动机制。

14. 简述《关于进一步深化燃煤发电上网电价市场化改革的通知》（发改价格〔2021〕1439号）文中"四项改革"的内容。

答案： ① 有序放开全部燃煤发电电量上网电价。② 扩大市场交易电价上下浮动范围。③ 推动工商业用户都进入市场。④ 保持居民、农业用电价格稳定。

15. 根据《国家发展改革委办公厅 国家能源局关于进一步做好电力现货市场建设试点工作的通知》（发改办体改〔2023〕813号），现货试点改革探索的主要任务有哪些？

答案： ① 合理确定电力现货市场主体范围。② 推动用户侧参与现货市场结算。③ 统筹开展中长期、现货与辅助服务交易。④ 做好本地市场与省间市场的衔接。⑤ 稳妥有序推动新能源参与电力市场。⑥ 探索容量成本回收机制。⑦ 建立合理的费用疏导机制。

16. 交叉补贴的来源包括哪些类型？

答案： ① 不同类型用户之间的交叉补贴。② 不同电压等级用户之间的交叉补贴。③ 不同负荷特性用户之间的交叉补贴。④ 不同地区之间用户的交叉补贴。

17. 电网企业应按要求及时公开哪些代理购电信息？

答案： 原则上电网企业应按月发布代理用户分月总电量预测、相关预测数据与实际数据偏差、采购电量电价结构及水平、市场化机组剩余容量相关情况、代理购电用户电价水平及构成、代理购电用户电量和电价执行情况等信息。

18. 分布式发电市场化交易模式目前主要有哪些？

答案： ① 分布式发电项目与电力用户进行电力直接交易。② 分布式发电项目单位委托电网企业代售电。③ 电网企业按国家核定的各类发电的标杆上网电价收购并在110kV及以下的配电网内就近消纳。

19. 分布式发电"过网费"的确定标准是什么？

答案： 分布式发电"过网费"的核算，应在遵循国家核定输配电价基础上，考虑分布式发电市场化交易双方所占用的电网资产、电压等级和电气距离，按接入电压等级和输电及电力消纳范围分级确定。

20. 电力需求侧管理的内容有哪些？

答案： 加强全社会用电管理，综合采取合理可行的技术、经济和管理措施，优化配置电力资源，在用电环节实施需求响应、节约用电、电能替代、绿色用电、智能用电、有序用电，推动电力系统安全降碳、提效降耗。

21. 可再生能源发电项目的上网电量如何进行全额消纳？

答案： 可再生能源上网电量包括保障性收购电量和市场交易电量。保障性收购电量按照国家可再生能源消纳保障机制、比重目标等相关规定，应由电力市场相关成员承担收购义务的电量。市场交易电量通过市场化方式形成价格的电量，由售电企业和电力用户等电力市场相关成员共同承担收购责任。

22. 市场运营机构和电网企业应该如何组织进行可再生能源电量的收购？

答案： 电力交易机构应组织电力市场相关成员，推动可再生能源发电项目参与市场交易；调度机构应落实可再生能源发电项目保障性电量收购政策要求，并保障已达成市场交易电量合同的执行；电网企业应组织电力市场相关成员，确保可再生能源发电项目保障性收购电量的消纳。

五、论述题

1. 《中共中央 国务院关于进一步深化电力体制改革的若干意见》（中发〔2015〕号）相比于《电力体制改革方案》（国发〔2002〕5号）有哪些继承和超越？

答案： 两个电改方案都围绕"放开两头，管住中间"这个基本路径，但中发9号文提出时国家已明确了"能源革命"战略构想，并决定全面建设"法治社会"。因此中发9号文体现的核心价值取向已有本质不同，主要体现在以下四个方面：① 本次新电改旨在建立一个绿色低碳、节能减排、安全可靠、综合资源优化配置的新型电力治理体系，推动能源电力生产、消费及技术结构整体转型。② 不考虑输配分开和电网调度独立。③ 明确建设新的电力体制规划方法和体系，以适应可再生能源的大规模并网运行。④ 改革关键不在于电力企业的拆分重组和盈利模式的改变，而在于新型电力治理体系管理框架的顶层设计，如何发挥政府在改革政策激励和法治环境设计上的市场化导向作用。

2. 如何加强新型电力系统顶层设计？

答案： 推动电力来源清洁化和终端能源消费电气化，适应新能源电力发展需要制定新型电力系统发展战略和总体规划，鼓励各类企业等主体积极参与新型电力系统建设。对现有电力系统进行绿色低碳发展适应性评估，在电网架构、电源结构、源网荷储协调、数字化智能化运行控制等方面提升技术和优化系统。加强新型电力系统基础理论研究，推动关键核心技术突破，研究制定新型电力系统相关标准。推动互联网、数字化、智能化技术与电力系统融合发展，推动新技术、新业态、新模式发展，构建智慧能源体系。加强新型电力系统技术体系建设，开展相关技术试点和区域示范。

3. 简述全国统一电力市场建设的总体目标。

答案：到2025年，全国统一电力市场体系初步建成，国家市场与省（区、市）/区域市场协同运行，电力中长期、现货、辅助服务市场一体化设计、联合运营，跨区跨省资源市场化配置和绿色电力交易规模显著提高，有利于新能源、储能等发展的市场交易和价格机制初步形成。到2030年，全国统一电力市场体系基本建成，适应新型电力系统要求，国家市场与省（区、市）/区域市场联合运行，新能源全面参与市场交易，市场主体平等竞争、自主选择，电力资源在全国范围内得到进一步优化配置。

4. 谈一谈如何构建适应新型电力系统的全国统一电力市场体系？

答案：要健全适应新型电力系统的体制机制，推动加强电力技术创新、市场机制创新、商业模式创新。要推动有效市场同有为政府更好结合不断完善政策体系，做好电力基本公共服务供给。第一，要健全多层次统一电力市场体系。加快建设国家电力市场，稳步推进省级/区域电力市场建设，引导各层次电力市场协同运行，有序推进跨省区市场间开放合作。第二，要完善统一电力市场体系功能。要持续推动电力中长期市场建设，积极稳妥推进电力现货市场建设，完善电力辅助服务市场，培育多元竞争的市场主体。第三，要健全统一电力市场体系的交易机制。要规范统一市场基本交易规则和技术标准，完善电力价格形成机制，做好市场化交易和调度运行的高效衔接，加强信息共享和披露。第四，要强化电力统筹规划和科学监管。健全适应市场化环境的电力规划体系，完善市场监管体制，健全市场信用体系和应急保障机制。第五，要构建适应新型电力系统的市场机制。提升市场对高比例新能源的适应性，建立发电容量成本回收机制，探索绿电交易，健全分布式发电市场化交易机制。

5. 简述传统电力市场和新型电力市场的区别。

答案：传统电力市场与新型电力市场主要在交易品种、市场范围、市场目标、市场主体、运行模式等方面存在不同。在交易品种方面，传统电力市场的中长期交易主要以场外协商为主，周期长、频次低、偏差大；现货市场与实际运行兼容性不足；新型电力市场的长期市场价值凸显，中长期连续运营不断向短期逼近，中长期分散交易与中短期集中优化相结合。在市场范围方面，传统电力市场采用省间、省内市场两级运作，但存在壁垒，新型主体参与不足；新型电力市场省间、区域、省内市场协同运行，形成输电权与电能量、批发与零售协同。在市场目标方面，传统电力市场主要实现电力经济运行；新型电力市场兼顾安全、绿色、经济多元目标，绿色电力、电-碳协同、电能量与平衡市场联合优化。在市场主体方面，传统电力市场发电侧以化石能源为主，另外主要有售电公司和传统电力用户；新型电力市场中大规模新能源接入、多能源互动，储能、虚拟电厂、负荷聚合商等新型市场主体入市。在运行模式方面，传统电力市场发电侧集中优化、源随荷动；新型电力市场采用发电侧集中优化和市场主体分散决策，源网荷储互动。

6.《关于组织开展电网企业代理购电工作有关事项的通知》（发改办价格〔2021〕809号）中电网企业代理购电业务应如何与电力市场交易规则进行协同？

答案：① 电网企业代理购电应与市场主体执行统一的市场规则。现货市场运行的地方，电网企业代理购电用户与其他用户平等参与现货交易，公平承担责任义务。② 电网企业要单独预测代理购电用户负荷曲线，作为价格接受者参与现货市场出清。③ 纳入代理购电电量来源的优先发电电源，偏差电量按现货市场规则执行。④ 鼓励跨区跨省送电参与直接交易。燃煤发电跨区跨省外送的，送受端双方要适应形势变化协商形成新的送电价格，确保跨区跨省送电平稳运行。

📄 7. 简述"十四五"时期绿色电力市场的功能定位。

答案："十四五"时期我国新能源进入由补贴支撑发展转为平价低价发展，由政策驱动发展转为市场驱动发展的新阶段。从供给侧来看，随着新能源逐步进入电力市场以及新能源发电系统成本的逐步显现，新能源发电收益难以保障，绿色电力市场将成为新能源进入电力市场体现其绿色属性、保证其合理收益补偿的重要途径。从需求侧看，购买绿电的需求规模不断扩大，越来越迫切。

绿色电力市场体系构建将是未来接力新能源补贴政策、适应新能源进入电力市场，关系新能源健康发展的重要政策设计。绿电交易与绿证交易是实现碳达峰、碳中和的重要抓手，是体现绿色电力电能价值和环境价值的重要依托。未来，绿电和绿证市场将协同发展，共同体现绿色电力的绿色价值。

📄 8.《关于完善能源绿色低碳转型体制机制和政策措施的意见》对深化能源改革创新、激发市场活力有哪些总体导向？

答案：① 加快推进电力市场建设，通过市场化方式促进可再生能源在更大范围消纳。② 积极推进分布式发电市场化交易，实现清洁低碳能源就近开发、就近利用。③ 加快建设全国碳排放权交易市场、用能权交易市场、绿色电力交易市场，以市场化方式引导消费侧绿色低碳转型。④ 深化能源领域"放管服"改革，依法依规将符合规划和安全生产条件的新能源发电项目和分布式发电项目接入电网。

📄 9. 面对新型能源体系及新型电力系统建设各项要求，电力市场建设将面临哪些问题？

答案：主要将面临多目标协同、市场设计与统筹衔接、价格形成机制、主体利益协调、市场机制创新等问题与挑战。我国电力市场建设面临计划向市场过渡期、碳排放达峰期、新型电力系统建设期三期叠加，市场目标由以往提高电力行业运行效率的单一目标向"保安全、促转型、提效率"的多元目标转变。在绿色转型方面，需要进一步加快新能源的发展，但新能源出力具有随机性和预测难度高的特点，高比例新能源接入造成电力保供难度显著上升。在安全供应方面，为平抑新能源出力的间歇性、波动性，需要预留更多的常规机组作为备用和调节资源，需要进一步加强抽水蓄能、新型储能、可控负荷等调节能力建设，这将带来较大的投资和运营成本。在经济成本方面，有较多转型和调节成本需要通过电价疏导，必然推高终端用户电价。因此，在市场化改革过程中，必须以系统观念实现多目标的统筹平衡，发挥好市场机制和政府宏观调控的作用。

10. 为实现我国新型能源体系的整体性优化配置，电力市场与碳排放权市场应该如何协同建设？

答案： ① 电力市场与碳排放权交易市场应在政策上形成目标清晰、路径明确的顶层设计和发展时间表、路线图，在推动煤电结构优化、功能转换及促进低碳投资方面形成合力。② 应合理划定"电-碳"市场空间，在碳市场的总量控制、基准线设定、市场主体方面，要考虑电力行业的强度控制、转型时间和减碳成本。③ 针对市场主体，考虑碳成本传导和分摊，要建立多元碳成本疏导通道、供需传导顺畅的价格机制。④ 要加强两个市场的交易衔接。随着碳交易的范围逐步扩大，要推动绿电交易，并加强绿电交易与碳交易的市场衔接，体现新能源环境价值；推动绿电绿证交易与 CCER 交易衔接，规避环境价值的重复计量；联通市场数据，开展碳排放监测、核算、校核和价格预测工作。